シリーズ 社会システム学 別巻

社会システム学をめざして

今田高俊・鈴木正仁・黒石 晋 編

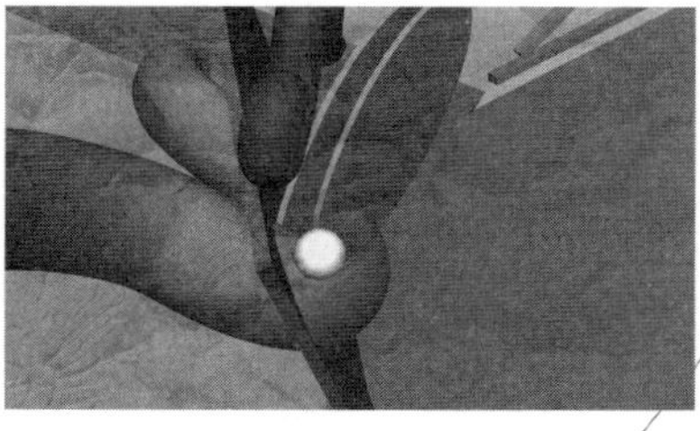

ミネルヴァ書房

「シリーズ 社会システム学」発刊にあたって

われわれは現在、社会システム論の領域において、かつてはもちえなかったさまざまな新しい視角・知見・理論・技法などの武器を手にしつつある。「自己組織性」「複雑適応系」「リゾーム」「人工市場・人工社会」など、現代の物理学や生物学などの自然科学と経済学や社会学などの社会科学の邂逅、およびそれを支えるコンピュータ科学の発展によって生みだされた新しい社会システム論がそれである。それらは生命体や社会体を前にして、かつての「閉鎖系・均衡システム」という静的なとらえ方ではなく、「開放系・非平衡システム」という新しい動的なとらえ方をすることによって、複雑な現実をより現実に即し、かつ生命的にとらえることに成功したのである。

しかしそうした新しい知見は、皮肉なことに、多くの生命的な現象が原則的に予測不能であることをも同時に明らかにした。「初期値鋭敏性」という複雑系特有の性質である。つまりわれわれは、現実体がどのような原理のもとに動いているのか解明することには成功しつつあるのだけれども、そしてまたコンピュータ・シミュレーションというかたちで、その仮想体の構築にも成功しつつあるのだけれども、だからといって、個別事象の具体的な歴史的経過の予測・構成は原理的に不可能なのである。

しかしながら、こうした新しい社会システム論の展開によって、われわれの自身と状況について、新たに見えてくるものが数多くある。生物や社会をひとつの生命体とみなしその生涯を考えるときに立ち現れる、さまざまな相に関する新しい知見がそれである。たとえば、「生成」「持続」「変容」「熱狂」「増殖」「合体」「分裂」「越境」「殺戮」「崩壊」など、生命的なシステムに共通に見られる諸相であり、それらをとらえるシステムの新しい諸理論である。

本シリーズでは、こうした新しい社会システムの諸理論を明らかにし、コンピュータ・シミュレーションの手法を駆使しながら、その対極からアプローチして来るゲーム理論の成果をも視野に入れつつ、われわれが現に生きる社会システムの諸相を解明することをめざしたい。そして、そのことによって、数世紀に一度という巨大な時代の波に翻弄されるわれわれの自画像を浮かび上がらせるとともに、その大まかな未来像をも探ることにしたい。

責任編集　今田高俊／鈴木正仁／黒石 晋

▶手塚治虫『メトロポリス』(1949年) より最終のコマ。

「おそらく いつかは人間も 発達しすぎた科学（サイエンス）のために かえって自分（ヒューマニティ）を滅ぼしてしまうのではないだろうか？」——この手塚の問いは，物質文明の恩恵と科学技術のリスクとのはざまに生きる今日のわれわれにとって，ますます重い。

目　次

序章

〈社会システム学〉をめざして

今田 高俊

およそこの10年，私は〈社会システム学〉という新たな学問分野を開拓する必要性と，そのための多角的な議論喚起の必要性を痛感してきた。公刊を開始した〈社会システム学〉シリーズは，こうした考えに共感を寄せる研究者・教育者たちに呼びかけをおこなって，新しい〈社会システム学〉を世に問う最初の試みであり，これまでの努力の中間的成果である。ただ，現時点でいきなり〈社会システム学〉といっても腑に落ちない読者が大半であろう。そこで，シリーズ別巻の巻頭にあたり，〈社会システム学〉の含意や意図についての所感を述べておくことにしたい。

〈社会システム学〉とは何か。そしてなぜ今〈社会システム学〉なのか。これまでにも「社会システム論」ないし「社会システム科学」という学問領域が存在したし，実際，これらの学問領域の彫琢がなされてきた。だが，少なくとも私の知る限り〈社会システム学〉という名称を持った学問領域がこれまでに提唱された事実はない。あえて新しい名称の「学」を提唱するからには，それ相応の理由が必要である。社会システム学は，先行の諸学とは主旨を異にする，現代の新しい潮流に対応した新学問領域として位置づけられねばならない。

では，〈社会システム学〉は「社会システム論」，あるいは「システム工学」，「システム科学」，「システム××学」と呼ばれてきた先行研究とはどこがどのように違うのか。その「違い」にこそ，筆者らの思いが強く込められているのだが，そこには，研究と教育の両面におよぶ先行諸学への反省とこれからの期待・展望とが含まれる。これらについて以下，⑴ 文理融合への学問的要請，⑵ 高度リベラルアーツの必要性，⑶ システム科学における新しい動向，という 3 側面から概観しつつ〈社会システム学〉の位置づけについて考えてみたい。

1. 文理融合の要請に応える

最近の学問界の流れは高度な専門分化を経た後の「学融合」にある。社会学と経済学・政治学・人文学との融合，社会学と医学・生物学・建築学・物理学との境界領域での現象解明など，今後21世紀にはますます学融合の重要性が高まると考えられる。

これまでは，文系と理系の棲み分けを尊重して，相互に協力しあえば様々な問題に対処できると考えられてきた。「文理分離」という専門分業体制によって現実を捉えようとする試みは，細分化された専門特化と個別学問領域の高度な深化をもたらした。だが，それではこぼれ落ちてしまう現実（リアリティ）がどうしても残る。こうした専門特化の隙間で様々な問題が多発し，その解決に関して，単なる相互協力だけではうまくいかない状況が起きている。

例えば，生殖技術や臓器移植技術が発展して，生命の技術的コントロールが急速に進みつつあるが，こうした動向と人間の尊厳という生命倫理の問題が重要な課題になっている。これは進歩する生命技術と社会通念・人間観との狭間の問題である。また，原子力発電の安全性と住民の疑心暗鬼の問題がある。これは核技術の進歩と社会心理の狭間の問題である。さらに，医療におけるインフォームド・コンセント（充分な説明を受けたうえでの同意）も医療専門家と医療を受ける側との双方の「思い」が食い違うことによる問題を抱えている。医療専門家は自身の判断が医学的に高度で最良と確信すればするほど他の判断を却下したくなるのに対し，患者には患者側の価値観や人生観がある。またさらに，生態系の危機と地球環境問題も経済発展と生命圏の安全とのあいだの「思想」にかかわる重要な課題である。これらは理系や文系の学問が単独で扱っても対処しきれない性質を（いや，単独で扱えば扱うほど溝が深まる性質を）含んでいる。この種の「隙間問題」は個別の知識が深化すればするほど各所で発生するようになる。

産業社会は高度な専門分化をとげてきたが，今やその程度がすぎて，現実をトータルに俯瞰することが困難になっており，社会はみずからを律しきれない状態に陥っているといっても過言ではない。もちろん，以前からこの問題は認識され「学際的協力」が盛んに謳われた。しかし，これは既存の専門分化した学問領域の相互独立性を大前提としているため，諸領域が切り取る現実の隙間をぬって発生する問題の対処にはあまり功を奏してこなかった。これからは，既存の学問体系，とくに文系と理系の境界を取り払ってフュージョン（融合）し，新しい学問分野なり教育研究体制として組み立て直す必要がある。スローガン風にいえば，「文理分離」から「文理融合」のアプローチへの転換が求められることである。

しかし，文理融合をはかるために注意すべきは，それが諸学の単なる“ゴチャ混ぜ”であってはならないことである。既存の学問体系の蓄積は尊重する必要があることはいうまでもない。しかし，最大の課題は文理の棲み分けでは掬いきれない現実に着目して，文理の区別を超えた高度で体系的なアプローチ法を構築することにある。そのために，〈社会システム学〉という共通の基盤づくりが要求されるのである。とくに，社会現象に関する〈システム学〉の整備は，かつて1950年代半ばに「一般システム理論」が諸学の統合をめざした学として出発した経緯を持っており，文理融合にとって好位置にある。これを基礎にして〈社会システム学〉は，「自然」科学と「社会」科学のあいだの対話に偏向していた従来の「社会システム論」とは対照的に，哲学や歴史学や文学を中心とする「人文」学との交流にも本格的な力を入れるものである。要は，自然・社会・人文の各学問間の，高度で体系的な融合をめざすことである。

では，どのようにして文理融合を進めたらよいのか。文理のアプローチを融合するのであるから，まず既存の学問体系の境界を取り払わなければならない。その方法として，専門分化と逆方向の試みをあらわす脱分節化（dedifferentiation）がある。

近代社会はこれまで世界に様々な境界線を引いてきた。国境を初めとして，学問，芸術，職業，産業などの領域で機能分化を進め，世界に無数の境界をつくりだしてきた。文理融合のためには，その線引きを一度疑ってみる必要がある。そうした線引きを自明のこととして受け入れるのではなく，問題があればその線引きを疑い，場合によってはそれを解消し新たなそれに組み替える作業が脱分節化である。

近代社会が高度な知識を獲得し発展してきたのは，文系と理系が平和な棲み分けをしてきたからである。しかし，現実は専門分化して現象するのでもなければ，文理棲み分けのかたちで存在するのでもない。それらとは関係なく文理不可分の全体的現象としてあらわれる。このため文理分離型や学際協力型のアプローチでは対処しきれない問題が残る。そこが現在大きな問題となっており，その解決のために文理融合が要求されるのである。日常語を用いれば，細かな専門にとらわれず，「現実をザックリと丸ごと鷲づかみにする」ことである。文理融合の方法として，様々な学問分野を集めて「総合○○研究」といった研究体制をつくる案も考えられるが，これは文理融合のアプローチとは別物である。諸学のコラージュ（張り付け）やパスティーシュ（寄せ集め）といった手法では，文理融合は果たせない。

さて，社会システム学は自然・社会・人文の各学問間の関係からなる全体像を中心課題に掲げるなどというと，読者は旧来の「一般教養」の再来にすぎないのではないかと危惧の念を抱かれるかもしれない。だが，旧来の一般教養に逆戻りするのではなく，それを乗り越えるところに〈社会システム学〉の意義が求められるのである。

2.　高度リベラルアーツの基礎づけとなる

〈社会システム学〉は上記したように文理融合のアプローチを採用する。しかし，だからといって，かつての「一般教養科目」にみられるように一般教養人ないしジェネラリストの育成をめざすのではない。あくまで専門知識人ないしプロフェッショナルを育成するための学問であらねばならない。かつての教養主義に先祖帰りするような文理融合では，何ら現状の解決にはならないからである。このためには「リベラルアーツの高度化」が求められるが，社会システム学はその際に力を発揮する新たな学問領域として構想されるものである[(1)]。

常識的理解によれば，教養教育のねらいとは広い視野から総合的に判断し，民主的社会を形成する能力を持った人材を育成するために，人文科学・社会科学・自然科学を偏りなく学ぶことにある。しかし1990年代前半，わが国の大学では一般教養科目としての教養教育を軽視する雰囲気が高まり，教養教育と教養主義が危機に瀕するに至った[(2)]。そして，教養教育軽視の弊害が至るところに出るようになった。このため文部科学省は，1998年に『21世紀の大学像と今後の改革方策について』という報告書を出し，「教養教育が軽視される傾向に何らかの対応をしなければならない」という趣旨の反省の弁を盛り込むと同時に，「教養教育と専門教育の有機的連携」が強調された。しかし，専門教育を充実し大学院重点化をおこなった大学に，今さら「教養教育と専門教育の連携」といわれても，そう簡単にできることではない。大学院に所属替えになった教員の多くは，教養教育への情熱が枯渇している。また旧来の教養教育に先祖返りしては，もとの黙阿弥である。

高度教養教育を，先祖返りではなくて，時代に合った新しいものへ組み替えようと試みる際，中世ローマ帝国時代の初期に完成をみた，いわゆるリベラルアーツを再構築しようという動きが多い。リベラルアーツをあえて日本語に訳せば「自由学芸」となるが，このリベラルアーツは本来「自由７科」から構成され，自由人のための教養・技術をさす。この自由７科が「３学」と「４科」に区分されるのは周知の事実であり，３学は文法・修辞学・論理学という人文学の領域を，４科は自然科学が主で，算術・幾何学・天文学・音楽を表す（哲学は自由７科を統率する）。そして，この自由７科をきちんと身に付けることが自由人たる資格であるとみなされた。それゆえリベラルアーツは手工業者や商人のための実利的技術からは区別され，いわば実学に対する虚学とでもいうものであった(3)。

リベラルアーツは本来，人間本性を彫琢する苗床をなすべきものであり，これがしっかりしていないと優秀な人材が育たない。教養教育の再生が叫ばれて以来10年以上が経過しているが，決定的な改革案はまだできていない。だが新しい可能性も芽吹き始めている。様々な教養教育の在り方が模索されるようになった最大のポイントは，大学全入時代の教養教育は「高度教養教育」に組み替えられねばならない，という動きである。

リベラルアーツの高度化のためには，その現代的位置づけを考える必要がある。ここで強調したいのは以下に掲げるリベラルアーツの３要素である。第１は市民力（シティズンシップ）の育成であり，社会的なるものへの関心と公共心の涵養にかかわる。第２は品格の陶冶で，人格形成と人間の卓越性（アレテー＝徳の力）に関係する。そして第３が真理探究の基礎となる専門力の獲得である。この３要素を育成する苗床をつくるのが，現代のリベラルアーツと考えてよい。

第１の要素である市民力の教育は，1990年代，市場主義を称揚するネオリベラリズムが世界を席捲した時代に，イギリスで注目されたものであり，現在，イギリスでは義務教育段階での定着が進んでいる。ネオリベラリズムは，人に迷惑をかけさえしなければ自由に行動してよいという程度の公共心（道徳）しか持たないが，このような素朴な発想をしていたのでは社会は成り立ちゆかなくなる。

市民力とは，政治的，経済的，文化的な諸権利およびこれらに伴って生じる諸義務を柱とする社会的メンバーシップをあらわし，多様な人々と積極的にかかわり，応答しあうことを通じて公共性を担保する心性のことである。漠然と教養というよりは，市民力といった方がわかりやすい。市民力は，哲学，社会思想，歴史などを通して学ぶものであり，その目的は，地域コミュニティへの参加，政治的リテラシーの獲得，公共心の修得を通じて積極的で責任感のある市民となることの啓蒙であり，成熟した民主主義社会における自律した市民の育成である。

第2の要素は品格の陶冶による卓越性の追求である。品格は，最近とみに話題にされるようになったが，これは人格形成を通じてなされるべきものである。辞書によれば，品格とは当該の人やモノに感じられる気高さ上品さで，ものの善し悪しの程度をあらわす。様々にいわれていることをまとめると，品格とは次の5つの要素からなると考えられる。①権力に媚びない，②自尊心を持つ，③組織への依存心を抱かない，④他者への配慮を欠いた権利主張をしない，⑤拝金主義に陥らない，である。これらは，ある人物が品格を備えているか否かを見きわめる指標となりうる。こうした品格の陶冶により，人間の卓越性が生み出される。

第3は真理探究の基礎となる専門力の涵養である。リベラルアーツはものごとを深く探究するための苗床でなければならない。世界の持続的な発展のために専門特化した研究開発は不可欠だが，専門性に「たこつぼ化」するのではなく，広角的な思考訓練によって，アイデアのひらめきを得るための苗床をつくることが大切である。リベラルアーツの修得により，物事を相対化し全体を俯瞰する能力を獲得することである。これは，産業分野でいえば異業種交流を通じた創発力の発揮にかかわる。異なる様々な分野の発想を身に付けておくことによって，壁にぶつかった際に別角度からの入力を感受して，アイデア展開の突破口にすることである。こうした意味で，専門力を強化するためのリベラルアーツ，すなわち高度リベラルアーツが重要である。

リベラルアーツを「最低限の教養」とする考え方は徹底的に払拭されねばならない。

そこでこれまで述べた内容を敷衍して，新たなリベラルアーツ像に必要とされる条件をあげると以下のようになる。第1に，新たなリベラルアーツは，いわゆる教養人育成のためにあるのではなく，あくまで21世紀の高度知識社会を担う専門家の育成を前提とし，かつ地球市民としての自覚と責任感を備えるための基盤教育として位置づけられるべきである。第2に，新たなリベラルアーツの在り方は，諸学のコラージュ（張り付け）やパスティーシュ（寄せ集め）であってはならないことである。文理をはじめとして諸学の棲み分けでは掬いきれない現実に対応できる人材となるための人間力を身に付ける学問体系として位置づけられるべきである。

以上のような状況をふまえるならば，リベラルアーツ教育も，従来型の縦割り科目の学習では済まされないはずである。既存の学問体系の蓄積は尊重する必要があるが，文理をはじめとして諸学の棲み分けでは掬いきれない現実に対応できる人間形成と人材育成のための教育が求められる。この「高度教養教育」の体系化に，〈社会システム学〉は教育・研究の両面で貢献することをめざす。というのも，自然・社会・人文の3分野を射程に入れるには，システムの発想にみられる，要素とそれらの関係からなる統一性を持った創発的全体の構えが不可欠であり，社会システム学はこうした特徴を有しているからである。

3. 新しいシステム科学の潮流を視野に入れる

〈社会システム学〉は，この四半世紀に登場した新しい科学の潮流と無関係ではいられない。なかでもカオス理論，ゆらぎ理論，散逸構造論，協同現象論（シナジェティクス）など，従来の科学観ではマイナーな存在として無視されてきた現象に焦点を当てる動向に，社会システム学は応答する。

社会システム論は古くより生物学との交流により発展してきた。今後もこの傾向は継続していくことになるであろう。進化生態学や進化生物学の他分野への応用が試みられているが，社会システム学はこうした流れと共鳴しあうものである。しかし，社会システム学は従来の生物学との交流を超えて，カオス理論やゆらぎ理論ないしシナジェティクスなど，物理学ないし化学分野を出自とする理論との交流をも積極的に深めるものである。また，システム論と深い関連を持ったポスト構造主義やポストモダン論はそのルーツを精神分析学や建築学に持つ。今や生物学を超えた文理融合の可能性を模索する時である。このことを自覚的に表すためにも，社会システム学という新たな名称が有効である。

さて上記のような科学の新しい潮流を総括する言葉として，1990年以降，「複雑系の科学」というパラダイム運動が展開された。「複雑」とは，日常的には，ものごとが入り組んでいてすっきり理解できない状態をあらわすが，そのような状態にあるシステムを複雑系と呼んで，これを科学的に取り扱おうとするのが複雑系の科学である。しかし，注意すべきは，多数の要素が不規則に相互作用しあってもつれた状態だから，複雑系と呼ばれるのではないことである。本質的なことは，たとえ単純なシステムでも，予測を不可能にするような不安定状態を内在的に持っていることが複雑系の本質である[(4)]。

複雑系の科学運動が高まっている背景には，近代科学が金科玉条としてきた方法的立場では，現実を的確に認識できないという不信感が存在している。その第１は，ものごとを認識するには細かく要素に分解していけば十分であるとする要素還元論に対する不信感である。第２は，認識主体の認識対象に対する優位を前提とし，対象に認識作用や秩序形成能力を認めようとしない立場に対する不信感である。前者の要素還元論に対する批判にはとくに目新しさはない。「全体は部分の総和以上である」とする主張は，要素の相互作用から要素に還元できない創発性が生成されるとする従来の有機体論や一般システム論の主張の延長線上にあるからである。複雑系の科学に新鮮味があるとすれば，それは後者にある。認識しようとする対象に，認識作用を認めたり，自力でみずからの秩序を形成する能力を前提としたりすることは，社会科学では当たり前のことであるが，自然科学の方法が優勢を占めてきた従来の科学方法論では，しばしばその射程を超えてしまう。だからこそ，「世界自身に語らせる」とする比喩的表現が飛び出したりするのである。

複雑系の科学が盛んになったもう１つの理由に，計算機科学の飛躍的な発展がある。複雑系は多数の要素の相互作用からなるが，これを表現した数式を解くことは不可能に近い。ところがコンピュータが大容量化することで，解析的に解けなくてもシミュレーションによって系の振る舞いとその帰結を知ることができるようになった。そしてこの計算科学から思いがけない結果が幾つか発見されている。例えば，気象予測の際に数値をごく僅か切り捨てて計算したためにそうでない場合と全く異なる結果が導かれ，この事実からカオス（混沌）の発見がなされたこと。あるいは協力（黙秘）と裏切り（自白）の戦略からなる囚人のジレンマ・ゲームでもっとも有効な戦略は，初め協力の戦略を取り後は相手の前回の戦略を取るという「しっぺ返し戦略」であること，などである。これらは，ガリレオ，ニュートン流の要素還元主義にもとづく解析的手法の限界に対する重要な問題提起である。

さらに，興味深いことは，21世紀に入って以降，システム科学を中心に，エージェントベース・アプローチへの関心がとみに高まっていることである。このアプローチは複雑な人間関係や社会ダイナミクスについての解明をめざす新たな潮流として脚光を浴びている。とくに，個々の異質なエージェント（行為主体）の相互作用から巨視的な社会秩序や形態が生成される様子を，ボトムアップにかつプロセス遡及が可能なかたちで，シミュレーション実験がおこなえる点に，従来の方法にはない利点がある。かくして，個人と社会をつなぐミクローマクロリンクを，ボトムアップな手続きにより探求することが可能となる。

これまでミクロ（個人）からマクロ（社会）の特性を導出することは，マクロ水準での創発特性のゆえに，ほぼ不可能とみなされてきた。実際，社会学理論でミクロ－マクロリンクが問題化され，これに対する取り組みがなされてきたが，みるべき成果はあがっていない。

エージェントベース・アプローチの最大の特徴は，シミュレーション技法により，異質な特性を備えた多数のエージェントを登場させて，具体的に動作をおこなわせることにある。また，このアプローチは，あくまでエージェント（行為主体）をベースにしたボトムアップな手法であるという意味で方法論的個人主義に通じ，相互作用の場の特性を環境条件として設定できるという意味で方法論的集合主義にもかかわりうる。エージェントベース・アプローチにとってシミュレーションは不可分でかつ一心同体であり，計算機科学による実験を組み込んだ科学の新しい潮流といえるものである。

社会過程論をエージェントベース・モデリングに結びつける意義を論じたラーズエリク・セダーマンは，ジンメルの社会形式論を高く評価しつつ，諸種の社会形式がいかに生成されるかを扱う新たな方法論を提唱している[(5)]。彼は社会諸形式に説明をあたえるとはこれを生成している過程を記述すること（生成的説明）であり，これをエージェントベース・モデリングによりおこなうことの重要性を説く。そのポイントは，ミクロなエージェントの相互作用からマクロな創発特性を導くことで，社会現象におけるミクロ－マクロリンクの解明をめざすことにある。

生成的説明は分散した異質で自律的なエージェントが規則的なパターンを形成する，ボトムアップなアプローチを特徴とする。エージェントベース・アプローチはこうした生成的科学に大きく寄与し，社会システム学にこれまでになかった「生成するシステム」の視点とその構築に寄与してくれるであろう。

4. 社会システム学へ

これまでの議論を前提にして，「社会システム論」でも「社会システム科学」でもない〈社会システム学〉について改めて言及しておこう。社会システム学の「学」という日本語のイメージからすると，この学問領域にリベラルアーツが入ることには違和感がない。次世代に要請される学術形態をふまえて，リベラルアーツを取り込んだ社会システム学を考えてみることが重要である。21世紀には，高付加価値創造と自力で知の海図を描ける能力が要求される。とくに先進社会ではこれらが不可欠になる。そのためには文理の壁を超えた知の関連づけとしての統合学術が要請される。社会システム学はこの要請に応えるために提唱される学問分野である。

社会システム学はリベラルアーツの高度化のための基礎学術分野となることをめざす。また，社会システム学はシステム論をベースにしており，要素の関連づけ，あるいはそれらが全体として発動する創発性を重視する。したがって，様々な知を関連づけ，知の海図を描き，学術を統合し編集するのに，社会システム学は有効である。以上を前提にして社会システム学の使命をスローガン風にまとめるならば，次のようになる。

第１に，社会システム学は文系と理系を融合する文理融合の学問分野をめざす。

高度技術への依存度が高まり，科学技術と人間社会の不調和が大規模に発生し，持続可能な世界づくりのための科学技術開発，経済活動，生活様式および倫理・価値観といった課題への取り組みが必要になっている。社会システム学はこの課題を担う。

第２に，人文学を強く意識したのが社会システム学である。

文系といっても，単に社会学をはじめとする社会科学だけでなく，人文学を代表する哲学・史学・文学（いわゆる「哲史文」）の領域をも大胆に取り込んだ学問分野として，社会システム学を考える。これまで社会システム科学は自然科学と社会科学の統合に注目するあまり，人文学の重要性とこの学問の取り入れを真剣に考えてこなかった。今後は，人文学とシステム論との協働研究がおおいに期待される。

第3に，社会システム学は，この四半世紀のあいだに新しく台頭してきた複雑系の科学を射程に入れる。

この四半世紀，システム科学分野では自己組織性，エージェントベース・シミュレーション，ゆらぎとカオス理論などの研究が展開されてきた。これらを総称して複雑系の科学と呼ぶのは，かつて一般システム論がサイバネティクス，システム科学やシステム工学などを総称する分野として位置づけたのと同様の試みである。これらの研究は，非平衡系の科学として展開されてきており，従来の平衡系の科学とは一線を画す。

以上の3つの特徴を持つ〈社会システム学〉は，市民力の修得を通じた公共心の涵養，品格の陶冶を通じた卓越性の追求，真理探究の基礎となる専門力の獲得をねらいとし，21世紀の知的苗床としてのリベラルアーツを基礎づけるものとなるはずである。シリーズ「社会システム学」の書名が第1巻から順に，『生成するシステム』『欲望するシステム』『熱狂するシステム』『進化するシステム』『共生するシステム』『納得するシステム』『殺戮するシステム』『崩壊するシステム』とこれまでとはいっぷう変わったものになっているが，これは新しいリベラルアーツをめざす社会システム学の特徴を出すためである。

謝辞：本稿は2008年に開催された日本社会学会大会，一般研究報告（理論部会）「社会システム学をめざして」の発表内容をもとにしたものである。執筆するにあたって，編者の一人である黒石晋氏から有益なアドヴァイスをいただいた。記して感謝したい。

注

⑴ 以下，リベラルアーツについての議論は，今田高俊，2009,「新しいリベラルアーツ像を求めて――社会システム学の構想」社会・経済システム，No. 30：1-7 を参照。議論は若干変更してある。

⑵ 教養教育軽視の原因は何だったか。1991年の『大学設置基準』の改正に伴って，いわゆる「教育の大綱化」がおこなわれ，一般教育の科目区分の廃止と学部教育編成の自由化が進んだ。だがこれと同時に大学は「大学院重点化」を進めねばならなかった。大学院重点化は大学にとって生き残りをかけた課題だったので,「教育の大綱化」はしばしば一般教養の教員を大学院担当に振り分ける問題に転化され，教養教育がお荷物になった。そして,「お荷物になるくらいなら，いっそ解体するのも自由化だ」ということで，多くの大学で教養課程が縮小されることになった。問題は,「教育の大綱化」と「大学院重点化」を同時におこなった結果，大学院重点化が優先され教育における学部軽視が進んだことにある。

⑶ これがアメリカのリベラルアーツ・カレッジに引き継がれ，さらに戦後の日本の大学における一般教育へと引き継がれたのであるが，わが国ではこの過程で「専門教育に対する基礎教育課程」として一段低く位置づけられるようになり，専門を学ぶためにはせめてこれくらいの基礎知識を身に付けるべきであるという意識に変わっていった。そうなると学生たちのあいだでは次第に単位さえ取ればよい科目（いわゆる「パンキョウ」）とみなされるようになり，リベラルアーツの本来の精神が堕落していった。その結果が「最低限の教養」という考え方をもたらした。これでは教養教育解体に向かわざるをえなくなる。

⑷ 複雑系の科学運動の端緒となったのは，米国のサンタフェ研究所がノーベル賞級の学者を集め，従来の専門科学の枠を超えて複雑系の研究に取り組む宣言をしたことによる。サンタフェ研究所がそのメッカだが，そこでどのような研究がなされているかについては，サイエンス・ジャーナリストのワールドロップが書いた『複雑系』に詳しく載っている。Waldrop, M. Mitchell, 1992, *Complexity: The Emerging Science at the Edge of Order and Chaos*, New York: Simon & Schuster.（田中三彦・遠山峻征訳，1996,『複雑系――生命現象から政治，経済までを統合する知の革命』新潮社.）

その他，日本でも複雑系の科学について多くの書物が出版されている。

⑸ Cederman, Lars-Erik, 2005, "Computational Models of Social Forms: Advancing Generative Process Theory," *American Journal of Sociology*, 110 (4): 864-93.

第Ⅰ部
社会システム学をめざして

第Ⅰ部に所収の鼎談・座談会の内容は，2008年3月18日・22日の両日，東京工業大学大岡山キャンパスで行われたシリーズ執筆者全員による座談会をもとにしている。それぞれ出席者の異なる二度の座談会であったが，責任編集者の判断でこれを「責任編集者鼎談」（第1章）と「執筆者座談会」（第2章）の2章に組み換え，再度新たに全員による校訂・補足執筆を加えて完成したのがここに示す原稿である。なお，事後編集の過程で交わされた意見交換をもとに，責任編集者による「座談会を終えて」を鼎談の形で事後収録した。

なお，第2章の故木村洋二の発言部分は，渡辺太（第7巻共同執筆予定者）の校訂を経ている。（責任編集者）

第1章

社会システム学とはなにか

——シリーズ責任編集者鼎談

今田 高俊・鈴木 正仁・黒石　晋

【今田】各巻執筆者の全員による座談会にさきがけて，まず責任編集者３名による鼎談をおこないたいと思います。論題は「社会システム学とはなにか」です。この鼎談は，「社会システム学」という新たな学問分野を開拓しようと企画した編者の意図やねらいを共有しておくことが趣旨です。

1.　シリーズ出版企画の経緯について

【鈴木】まず本題に入る前に，今回の「社会システム学」シリーズが出版にこぎつけるまでの経緯について確認しておきたいと思います。

今回の企画は，もともと東京工業大学の社会理工学研究科と滋賀大学経済学部の社会システム学科とのコラボレーションとしてスタートしました。この両者がともに，「社会のシステム科学」を目的に新設された日本では比較的めずらしい学科・研究科だったからです。そしてまず，「社会のシステム科学」という志を共有するわれわれが力をあわせて成果を世に問おう，というのが最初の趣旨でした。東工大から今田先生が，滋賀大から黒石先生と私・鈴木が発起人となって（この３人はのちにシリーズの責任編集者となりますが）最初の会合がもたれたのが確か一橋大学での日本社会学会のときですから2001年秋。もう９年も経ってしまった（笑）。

ただ，私は最初，「社会のシステム科学」の現状における研究成果を大きく取りまとめて到達点を確認し，将来への出発点にしたいと思っていました。その意味で，私は当初「講座・社会システム論」という類の順当な出版形態を考えていた。

【今田】その案に強固に反対したのが私です（笑）。順当な見解をこぢんまりと取りまとめても新鮮味がないし，インパクトに欠ける。もっと野心的な，面白い企画にしようではないか，と主張したわけです。実はそのせいで苦労が増えることになったんですが（笑）。確かにこれまで「社会システム論」ないし「社会システム科学」と呼ばれてきた領域でも，システムの学は意識的に彫琢されかつ研究が進んできましたが，従来の言葉で表現されてきた社会システム研究とはひと味もふた味も違う「社会システム学」を構想したかった。

【鈴木】で，企画を根本から練り直すことになってしまった（笑）。ただ，時間もかかりましたが，今になってみるとこれが重要なことだったし，結果も良かったですね。斬新で核心を突く面白いシリーズができたと思っています。ミネルヴァ書房さんにもこの企画力が伝わったのでしょうか，会社設立60周年の記念事業として協賛いただき，ありがたい限りです。

ともかく企画の最初の段階で確認されたことは，順当なサーベイ論文集でなく挑戦的な研究を世に問おうということでした。全領域をカバーしなくてもいいから，オリジナリティあふれる試みを発掘して光を当てよう，と。そこで，可能な限り分担執筆を排し，各巻を単独執筆で書き下ろすことになった。「講座」などの場合，分担執筆が常識ですから，これは確かに大変なことではありますが。

【今田】シリーズのコンセプトに関してですが，従来「社会システム論」ないし「社会システム科学」などと呼んできたものを，今回はかなり踏み込んで「社会システム学」と称している。では従来の「社会システム論」あるいは「システム科学」や「システム工学」，「システム××」と呼ばれてきた研究とはどう違うのか。少なくとも私の知る限り「社会システム学」という名称の学問領域がこれまでに提唱された事実はない。それでこれを英語でどう表現するかという問題があった。

【黒石】まず「社会システム学」という名称ですけれども，あえて「学」という名前をつけたというのは，構想の段階で，かなり自然に「社会をシステムする，ソシオ・システミックス」という言葉があがってきたわけです。たとえば，「社会を計量する Socio-metrics」とか「社会を統計する Socio-statistics」，あるいは「社会を経済する Socio-economics」があっていいし，実際あるわけですよね。なら，「社会をシステムする Socio-systemics」があっていい。とにかく「社会をシステムする」という観点から社会にアプローチしたい，そういうシリーズを構想してみたらどうか，…，という着想が浮上し発展して，このシリーズになったんだと記憶しています。ですから「社会システム学」という日本語の名前をつけたというのは，「ソシオ・システミックス」というのが先にあったような記憶があるんです。

【今田】まさにその訳として「社会システム学」を考えたという経緯があるから，英語にするなら，ソシオ・システミックスというのがいいかなと思います。

【黒石】ともかく今回の新機軸のひとつは，「社会をシステムする，“Socio-systemics”」，つまり「社会システム学」という造語にあると思います。確かに従来は，これに近いものを「社会システム理論」“social systems theory” とか単に「社会システム論」“social system” と呼んできた。しかしこれでは「社会システムの理論」なのか「社会のシステム理論」なのか判然としない。今回は，編者3人の思いとして「システム」の概念を「方法論」として一貫して強調する「システムの学」をめざしたかった。それで出てきたのが「systemics」という造語です。「mathematics」，「physics」，「economics」，「politics」…，あるいは「cybernetics」や「synergetics」など，もともと分野の特徴を表現する形容詞を単数扱いの複数形にして「ある学問体系」をあらわすことがあります。これに着目して，「システムの学」を「systemics」と表現してみた。この社会科学バージョンである「Socio-systemics」という造語を改めて日本語に訳したのが「社会システム学」というわけです。

【鈴木】確かにそういうやりとりがあったよね。「systemic」と「systematic」との意味の違いの議論も含めて。

【黒石】はい，そもそも「システム」という言葉が，元来「システマティック」と「システミック」という二種類の形容詞形をもっていまして，「システマティック」というのは「整然としている」という意味ですけども，システミックというのは「全体としてふるまう」という意味なんです。だから，システミック・ディジーズっていうのは，「全身的な病気」という意味で，局部的な病気ではなく全身がとにかく病気になって震えてしまうというタイプの病気がシステミック…。「システミック」というのと「システマティック」というのは意外と違う意味をもっている。

【今田】なるほどね。

【黒石】で，「ソシオ・システミックス」というのは，「システミック」という言葉のほうからきているので，社会をとにかくシステミックな全体性（つまりシステム）とみなして，それにどうアプローチするかを一人ひとりの論者に委ねる。——本シリーズはそういう構想だったんだ，といま思い出してるところです。そして各執筆者がどんな全体的特性を，どんなシステミック・プロパティを打ち出していくか。これが（後で出てくると思いますけれども），「生成する」とか「共生する」とか「欲望する」だとか，「○○するシステム」という“動詞的な把握”に大きくあらわれてくる，というのが本シリーズの特徴であると，今の時点では思っているところです。

【今田】「システム」という概念は，最近の社会科学の中でかならずしも評判が芳しくない。何か冷たい感じがするという。特にハーバーマスはシステム概念を「貨幣と権力を介して人々を制御する装置」と表現して批判している。彼の主張を支持する研究者も少なくないように思います。また，システム化された社会や組織という表現で，個性や人間味が損なわれた状態をあらわす状況です。ならばなおさら，いま社会科学で「システム」を学として強調する意義は何処にあるのかが問われることになる。

【鈴木】たしかに「システム」の語には負の印象をもつ人がいますね。人気作家の村上春樹氏が，先般「エルサレム賞」というイスラエルの文学賞を受賞しました。彼は2009年２月，エルサレムで行われた授賞式で「壁と卵」と題する英語講演[(1)]をしたんですが，そこで彼は，「堅い壁にぶつかって割れる卵があったら，私はつねに卵の側に立つ。いかに壁が正しく，卵が間違っていようとも」と所信表明してるんです。時節からいって，「壁」とはイスラエル軍を，「卵」とはパレスチナ人をあらわすことが明白です。このとき彼は，その「壁」を「システムという壁」と表現したんですよ（笑）。しかもこのシステムは“coldly, efficiently, systematically” に作動すると。これは「システム」を「冷たい装置」と捉える負の感情を代弁していると思うんですね。でも，ここでわれわれが敢然と主張しなきゃいけないのは，「割れる側のいとおしき卵も実はシステムにほかならない」ってことです。あえて違いを挙げるとすれば，卵は「生きた」システムだということくらいですかね。

【今田】われわれはむしろ，卵の方をこそ「システム」として捉えたいのだよね。

【黒石】ハーバーマスが,「システム」を「貨幣と権力によって人々を制御する装置」と批判するのは, 科学的用語としての「システム」概念に対する誤解か, さもなければちょっとした悪意でしょう。ハーバーマスはルーマンとの論争の過程で「システム」の概念それ自体への敵意をつのらせていったのかも。坊主憎けりゃ袈裟まで憎い（笑)。…それはともかく,「システム」という概念は——特にこのシリーズの場合はなおさら——, 単に方法論としての「アトム」の対義語であって, それ以上でも以下でもない。それくらい一般的な, 形式的な用語なんです。そして「アトミズム」(分解的思考）とは反対の方法をとるのが「システミズム」(構成的思考）である。「システム」にそれ以上の意味はありません。ですが, ハーバーマスは（あるいは村上春樹も含めて),「システム」に都合のいい意味を込めて, それを勝手に批判しているんです。ハーバーマスの主張は「アトムという概念は, 原爆によって社会を支配する手段であるから, けしからん」と言っているようなもので, それがいかに的はずれな主張かは明白でしょう。

【鈴木】これがもし「システミックス」でなく「システマティックス」だったら,「社会を整序するための学問」の感じになる恐れがあるのかもしれんね（笑)。それこそ, ハーバーマスの思うつぼかもしれないけど, 私たちもそれほどおバカさんじゃありません（笑)。

【今田】われわれとしても, ハーバーマス的な「システム」のイメージを誤解だと批判するばかりでなく, 旧来の「システム」観とは違う斬新な面を積極的に見せていかなければなりませんね。

そこでですが, 今回のシリーズは, さっきも少し出ましたが, 各巻が「○○するシステム」と「動詞型」のタイトルで一貫させることにしました。旧来の発想だったら, さしずめ「欲望システム論」とか「共生システムの科学」などと言ってきたところです。これに対しいまあえて「○○するシステム」と表現した。この方針とその意図についてはどうお考えですか。

【鈴木】今田さんの指摘のとおり,「○○するシステム」と「動詞型」の視点になっているのが今回の「社会システム学」シリーズのきわだった特徴です。こうすることで, ハーバーマスが揶揄する旧来の「冷たいシステム」とは違うシステム学を提起したいわけです。私の思いとしては, この「動詞型」の視点は, 社会を「生きたシステム」として「生き生きと」捉えようという思いを前面に打ち出している。逆に，「生きたシステム」を表現するにはこうするしかなかった。「生きたシステム」にとっては，ある行動が政治的行動か法的行動か，はたまた経済的行動か，というのは些細なことですからね。タイトルだけを並べてみると，何か「特異なシリーズ」という印象を与えるかもしれませんが，入念に考え抜かれたものです。

【黒石】パーソンズは「社会システム」「パーソナリティ・システム」「文化システム」というカテゴリー分類をしました。この問題提起は，日本でも広瀬和子さんたちによって展開され，なかなか有意義だったと思いますが，さすがに50年を経てその方面での発展はあらかたなし尽くされてしまった。

それに対して，今回の「○○するシステム」という「動詞型」の問題提起は，「社会をシステムする」という最初の問いに対して，「どうシステムするのか」「社会にいかなるシステム特性を見出すのか」を答える，筆者の観点をあらわしているわけです。そしてシステムの分野別のカテゴリー分けをするのではなく，システムが作動する機序に着目している。文理の壁を超えて相互の融合を図るためには，実はこういう概念形成が重要なんだと思いますね。逆にいえば，旧来の「法システム」「経済システム」「政治システム」……という分類は「ディシプリンの間に壁をつくり，それぞれが異質の分野を排除して安住する」ようなシステム論で，結局はタコツボ的カテゴリー分類学だった。

それからついでに言いますと，「○○するシステム」という「動詞型」の観点は，実は「自己組織化するシステム」(Self-Organizing System；自己組織系）とか「複雑な適応するシステム」(Complex Adaptive System；複雑適応系）という観点の延長線上にもある。つまり，現代システム科学の最前線の動向をも反映しているんですね。

2．問題提起

——文理の融合／人文学との連携／シミュレーション・複雑系——

【今田】さて，出版の経緯とコンセプトはこれくらいにして，私の方から最初に3つほど，問題提起をさせてもらって，その後，議論に入りたいと思います。

序章に書きましたので一応共通了解になっていると思いますけれども，第一に「社会システム学」は文系と理系を融合する「文理融合の学問領域」である，という点について考えをお聞きしたい。

第二に，「社会システム学」というのは，単に自然科学と社会科学を融合するというだけでなく，特に人文学とも連携してやっていこうと考えている。つまり文系といっても社会学を軸とした「社会科学」だけでなくて，哲学・史学・文学，いわゆる「哲・史・文」という人文学を代表する三大分野とも連携して，またそういった発想を取り込んだ学問分野として考えていこうということについて。

それから第三に，この四半世紀，理系のシステム科学の分野で，エージェントベースのシミュレーションや，ゆらぎ・カオス理論などに見られる理論と方法の新しい展開がありましたが，従来の近代科学の練り直しを迫るこういった側面を射程に入れながら「新たなシステム学」を構想する必要がある，ということ。それも，社会システムにとってひとつの課題として考えていければいいのではないかという点について。

まずはこういう方向で議論していただければと思います。鈴木先生から発言をお願いします。

【鈴木】では，今挙げられた三つに関して，私のごく簡単なコメントを述べます。

ひとつは「文理融合の学問領域」として「社会システム学」を考えるということですね。私は社会学をやってきておりますが，社会学の歴史を紐解いていくと，やはりコントやスペンサーなどそもそも出発の時点から，生物学と密接な関係があるんですね。ダーウィニズムからの影響という点から言えば，第二世代のデュルケームやウェーバーにおいても然りです。そして理論社会学をやろうと思えば，一度はやはりウェーバーやデュルケームの理論にまで遡って考えざるをえない。その点からだけしても，われわれは現在でも陰に陽に生物学を中心に理系の影響をこうむっていると言わざるをえないわけです。そういう文脈は，現在ではあまり取り上げられないですが。そこで，今回のわれわれの作業は，文理融合の仕方を一度このあたりで自覚的に検討してみないか，という試みだと思うんですね。これは後でもまた出ると思いますけれども，「生命科学」とか「脳科学」とか理系でも最先端の領域，そういう話になってくると，社会との相似性が見られるというか，同じような論理がはたらいているんじゃないかという印象を強くもつ。とりわけそこでは，「生成」や「成長」や「滅亡」など，きわめて相似形の機序に注意を惹きつけられる。そしてそこに焦点を合わせて踏み込んでいくと，社会を取り扱うばあいもどうしても文理融合になってこざるを得ないのではないか，そういう印象を私はひとつもっています。

それから二番目の人文学も視野に入れてという話なんですけれども，生命体など複雑適応系において，「臨界ゆらぎ」の偶然性（初期値鋭敏性）によって，複数の候補のなかから系の取りうるパスが決まって行く機序を考えれば，歴史は入れざるを得ない，そういうのがありますね。歴史性は，複雑系本来の性質なんですね。最近，黒石さんなんかも御存知のように，誰でしたか，東大の若い複雑系の経済学者，

【黒石】安冨（歩）さん？

【鈴木】安冨さん，あの人なんかはもうもろに歴史論を入れてますね。

【黒石】というよりも，安冨氏のいまの本業は近・現代東アジアの経済史のようですよ。複雑系の貨幣理論家にして歴史家。異色ですよね（笑）。

【鈴木】ですね。それから，哲学というのはオールラウンドに，科学全体の基礎になっていますね。だからこれは良いとして，問題は文学です。これがちょっとわかりません。どういうふうに入るのか，というのが最後まで私のなかには残ってくる部分です。幸いにして今回のメンバーのひとり木村洋二さんが自身の担当の巻（第７巻『殺戮するシステム』）でやろうとしているのが，「文学を科学する」といってもいいような試みだと思うんですね。あとの座談会でまた本人から話していただこうと思いますけれども，たとえばドストエフスキーの『白痴』で，なぜ人間関係がこうなってしまうのか，二人の男と二人の女の相関図のなかで，なぜ美女ナスターシャは怪人ラゴージンによって殺されねばならないのか，というのを彼の「ソシオン理論」は説明してしまうんです。こういうのは今までなかったすごく新しい試みだと思います。文学というのは科学を超えたところでなされる，神と対話してるみたいな，あるいは科学を超えた孤高の趣味領域の営為のように自覚されてきたと思いますし，現にそう扱われているわけですけれども，意外と科学が踏み込める部分もあるんじゃないか…

【黒石】木村（洋二）さん自身がおっしゃっていたんだと思うんですけれども，すばらしくよく出来た文学作品ほどきちんと分析できるというんですね，…。

【今田】ソシオン理論でね。

【黒石】…ソシオン理論で。それはやはり，すぐれた文学作品ほど人間関係がきちんと描かれていて，自然に描かれているからきちんと理論的に説明できると

いうことで，逆にソシオン理論はそういう枠組みをもった理論だということなんですね。これは鈴木先生が今おっしゃったようにすごく新しい試みなんだと思います。文学を科学で，科学的な分析でアプローチするという発想自体が今までなかったと思うんです。

【鈴木】逆は割合あったんだけどね，文学が社会科学に踏み込んでくる，ということはね。

それから三番目の「理系のシステム科学」，これには私は弱い，というか非常にくらいんで一番気になっているんです。ただ，最近のエージェントベースのシミュレーションですね，社会システム学としてあれがすごく面白そうだな，という匂いが伝わってくるんです。要素の局所的な相互作用から大域的な性質が生まれて，大域的な性質がまた要素を支配する，というところをマルチエージェント・システムでどういうふうに説明していくのかというところに興味があります。そういう意味では，中井（豊）さんが書かれた巻（第3巻『熱狂するシステム』）はそのあたりにからんでくる，そういう期待感をもって見ています。以上，長いコメントになってしまいましたけれども。

＊　＊　＊

【今田】黒石さんどうですか？

【黒石】まず最初の問題ですが，「文系と理系を融合する」という試みは，まさに今まで何度も試みられながら，ある程度成功したかと思うと，結局また文系・理系に戻って細分化してしまう，ということを繰り返してきたように思います。一般システム理論も一時融合的な成果が出たんですけども，やっぱりその後は一方にルーマン的な，思弁的な「システム論」が発達して，もう一方には工学者たちが研究するようなテクニカルな操作性を重視するような「システム科学」が分かれてしまう，というようなことで，なかなか難しいことなんだと思うんですね。

ただ，今回のシリーズ企画に関していうならば，目先の文系理系の融合ということではなくて，大きな発想の部分で文型と理系を両方とも包んでしまうような，より大きな傘ですね。文系とか理系とかが分かれる以前の，まさに「文理融合」というよりも「文理以前」。そこまで踏み込んで議論することができれば大成功なのかな，と思っています。その意味でシステムを方法とする一種の「メタ理論」（理論の理論）を構想しておく必要があるかもしれません。

それから二番目の人文学。文理融合するためには単に社会学が理系の知見を取り入れるだけではなくて，特に哲学・文学・史学という典型的に人文学的な分野にも目配りをしなければいけないとおっしゃっている問題提起には，大賛成です。実は，今までの理系の学問にしても，文系の社会科学にしても，僕がちょっと不満に思ってきたのは，「人間とは何か」というとても人文学的な問いに真剣に立ち向かっていない，という気がすることです。社会科学も人間を前提にしている以上，人間が行動する学問として構想されてはいますけれども，しかし，その場合の人間は「効用を最大化する主体」つまり「ホモ・エコノミクス」という程度のもので，人間とは当面そういう存在にしておけばいい，と思い続けているようなところがあるんですね。まあこれも作業仮説にすぎないわけですが。この方面の方々は，「こんなシンプルな前提からこんなにすばらしい結論が導ける」という論理展開の美しさの方に魅了されていますから（それを否定する気はさらさらないんですけれども），前提をあまり見直さない。でもそれを人文学の人が見ると，「やけにプアーな人間観からスタートして，ほんとはもっと豊かなものが広がっているのに，それを見ようとしない人たちだ」と思われがちなんです。だから，要は人文学が究極の問いとして立てている「人間とは何か」というところに，社会システム学としても目を向けていかなければいけないんだと思います。そのためには人文学に踏み込まないと。

【鈴木】「人間とは何か」の問いには永遠に答えが出ないんだろうけれど（笑）。だけどそれを自覚的に問い続けない限り，人文学と共通の地盤に立つことは不可能だよね。とくに文学からは冷淡な目で見られると思うよ，なんて薄っぺらな人間観なんだって。

【黒石】「人間とは何か」という問いは確かに難問ですが，それは解きにくいから難問だというより，答えがたくさんありすぎるから難問なのだと，私は思ってます。そして「豊かな人間像」というのは「難解な人間像」を意味するものでもないはずです。シンプルで豊かな人間像もあるはずだ。たとえば「知性のヒト homo sapiens」，「直立するヒト homo erectus」，「話すヒト homo loquens」，「象徴を操作するヒト homo symbolicus」，「道具を使うヒト homo faber」，「遊ぶヒト homo ludens」，…これらはすべて「人間とは何か」という問いに対するそれなりに正しい，しかも単純明快で含蓄のある解です。またこれら以外の解もおおいにありえます。そこで，「人間とは何か」の問いを単独で解くのではなく，第二・第三の問いをクロスさせて限定をかけ，いわば「連立方程式」として解を導くことが求められる。そしてどんな問いをクロスさせたか，それを自覚しなければならない。それこそが人間への個性的「視点」をあらわすものになるからです。

私は今回担当した巻（第2巻『欲望するシステム』）で，「人間の社会を動かし，人類の歴史を営んできた原動力は何か」という第二の問いをクロスさせた。人間は人間に固有の社会や歴史を営んでいるという事実からして，この問いは「人間とは何か」という最初の問いと共通の解を持つはずなのです。その結果として得られた作業仮説が〈欲望するヒト homo desiderans〉です。こうして，人間を仮に〈欲望するヒト〉と捉えた上で，「人間の社会，人類の歴史の作動や編制を〈欲望 desire〉でうまく説明し検証できるか」を追求したのが，今回の研究成果なのです。

また，最初にも話題になりましたが，今回のシリーズの各巻は「○○するシステム」という動詞の形になっている。これは人間たちのシステムをいかなる「視点」から捉えたか，その「第二の問い」をあらわすものでもあると思います。ともかく，人文科学との融合をめざすには，こちらも「人間とはなにか」を示さないと…。

【今田】ちょっと口挟みますけれども，ある研究会で「人文学」にするのか，「人文科学」にするのかで議論になったことがある。で，文理融合派には「人文科学」でいいんじゃないかという声が比較的多かったのですが，哲・史・文を専門にしている先生方は，「ヒューマニティーズです，人間学です」という。そしてこれがないと社会科学も自然科学も足元をすくわれかねないと強調されました。まさにおっしゃったように，英語を直訳すれば「人間学」ですよね。ヒューマニティーズですから。社会システム学はこうした人文学をベースに持つことです。

【黒石】そうですね，人文学と人文科学。「学」か「科学」か，という点は今回の「社会システム学」プロジェクトの論点のひとつでした。気をつけます。

それからさっき鈴木先生がちょっとおっしゃってたけれども，脳科学の進展も人文科学，まあ人文学というべきかもしれませんが，文理の融合にとってすごく重大な意味を持っている。人間の人間らしさを大きく担っている人間の脳がいかなるものなのか，今まで皆目わからなかったのが，やっとわかるようになってきた。で,「脳がこうなってるから，人間はこういう存在なのだ」，というような認識がですね，心理学はもちろんですけれども，精神医学だとか人工知能学，あるいはまた哲学だとかいったところでどうしても必要になってくる。こういう状況を考えると脳科学は皆が参照しなければならず，そこに文理の別など余地がない。たとえば私がいっとき真剣に思っていたのは，ヒトの社会学的「社会性」の根拠は脳科学的にどこかにあるんじゃないか，ということで…。

【今田・鈴木】ええ？

【黒石】実際にそう思ったんです。たとえば前頭葉のある一部を損傷すると，運動能力も計算能力も阻害されないし，言われたことにはきちんと論理的に答えることができるんだけれども，なぜか，社会へ主体的にかかわる意欲が失われるとか社会的判断ができなくなるケースがある。本来慎むべき社会状況で下品な振舞いをしたり，社会的にエキセントリックな振舞いをしたりするようになるんです。工事現場の事故で前頭葉を損傷したフィネアス・ゲージという有名な人物(2)がいるんですけども，彼はそうだった。こういう人の精神状態を医学的に測定してみると，論理的判断の能力では「どこにも異常なし」って感じになってしまう。合理的思考はできる。でも珍妙な社会行動をとる。これを合理的選択理論はどう評価するんでしょうねえ（笑)。ともかく，人間の社会性は何か論理を超えた形で，全部ではないにしろ脳の中にあって，社会性の脳科学的根拠が何らかの形で明らかになるんじゃないかと思ってたことがあるんです。

【鈴木】あのね，いまのいわゆる「社会脳」の話，進化心理学でもメインイシューのひとつなのね。たとえばその一人のコスミデス(3)なんか，人間の脳の中には「裏切り者探索モジュール」ってのがあって，社会的ジレンマに直面した場合，ズルして自分だけうまい汁を吸おうという人間が出てくるわけだけれども，それを摘発する役割に特化した脳の部位があるって主張してる…。ウェーソンの４枚カード問題(4)なんかを使ってね。これなんかまさに，社会性の脳科学的根拠を探す試みそのもの。でもね，心理学よりもわれわれの社会システム学こそが，こうした作業を担うべきだと思うわけ。もっと守備範囲が広いわけだし…。

【黒石】実際，今までずっと悩みぬいてわからなかったことが，まったく別の分野でちゃっかりと明らかになってた，なんてことがある。そういう橋渡しをする役回りが必要なんだろうと思ってるんです。たとえば社会学から脳科学へ。

宇宙開発から社会学へ。そういうのを社会システム学は担えるといい。たとえば旧ソ連のソユーズ宇宙計画で長期滞在が始まったとき，宇宙飛行士の間で必ず対立が起こり険悪な雰囲気になることが問題となりました。ここではじめて，対立を解消する仕組みが死活的に重要だと認識されるようになった。それまでは宇宙飛行の任務にさえ秀でていれば宇宙飛行士になれたのですが，人柄も劣らず重要だということになった。でもこんなことはパーソンズがとっくに唱えていたことですよ（笑）。宇宙技術者が知らなかっただけなんですね。

【鈴木】「文理融合」っていうことでちょっとひとつ気になったのは，吉田民人先生が「統合科学」っていってるものです。これは僕の独断的な観測なんですが，吉田先生のあれは，要するに「情報」を一番基礎において，その意味であくまで「自然科学ベースの統合科学」というイメージが強いものなんですよね。われわれがやろうとしている社会システム学は，そういう意味での文理融合の学ではないだろう，と思うんです。どちらかに一元化して，融合をはかっていくというのはちょっと違うだろう，と。そういう気がします。

【今田】であるからこそ，人文学を入れる。入力の仕方を考えていった方がいいんじゃないか，ってことですよね。だから，人文学を基礎に社会システム学をやれる研究者をこれから育成しないといけない（笑）。歴史学や哲学は比較的，社会システム学に取り入れやすい。文学も先年，ドストエフスキーの『カラマーゾフの兄弟』の新訳が出てベストセラーになっている。翻訳者の亀山郁夫先生がスピーチをされた委員会でご一緒したことがあります。その際「どうしてこんなに受けるんですかね」と尋ねたときに，返ってきた答えは，私なりに少々アレンジしていえば，「人間味の深さに触れることができるからでしょうね，成果主義だの市場競争原理主義だのと，薄っぺらな人間関係がこの十数年続いて，国民は人間の深みに触れたいという気持が高まっているのではないかと思う」でした。わかりやすく現代風に訳し直したことも功を奏したと思いますが，そうした事情があって，特に若い女性に人気があるんだそうです。私などちょっと信じられなくて，まだ理由を理解できてないんだけれども，その辺りが理解できないと本当の社会システム学は構築できない，という感じがします。

【鈴木】え，若い女性にドストエフスキーが人気なんだって？　ウソー！（笑）。例の『地下生活者の手記』（現代訳では『地下室の手記』）なんか，ほんとに彼女たち読んでるの？　苦痛に耐えてるうちにそれが快感になるっていう，ああいう逆説的な人間理解，人間の深みそのものに触れているのは間違いないけど…。僕なんか，大学時代にうずく虫歯に耐えながら読んだ。あの快感（笑）。あれがわからないと，社会システム学はできないんだ（笑）。

【今田】さっき鈴木先生が面白そうだとおっしゃったエージェントベース・シミュレーションの特徴は，エージェント（行為主体）に「単純な仮定」を設けて，自律的な行動をおこなわせることにあります。仮定は極めて単純ですが，今までの経済社会理論では，たとえば「合理的な行為者」の仮定のもとに，「効用最大化」などの一律の原理で行動することを前提にしている場合が多い。みなが同じ原理・原則でしか行動しない。しかも実際に具体的に行為主体が相互作用をすることはない。研究者が数式をたてて「解いてる」だけである。だけど，本当に，そうなるのか疑問でしょう？　エージェントベース・シミュレーションでは，シミュレーションの場にたとえば500エージェントを登場させて，任意の２主体があちらこちらで相互作用を始めるわけです。そして，その結果どういうことが起きるのか見てみようよという試みです。それはまさに，社会科学における「実験」のひとつの重要な方法だと思う。仮想空間・コンピュータ空間の中で実際に相互行為をおこなわせてみたら，結構，興味深い結果が出たりする。トーマス・シェリングの「分居モデル」[5]をコンピュータでシミュレーションしてみると面白いのですよ。

シェリングは，近隣のエージェントの配置によって自らが満足か不満足かを決定するエージェントと，そのエージェントの行動によって社会全体の居住パターンがどのような状況になるかを表現した〈近隣社会自己形成モデル A Self-Forming Neighborhood Model〉を提示しています。そして，個々のエージェントは異質なエージェントに対して（相対的に）寛容であるにもかかわらず，社会全体としては同質のエージェントが集まり明確に住み分けが起こることを解明した。彼のモデルは「チェス盤の８×８の升目を，64軒の住宅からなる地域社会と見立て，最初に２種類のコイン（居住者）をランダムに配置し，自分の周囲に同じコイン（同類者）が，ある比率（閾値）以上あれば（住んでいれば）満足して留まる（住み続ける）が，そうでなければ別の場所に移動する」というもので，空間規模は小規模でシミュレーションも手作業によるものでした。このため，居住空間の分布パタン形成，寛容さ（閾値）のパラメータ設定，反復実験による結果の安定性の確保など工夫すべき余地が残されていました。これをコンピュータ・シミュレーションを使って登場人数や寛容度をパラメータに組み込んで試みることができる。その結果，個人のレベルでは寛容であるのに集合体（地域コミュニティ）のレベルでは棲み分けが確かに起こること，しかもそれが人口規模と関係なく生じること，その他の特徴が発見されたのです。これはまさに創発特性の解明だと私は思う。後で述べるつもりですが，こうしたことができなきゃ，シミュレーションをやってもしょうがないのですがね。

【黒石】エージェントベース・シミュレーションについてですけども，シェリング・モデルの成果は，一人ひとりの個人がかなりの寛容度を持って行動しても，社会的な大きさになると人種別にハッキリ住み分けてしまう，という皮肉な結果を示したことですよね。あたりまえの常識的結果しか出なかったら，シミュレーションに魅力はない。内部「結果」が外部「解釈」によって新たな「意味」を生むようでなければならない，ってことだと思います。シミュレーションの場合，前提の方は「単純な仮定で出発する」ことでいいと思うし，複雑な人間もたぶん，単純な仮定で出発するんだと思うんですね。だけど，それがエージェント間の相互作用によって次第に「複雑なものになっていく」。しかも不可逆的に。前提はシンプルだけど，シミュレーションで豊かな含蓄が広がる。ここが大切なところで，単純なままで「結論」を求めてはいけないと思うんです。つまり「成長」とか，「記憶」だとか，自己修正しながら複雑性をもたらす豊かな特質を備えたエージェントを，今のシステム理論は取り込むことができる。今までの単純なゲーム理論だと，既定の利得関数にもとづいて一回やって結果を出し，それを繰返していくにしても，とにかく一番最初にインプットされたプログラムをずっと首尾一貫して守り続ける主体たちが，繰り返されたゲームの末にどこへたどりつくのか，という単純ゲームだったと思うんです。最初のプログラムは不変でリジッドだった。だけど，今のエージェントベース・シミュレーションでは，主体が経験のなかから教訓を選び取って，場合によっては最初のプログラムを「どんどん変えていく」ような柔軟な行為をするようになっています。出発点は単純でいいと思うし，まったく均等な条件でスタートしていいと思うんだけど，その後主体や社会がどんどん変化していき，複雑化する。その過程を目の前で見せたり，説明できることが面白い分野なんだと思うんです。もともと単純な受精卵がだんだん変わっていって，分化していって複雑なものになるように。これは，人間も，社会も，自然界も，同じことですね。だから，そういう意味で，融合の可能性はあるんだと思うんです。このへんの「個と集団」,「主と客」「自と他」の関係といったところには，人文学でいえば哲学分野でのフッサールの思索もかかわって面白いところだと思ってます。

【鈴木】シミュレーションについてはあとの座談会に専門家が控えていますからこれくらいにするとして，もうひとつの，複雑系の展開の方はどう見ますかね？　環境からの刺激に対して，エージェントが頑固に自分を変えないで反応する「線形」システムの世界から，むしろ柔軟かつ自己回帰的に自分を変えて反応する，その意味で複雑な「非線形」システムの世界への質的飛躍と言ってもよいですが。この30年あまり，システム論ないしシステム科学はこの線にそって発展してきたわけでしょう。

【今田】従来の近代科学の枠組みでは，ゆらぎやカオスといった現象は無視していいもの，放置しておけばその作用や効果も相殺されてなくなるものとみなされてきました。たとえば，カオス理論では「初期値に対する鋭敏な依存性」が重視されますが，従来の近代科学では，一般的には，現象を扱うのに少数点以下で10桁までは用いないでしょう。せいぜい５桁近似くらいです。でも非線形の複雑系では，６桁以降の値を四捨五入して切り捨てたために，大きなしっぺ返しが起きたりするわけです。そのごく僅かな，誤差ともいえるものが不規則に相互作用をすることにより，大異変が起きることがある。こうした素朴な誤差処理に無神経であった近代科学は一種の認識暴力を犯してきたのではないか，という反省がカオス理論やゆらぎの科学にはこめられているのです。

【鈴木】社会の事例で言ったら，どんなことになるのかな。このカオス，あるいは「初期値鋭敏性」の実例は。

【今田】「デシジョン 2000」と騒がれたアメリカ大統領選は社会的なカオスの例となるでしょうね。ブッシュとゴアが戦った米国の大統領選は，最後の最後まで決着がつかず，ついにフロリダにある町のわずか数百票の帰趨によって左右されることになった。あのわずかな違いがその後の世界を大きく変えたといえる。民主党のゴアが大統領になっていたら，新世界秩序は粗野なネオリベラリズム型のグローバル化とはならなかったに違いない。要は，社会も含めていわゆる「複雑系」では，誤差的な瑣末な要因に無頓着であってはならない場合があることを肝に銘じておくべきなのです。

【黒石】ブッシュ時代のネオリベラリズムは，今後の世界に大きな傷（記憶）を残すでしょうね。しかもこれは，単純に元に戻すことのできない不可逆なものです。複雑系は不可逆系なのです。次の世代は，これを長く背負って行かなければいけなくなったわけです。

3．社会システム学とはなにか

【今田】さてこれから「社会システム学とはなにか」について議論したいと思います。第一に，社会システム論のルーツには「機械論」と「有機体論」との対立があるわけですが，これを乗り越えるために，ルードヴィッヒ・フォン・ベルタランフィらが「一般システム理論」を提唱した(6)ことで社会システム論に転機が訪れたのですが，ハーバート・スペンサーの「社会有機体説」に代表されるように，社会学における社会システム論のルーツは，「有機体説」が主流だということがあります。

第二に，社会システム学にとって考えるべきことは，「個人主義的アプローチ」でいくか，「全体論的アプローチ」でいくかということです。このテーマも社会システム論に限らず，社会学でさんざん議論されてきたことですが，各種の社会科学によって，個人主義が重視されたり，全体論的な論理が強調されたりします。「社会システム学」はこれについてどう関わるか，という問題がある。

それから第三に，システム論の特徴といえば，鸚鵡返しのように返ってくる「創発特性」の問題がある。金科玉条のごとく，「これが大事なんだよね」，「創発特性を取り上げないと意味なし」と言われるくらい強調されるのですが，ほんとうにそう言ってよいのか。またそうだとしたら，これとどう向き合うのか。片や「こんなものは要素還元主義でやれば処理できることだ」という意見もあるわけで，そのあたりをどう位置づけていくか。

以上について議論していただきたいのですが，鈴木先生が最近出版された『ゲーム理論で読み解く現代日本』（ミネルヴァ書房）での基調はスペンサーの有機体論的な社会システム論にある感じがするのですが，そのあたりはどうお考えになりますか。

【鈴木】はい。私自身の本については，あまりそのあたりのことを意識したわけではありません。でも，現代の日本社会を経済から社会構造そして文化に至るまでの全体像と，それを貫く原理を明らかにしようとしたという意味で，そのように言うこともできるかと思います。ただ，一方で僕自身はウェーバー（社会学における方法論的個人主義の元祖）の研究者として長年研究を続けて来ましたので，そう言われると「あれれ，そうなんだ」と虚を突かれる思いです(笑)。まあ，ウェーバー自身も“方法論的個人主義者”と言われながらも，実際にやった膨大な実証的・歴史的研究そのものは，あくまで全体社会を対象にした実に壮大なものですけれども。ん，僕もあの巨匠ウェーバーに近づいたと言えるのかな（爆笑)。でも，結論的なことを先に言ってしまうと，現在，僕自身は機械論と全体論の対立軸も含めて，個人主義アプローチと全体主義アプローチの「両方からの歩み寄り」というのかな，そんな認識を持っています。僕の認識というのはこれまで，「方法論的個人主義・対・方法論的集合主義」のせめぎあいみたいな目でずっと考えてきたんですけども。

僕は現代の「方法論的個人主義」の代表理論は「ゲーム理論」で，「方法論的集合主義」の代表選手は「複雑系科学」だと思うんですね。社会学的元祖はそれぞれ，ウェーバーとデュルケームに行き着きますけれども。ただ現在ではコンピュータ科学がこれだけ発達してきて，コンピュータ・シミュレーションの手法が使えるようになってきていますから，ゲーム理論も当然シミュレーションをやりますよね。ところが複雑系科学のほうもコンピュータ・シミュレーションを使ってやるわけです。それで重なり合う部分へ収斂してきている。僕はそういう印象をすごく持ってるんですね。で，先ほど言ったマルチエージェントベース，出発点は方法論的個人主義のほうからきてるんだけれども，実際やってることは集合主義的複雑系の視点と重なり合ったようなところで進んでる。そういう感じになってきてると思うんですね。

【今田】それは，有機体論と機械論じゃなくて，二番目の，ミクロとマクロの話ですか。

【鈴木】そうですね，私自身は一番目の対立軸と二番目の対立軸が組み合わさって，二組の対立的なセット，つまり「機械論と個人主義的アプローチ」の組み合わせ，「有機体論と集合主義的アプローチ」の組み合わせ，これらのセットで対立させられてきたように思います。そしてこの対立がだんだん曖昧になって来ていると。ただ，出発点の見方としては両方が，やっぱり厳然としてあるわけですよね。だけども実際進めていくうちに，どうしても重なり合ってこざるを得ない。そういう状況に今きてるんじゃないだろうか。そういう認識ですね。で，それを裏付ける流れがこれだっていう意識で，いま理論生物学のほうをいじってるんです。これは裏づけになるかどうかわからないんですけれども，サンタ＝フェ研究所のクリストファ・ラングトンたちが「コレクショニズム」といってるんですよね。コレクショニズム。「コレクション＋イズム」。

【今田】コレクションって収集のコレクション？　それは何？

【鈴木】これはですね，要するに，われわれ人間社会もそうなんですけれども，システムは基本的に要素の局所的な相互作用で動いているんだけれど，そういう局所的な動きがトータルになってくると，そこに大域的な性質が生まれてくる。で，大域的な性質が生まれるとその影響によって，今度はその要素になってる部分の性質がまた変わってきてしまう。こういう循環的な関係性があるんですね。で，これは要素還元主義とも違うし，また全体論とも違う。それから，たとえば私なんかすぐマックス・ウェーバーの官僚制みたいな問題を想起するのですが，司令塔があって上からバッといくような，そういうものとも違うんですよね。で，なんかそういう従来の枠がこう重なり合ってそれで新たななんかが生まれつつあるんじゃないかいう印象を僕は持ってるんですね。

たとえば，「ウィキペディア」。皆が自由に書き込み，自由に編集して出来上がったあのネット上の百科事典。われわれ大学教師の大半が，学生の書くレポートにコピペで頻繁に盗用されるんで悩まされているあれです（笑）。あれって中央に誰かコントローラーがいて，彼が書き込みを監視して訂正や編集をおこなっているわけではない。あくまでネットを見て書き込む不特定多数の人びとの自由裁量に任されている。だから，オルテガのような貴族的な大衆論(7)に従えば，大衆の知性レベルに見合った，間違いだらけの低レベルの事典になってもおかしくない。でもそうはならない。どの項目もけっこう水準の高いものになっている。大学教師が悩まされる程度にはね（笑）。面白い実験がありましてね，アメリカの社会学者がウィキペディアのいくつかの項目にわざと間違った内容を書き込んだわけ，どうなるだろうかって。すると重要な項目では数時間で，そうでない項目でも数日間で，不特定多数の誰かが訂正して正しいものに直すという結果が出たのね。たとえば，インターネットという新しい情報技術が可能にした，こういう「集合的な知性」のありかた。部分的で局所的な知性の相互作用が，ウィキペディアという水準の高い大域的な「集合的知性」を生み出し，それがまた「部分的な知性」のあり方に影響をあたえるという現象，これなど新しく生まれつつある「何か」だと思うんですね。言いかえれば，機密保持の観点から必然的に少数者支配が成立するという形で民主制の限界を説いた，ミヘルスの「寡頭制の鉄則」のような政治論では，説明できない現象が生じつつあるんかなと。だって，基本的にオープンソースだもん，OS のリナックスなどと同じく。

【今田】それはミクロ - マクロループみたいなものができているというニュアンスですか。

【鈴木】うーん，どう言ったらいいんでしょうねえ。これ，上向（ボトムアップ）の過程，下向（トップダウン）の過程，そういう言い方をするんですけどね。創発性の形成をめぐる局所的な相互作用と大域的な性質のあいだの。で，意図するんじゃないんだけれども，大域的な性質が生まれていく。

【今田】シナジェティックスでも要素のシナジーから秩序パラメータが形成されて，これに各要素が隷従（スレイブ）するという論理になっています。ねらってるところがかなり近いと解釈できるのですが。

【黒石】いまのウィキペディアのケースは，生体システムでいえば異物とか誤りを除去する「免疫系」の作用に近いように，僕には見えますね。皆が白血球のように寄ってたかって，誤りを除去してしまう（笑）。で，これはネット社会のセキュリティのあり方に示唆があるように思います。ただサンタ＝フェ研究所のクリス・ラングトンたちが言いたいのはそういうことじゃなくて，個々の判断の根拠になってるのは一つひとつの主体にとって局所的なことなんだけれども，結果として全体が集まって“あたかも判断してるがごとくに”，意外な，でもそこそこきちんとした結果をもたらすということでしょう，「スウォーム・インテリジェンス」っていうような。ウィキペディアは，確かに集合的知識ではあるけれど，それが自ら判断をくだすような知性ではないですから。

【今田】スウォーム・インテリジェンス？　スウォーム？

【黒石】“swarm intelligence”，スウォームって虫の群れみたいなの。虫がぐわっと群れてるみたいな。

【今田】蚊柱！

【黒石】そう，蚊柱，ああいうのを「スウォーム」っていうんですね。一個一個の虫たちはもうほとんどランダムにとなりの虫たちとの距離ぐらいで判断してるんだけれども，全体として，あたかもひとつの行動判断をしているかのような，知性をもっているかのような，きちんとした全体的判断ができる。これを「群集知」，つまり「スウォーム・インテリジェンス」なんて言ってるんです。

このような群集知は，蚊のような昆虫だけじゃなくて，イワシのような魚類やムクドリのような鳥類，またコウモリやヒツジのような哺乳類にも，集団で生活する生物なら種を超えてかなり似た形であらわれますから，その機序は単純で起こりやすいものにちがいない。ホタルの集団が一斉に明滅をくりかえす「SYNC」（ストロガッツ）のような現象もこれですね[(8)]。人間の脳だって，一つひとつの脳細胞は基本的に興奮／非興奮の単純な2状態しかもたないものが，大量に集まると全体として高度な判断を示す。脳は1000億の脳細胞からなるスォーム・インテリジェンスだと考えていい。

【鈴木】ああ，ただねえ，ちょっとこれ先走ってしまうんだけど，金子邦彦さんなんか読んでるとね，いまの話は遺伝子と細胞分化の話にもつながってくるんですよ。われわれの細胞の分化やそれぞれの器官の形成なんか，遺伝子が発現して，それのコントロール下に全て形成されていくんかというと，違うと言うんです，金子さんは。細胞の相互作用の中で，遺伝子にコントロールされない形で決まっている部分が結構あるというんですよね。で，つまりそのあたりの話と，いまの話がどういうふうにむすびついてくるんかなというのが気になりますね…。どちらも，中央司令型のメカニズムという，これまでの常識的な前提を覆すような文脈の話ですので。

【黒石】遺伝子がすべてをコードしているんだとしたら，遺伝子の数は少なすぎますよね。

【今田】そう，遺伝子情報の組み合わせ程度の情報量では人間の体はつくれない。遺伝子情報は身体を造形するための最小限の基本的な情報にすぎなくて，発生過程ではこの情報を基礎にして新しい情報を生み出し，これをもとに身体の構造を決めていく。こうしたことができないととてもじゃないが人間という身体は形成できない。これはもうほぼ通説になっています。だから，生成的に情報を創発しながら造形のための指令を細胞に与える。まあそういう感じですよね。

【黒石】ただ枠組みの外から見て，「そうなっている」ことは明らかなんだけど，内側で「どうやって情報をつくってるのか」っていうメカニズムがわかってなくて，「どうやってそれを決定していくのか」というのが金子さんたちの探究していることなんじゃないですか。

【鈴木】金子さんたちは，多細胞生物を構成する各細胞は相互に作用しあっていて，しかもお互いの状況に依存して自分の役割を決めている，とこう言うんですね。たとえば細胞の分化でも，親細胞ＡがＢの種類の細胞とＣの種類の細胞に一定の比率で分化し終えた。ところが，そこからＣ細胞を全部除いてやるとどうなるか。すると，Ｂ細胞のなかから，また一定の比率でＣ細胞に変わってしまうのが出てくるんです。これなんか，遺伝子にトップダウンでコントロールされてそうなるというより，相互に置かれた状況に局所的に反応して自分を変えるのね。人間の体でも部分的にダメージを受けた部位があれば，それに代わって他の部位がよく同じ役割を果たすようになるでしょう。脳梗塞の時のバイパス血管形成とか。あれって，遺伝子がコントロールしてるというより，部位どうしの相互作用によって決まるんだって言うんだよ。

【今田】でもね，さっきスウォームの話が出たけれど，一番わかりやすい例は夏の夕方に立つ蚊柱。蚊の行動原則は「相手の蚊とある距離をとる」ことだけなんですね。で，蚊が大量にランダムに集ってくると，「柱」としての秩序になる。これはつまり，個々の要素（行為者）は単純な原理で動いているにすぎないのに，マクロ的には新しい秩序が創発していることをあらわします。これを明らかにし，説明するのは大きな課題であるわけです。したがって，創発特性を見つけ出して，それを明らかにするのも社会システム学の重要な課題になります。

【鈴木】従来のシステム論だと，「レベルの違い」いう形で創発特性を説明していくでしょ。どうも「レベルがあがって，新しい性質が創発される」というこれまでの説明，たとえば原子の世界から分子の世界へ，さらに分子の世界から物体の世界へというような。今までの創発特性の説明って，こうしたレベルの違いで説明してきたでしょう。でも現在では，そういう説明とはまたちがってきてるような…。

【黒石】最近，ミクロのエージェントに立脚するシミュレーション技法が大いに発展して，エージェントに立脚する新しい方法論的個人主義が強まってきているように見受けられます。その発展のなかで「〈創発性〉なんて本当にあるのか？」，という疑問があらためて出るようになってきたことは確かです。しかし私の考えでは，創発性とは「内部観察から・外部観察へ・転換する」ときに生ずる，観察者の側の「知的な効果」なんですよ。

たとえばスウォーム・インテリジェンスに見られるような，「あたかも知性を持つかのような」と「現に知性を持つ」との間には，本来，大きな断絶と飛躍がある。内側の当事者である蚊たちにとっては，自分たちの全体が知性を持つかどうかなんて，関知するところではない（笑）。でも外から見ると知性を持って振舞っているかのように見える。私は，この両者の間にこそ，認識論的な意味での「創発性」があるんだと思っています。「あたかも～かのような」を「Quasi～（準‐～）」と表現しましょう[9]。「quasi」というラテン語は「quam＋si」という複合語で，英語なら「as＋if」にあたります。スウォーム・インテリジェンスは，そのまま見ている限り，いつまでも「Quasi-intelligence；準‐知性」なんですね。だけど，ミクロの集合体として内側からは「Quasi-intelligence；準‐知性」であるものを，マクロな視点から全体として外側から「Intelligence；知性」と見なす。認識する側による，この「見なし」の作用（これを私はかつて「マクロ近似」ないし「認識スケールの転換」と呼びました[10]）が，認識者の側に「創発性」をもたらすのだと提案したい。たとえば脳細胞たちの「準‐知性」から脳の「知性」へ。ここでは「見る」から「見なす」への，言い換えると内部認識から外部認識への，認識姿勢の転換に気づく必要があります。そして「準‐知性」と「知性」の両者は，互いに断絶しつつ接しているんだけれども，認識者自身による「認識のスケールの転換」を契機として飛躍し，両立しているんです。僕はこのことへの「気づき」が「システム学」のポイントだと思っているんです。

こう考えると，たとえば「生命の起源」という問題も，「あたかも生きているかのような」から「現に生きている」への飛躍の問題だと考えていい。対象を「生きたシステム」として捉えようとする際には，こういう「スケール」の持つ効果を自覚することがとても重要なことだと思うんです。またこうした関係は知性や生命といったナイーヴな対象にすら限りません。1個の原子も，ミクロに（内部的に）みれば「原子核をとりまく電子雲」にすぎません。これをマクロな視点から（外部的に）全体として「原子」とみなしているだけなのです。この「みなし」を存在論的に言えば「あたかも存在するかのような」から「現に存在する」への飛躍，つまり「創発」ということになるでしょう。こうしてみると，シミュレーション技法に立脚しその範囲内で論じるという姿勢そのものが，「Quasi にとどまって創発性を見ない」という姿勢なのです。内側でエージェントを走らせるだけじゃなく，外側から「みなす」とか「解釈する」ということが大切だということです。ラッキョウの皮をむいて詮索しても，中身は出てこない（笑）。皮の集合が，外から見たときはじめてラッキョウなんだということですね。

【今田】だから，生成的発想がないとだめなんだ。異なるレベルから見ると，レベル間で違いがあることがわかるならば，その違いを創発特性として生み出している過程を明らかにする必要がある。生成論つまりビカミング（becoming）論の視点が欠かせない。

【黒石】プリゴジンの，「ビーイングからビカミングへ」っていうやつですか。

【今田】そう。生成論っていうもの。生成論の重要性は，ギリシア時代の古典古代から指摘されてきました。ジェネレイト（generate）は「…を生み出す」ことで他動詞ですが，ビカミングのビカム（become）は自動詞でしょ。自分が「…になる」こと。私は，システムが別様のものになる（変態する）という議論をしたいんだけれど，これはなかなか手ごわい作業で大変です。私が担当する巻は『生成するシステム』（シリーズ第１巻）ですが，ここで「ジェネレイティング・システム」でありかつ「ビカミング・システム」でもある，という両面をどう処理するかで悩んでいます。鴨長明の『方丈記』にあるように，「行く川の流れは絶えずして，しかも元の水にあらず」という文学的意義を包摂した，常に流動してやまないシステム状況を「生成するシステム」としてどのように定式化するか。創発特性もそういう観点でアプローチするしかないと思うのですが。

4.　思想の流れと社会システム学

――ポスト構造主義／ポストモダン――

【今田】このあたりで，社会システム学の方向づけについてはひとまずおいて，次の課題に入りたいと思います。

戦後の高度成長期，「黄金の六十年代」の世界的な経済繁栄を経た後に，石油危機により世界経済が不確実性に襲われました。で，それまで支えてきたさまざまな社会思想――機能主義思想や実存主義思想，構造主義思想，マルクス主義思想など――に代わって，ポスト構造主義やポストモダン論が流行しました。社会システム学を考えるときに，こうした社会思想的な流れとの関連でおさえておくべきことがあるのかどうか。新たな学問を拓くためには，こうした思想状況とのすり合わせも必要なことじゃないかと思うので，ちょっとその辺りを議論してもらいたいのですが。まず，黒石さんからどうですか。

【黒石】まさに今，目の前に展開しているものについて，客観視してなんらかの見解を述べることは難しいわけですけれども，1980年代の一時期「ポスト構造主義」といわれる思想が日本でブームになりましたね。もう30年も前のことになりますが，2006年に『アンチ・オイディプス』の新訳が出版されているところをみると，まだ命脈は保っているみたい（笑）。で，構造主義の「リジッドな構造」に対して，ポスト構造主義っていうのは，いってみれば「構造を変えるような柔軟な構造」を問題にしたというような意味で，今の複雑系の先駆になっていたんだと思うんです。でも，これを「ポスト構造主義」としか名づけることができないというのが歯がゆいところなんです。それ自体が「何らかの主義」と能動的に名乗ることができない。

構造主義もポスト構造主義も，何らかの構造をつくろうとしている点では同じなんだと思うんです。これは間違ってないと思う。構造をつくるときには局所的関係を組み上げて大域的構造をつくるわけですが，ただ今考えるに，ポスト構造主義は，関係を組み合わせて構造をつくるとき，最初につくった関係がどんどん変わっていっちゃうような関係を問題にしたんだと思うんです。「自己否定的自己言及」（たとえば「嘘つきクレタ人の逆理」）なんかもこれです。元祖の構造主義はリジッドな最初の関係を自己肯定しながら，その上にリジッドな関係を積み上げることで全体としてリジッドな構造をつくり上げ，それを皆の前に提示して見せた。それはそれで立派な成果だったと思うんですけども，ポスト構造主義っていうのは，「関係が関係に自己回帰的に関係する」という関係がもとの関係を変化させるような関係，そういうのをもとにして構造を積み上げようとするもんだから，リジッドな構造にならないんですね。

【鈴木】このあたり，僕は一番弱いんですが，これは今田さんの『モダンの脱構築』あたりの話になってきますね。[11]

【今田】差異化とか，脱構築とか，リゾームとか…。

【黒石】ノマドとかスキゾとか（笑）。ただ，ポスト構造主義は，行き方としては間違ってなかったと思うんですけども，いかんせん，言葉の使い方などがとにかく一過的すぎて定着することをめざしてないでしょう。思想として定着をめざしてないから，それをあらわそうとする言説の方も全然定着をめざしてない。その場限りみたいな乱暴な言説を繰り返して，言ってることは間違ってないと思うんだけれども，あんまりクリエイティブなイメージを与えなかった。これはもったいなかったんだと思うんです。そこからいくと，複雑系科学やカオス理論なんかも大きく見ればポスト構造主義の考え方を踏襲してると思うんですね。たとえばカオス理論でいう「カオス・アトラクタ」。あれは，ぐるぐるまわりながらどんどん変化してもとの所にとどまっていない，でもある範囲内に収まっている。この考え方では，コトが一回りしたら，もとの前提が変わってしまっていて，また一回りして…と，どんどん変わっていく。柔軟に変化していく構造のあり方を示してる。で，これを「リジッド」ではなく「ロバスト robust」（強靭）っていうふうに形容するんですね。ぐにゃぐにゃ曲がるんだけど全体としては強靭で，外乱に抵抗して，あるいは外乱をむしろ取り込んで，しかもある範囲内にはきちんと収まっているということ。

【鈴木】生物学の方でもよく使いますね。「ロバスト」って言葉。細胞が分化して行くさいに，基本的には多様化の方向に行くんだけど，にもかかわらず全体として見た場合，安定性がある。つまり，集団レベルで見た場合には，安定的な構造が生み出されている。そして，増殖の過程でまったく出鱈目な，てんでばらばらのものが出来上がるのではなくて，そうしたものも一定に含みますが，全体としてはほぼ再帰性を身に付ける。つまりほぼ同じ形で自己複製をおこなうという，そうした全体としての「強靭さ」がある。そのことを指して「ロバスト」って言いますね。

【黒石】「ほぼ再帰性」とか「ほぼ同じ形」というこの「ほぼ」がいかにも「ロバスト」っぽいところですね（笑）。身近な例を挙げますと，私が子どもの頃，駄菓子屋に「吹上げパイプ」という玩具がありました。タバコのパイプのような形をしていて，これに息を吹き込むと小さなピンポン球のようなボールが空中へゆらゆらと浮かび上がる，という他愛ない遊びです。でも吹上がったボールを多少指でつついても落ちないし，ゆらゆらと空中にほぼ留まっている様は子どもながらに不思議でした。今考えてみると，これは空気が供給されてる限りで成立するダイナミックな非平衡開放系だったんです（笑）。空気の流れが止まればボールは落ちて静止しますから。この「静止」がいわば，閉鎖系の平衡状態です。吹上げ遊びはこのような安定均衡ではない。ボールが空中にゆらゆらと動いている「範囲」はいわば「アトラクタ」であって，少々つついても落ちないという事実は，これが「ロバスト」であることを示しているように思うんです。

【鈴木】あの「吹上げ玉」が非平衡開放系！（笑）

【黒石】リジッドな「構造」からロバストな「ポスト構造」へ。これが「システム科学」から「システム学」へのひとつの局面，ということになるのかな。手前味噌（笑）。

＊　＊　＊

【今田】関連して鈴木先生にも，何かひとつ，ポストモダンの話をお願いします。

【鈴木】これはむしろポストモダンや思想云々の話とは逆行して，ちょっと手前味噌になって悪いんですけども，先般，私は現代日本社会を分析する本を出したんです。先ほど今田さんにも言及していただいた，…

【今田】『ゲーム理論で読み解く現代日本』（ミネルヴァ書房）ですね。

【鈴木】…はい。それの前半でやった作業というのが，今の日本の社会とその動きをトータルにおさえよう，という作業だったんですね。経済から始まって社会構造そして生活文化にいたるまで。そこでベースになったのは，基本的に家族社会学や地域社会学，あるいは労働社会学や教育社会学など，従来の普通の

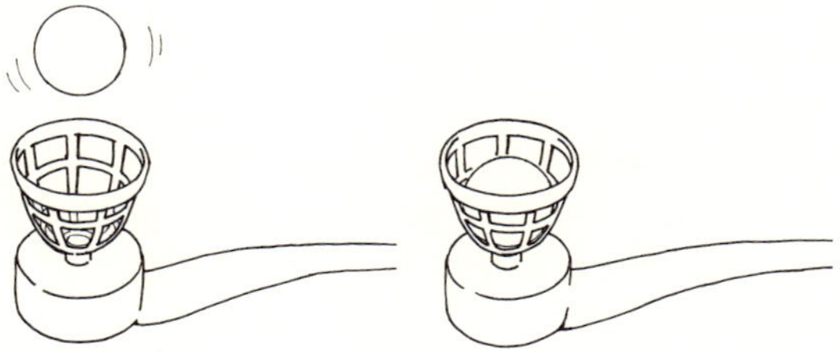

▶吹き上げパイプ

非平衡，ロバスト　　　　平衡，安定均衡

社会学が積み上げてきた研究であり，そういうのをベースにやっても結構いいところまで迫れるな，という感じがあるんです。わざわざ「ポストモダン」とか，「ポスト構造主義」とか，あえてそういう捉え方しなくても。社会思想的な捉え方としてそれはありうるし，有効であろうとは思うんですが，現実に迫るときには，従来の社会学は結構使えるし，それをうまく総合すればけっこうなところまでいける，否，最先端の現実に肉迫できる，そういう実感があるんです。それで，「ポスト構造主義」とか言われると，ああ難しい理論だなあ，と僕は考えてしまうんです。あんまり関わりたくないと。

【黒石】（苦笑）。

【鈴木】だから，社会システム学は伝統的な社会学の延長線上にしっかりと築かれるべきだという面も忘れてはいけない。思想の言葉で語られる事象を，そのまま鵜呑みにするのではなく，やはり現実の社会の動きに関する具体的な分析として結実させる必要がある。これまでの伝統的な社会学がやってきたように。われわれは一時の流行を追ってるわけではないのですからね。そこはしっかり押さえておかないといけない。

【今田】いやあ，ファッションとしてのポスト構造主義やポストモダン論は，日本に入って十年足らずでもう古いという感じで，単なる戯れに終始していますね。日本の悪い癖です。ポストモダン論にしても，差異化の戯れと言うだけで，気分的な問題で終って，社会理論にまで高める努力をほとんどしない。

欧米ではいまでも結構，理論づくりが進んでいます。まだなおかつ進行中だけど，私がウォッチしてるのは，1980年代に入って以降ポストモダン論が流行るのと並行して，「近代主義」や「近代化」が言われなくなったことです。世界レベルでながめてみても，近代主義や近代化といったタイトルのついたすぐれた本は出版されていない。日本でもないでしょ。

【鈴木】ないねえ。

【今田】なぜないのか。近代を語る際には，近代性（モダニティ）という表現を使うのですよ。この変化をどう位置づけるかが重要。それからアンソニー・ギデンズにしてもウルリッヒ・ベックにしても，ポストモダンには否定的で，モダンとはいわずに，“reflexive modern” とか “high modern” という。今さら何故そのようなことを言わなきゃいけないのか。リアリティの変化を彼らは認めているのですよ。だとしたら，別に名前などはどうでもいいのですよ。ポストモダンでも，リフレクシブ・モダンでも，ハイモダンでもなんでもいい。要するに「変わった」ということは認めているわけ。

ならば，近代がどのように変わったかの議論になってしかるべきなんで，私の見解では，ギデンズはポストモダンの議論をしているのではないかという印象がある。加えて言うと，「きちんと社会理論の枠組みをつくっているのか。何がキーコンセプトなのか」を言わなきゃいけない。私は，「差異化の戯れ」とか「逃走」などは芸術の分野や文学ではいいとして，社会理論としてはいかにもお粗末な概念だと思うのです。社会システム論から吸収すべきアイディアとして重要なのは，いろいろ調べた結果，「脱分節化」(dedifferentiation)，すなわち従来の機能分化（functional differentiation）を一度元へ戻して，もう一度，分化の在り方を問い直すことがポイントになることです。このメカニズムがひとつ。もうひとつは，「表象の透明性の欠如」，つまりシニフィアン(signifiant)・シニフィエ（signifié)・レファレント（referent）という意味作用のトリアーデが単純に成り立たなくなっていることです。フェルディナン・ド・ソシュールに基礎を持つ意味作用は，シニフィアン（記号表現）とシニフィエ（記号内容）が基本で，これに具体的なレファレント（指示対象）が対応するというものです。シニフィアンに対してこれと一対一で対応する指示対象があった。でもこれが必ずしも成立しない状況が登場したわけですよ。要するに「具体的な指示対象を持たない記号」が一人歩きしだしたことです。「仮想世界」がそうだし，実在に根拠を置かない記号が世の中を飛び交って，これに人が反応するようになった。以上の2点がポストモダンの社会システム論の要になると考えるのです。この問題と取り組みもせずに，まだ差異化の戯れやスキゾフレニックな人格や逃走論にうつつを抜かしているポストモダニストやこれをしたり顔に批判する批判論者の無神経さにも辟易します。

もちろん，骨太のポストモダン批判もあります。ユルゲン・ハーバーマスはその一人で『コミュニケーション的行為の理論』をじっくり読むと伝わってくるのですが，彼の言う「機能主義的理性批判」は「近代批判」なのであって，私はハーバーマスはもうポストモダニストと位置づけるべきだと思うくらいです。彼は「未完の近代」を主張して，近代はそもそも出発点から歪められてきたから，正しい近代をやり直すべきだと，突拍子もないことを言い出しています。現実レベルの話と認識レベルの話がこんがらがっていて，カテゴリーの誤謬を犯しているのではないか，と思ってしまいます。

私自身は，社会システム学はポストモダン論のエッセンスを吸収するべきだと思っています。ポスト構造主義の「脱構築」や「差異化」もそうだけれども，「脱分節化」や「表象の透明性の欠如」も，自然科学分野で出てきた「ゆらぎ」や「カオス」と相性がいい考え方であるという感じがしていて，そのあたりで文理融合を考えてみたら役に立つのではないかという気がしています。

5.　生命性の社会システム学
——カオスの縁／アポトーシス——

【今田】ちょっとここで，前の話に戻しましょう。生物学との交流の話です。では，鈴木先生から。

【鈴木】最初も言ったんですけれど，僕がいま一番思ってるのは，「生命性」いうことなんです。で，「生きているシステム」と「機械システム」なんかの違い，やっぱり「生きている」いうところにものすごく大きな特徴があると思うんです。生物も生きてる，社会もやっぱり生きてる。

【今田】それこそ，さっき「有機体論か機械論か」というところで言ってもらいたかったことですよ（笑）。

【鈴木】そうでした（笑）。で，社会システム学をそういう「生きているシステムの学」として考えていこうとすると，僕は基本的に生物学，しかも要素還元主義の分子生物学じゃなくて，金子さんたちがやろうとしている複雑系の生命論をベースにおいた生物学，これとの接点としての社会システム学ですね，これに尽きるんじゃないかと思うんです。要するに印象としては，生物学とくに最先端のそれは，社会システム学をめざすわれわれにとって，すごく示唆に富んだ作業をやってるんじゃないか，という印象を持っています。

【今田】東大の金子邦彦さんがカオス理論をやってる。

【鈴木】ええ。ただ，単純に生物学かといったら，これまた違ってて，金子さんはもともと物理学者で，基本的に物理学，なかでもカオス理論をベースにしてますね。そこで思うのですが，彼のやってるような新しい生物学を下敷きにした社会理論いうのが可能なんじゃないか。そういう意味で，僕は，「古い生物学からの脱脚」と言ったらいいんかな，彼らがやっている作業から「生命の論理」を抽出して，それを社会にも適用すると言えば一番いいのかな？そういうことをいま考えています。

【今田】金子さんの〈ホメオカオス〉の話ですよね。彼の研究によれば，生態系はホメオスタシスとカオスをドッキングした状況にあるというわけです。この性質があるから熱帯雨林で，樹木が淘汰されずに，微妙なバランスを維持できているという。そのことをシミュレーションで検証していますよね。

共同研究者の池上高志さんの説明に従えば，それは「寄生者と宿主のモデル」です。宿主に対して寄生者が搾取する度合いが弱いときは，宿主は寄生者に甘んじてその状態に安定化してしまう。で，寄生者との相互作用をだんだん強くしてゆくと，宿主は寄生者から逃れようとし，システムは非常に不安定になる。ところが宿主の中に突然変異率を自分で変えられるというメカニズムを入れてやると，寄生者との相互作用が強く不安定な場合には，自分でその突然変異率を高くして，不安定を弱め多種共存するシステムに移行できることがわかった。つまり寄生率が高くなって出現するカオス的不安定性を，種を多様化することにより弱めて，動的に安定・共存が可能になるようにしている。この弱められた自由度の大きなカオスを〈ホメオカオス〉と呼ぶのです。

面白いのは，システムが安定するためにはホメオスタシスがなきゃいけないけれど，それは通常のホメオスタシスではないということです。カオティックな現象が起きる中でのホメオスタシスなんだということを主張しているわけです。

【鈴木】そうそう。

【今田】パーソンズはキャノンのホメオスタシスをほぼそっくりそのまま踏襲した社会システム論を構築したのですが，なんとなくつまらない感じが否めない。人間社会だって，ホメオカオスでなくてはつまんないと思う。ホメオスタシスだけでは静的でだるいシステムなのです。

【黒石】リジッドなホメオスタシスではなくロバストなホメオカオスですね。

【鈴木】だから金子さんがメインに据えてるのは，ホメオスタシスでいう「ネガティブ・フィードバック」じゃなくて，「ポジティブ・フィードバック」だと思うんですね。生命いうのはそこにあるんだと。で，ポジティブ・フィードバックをやりながら，しかもそれが発散していかない。生命体として最終的にロバストな一定性をもってくる。その活力，要するに生命の論理みたいなものを彼は一生懸命に抽出しようとしてると思うんですよね。

【黒石】あれはたしか，ばらばらにしておくと，カオティックなふるまいをする系なんだけれども，結びつけると，互いが互いをひっぱりあって，かなりきつい，ロバストな秩序をつくり出す，そういう話ですよね。「カオス結合系」。

【鈴木】しかもそれが，移っていくのね。一時的に形成された秩序から秩序へ，アトラクタからアトラクタへと。これ，いわゆる「カオス結合系」と「カオス的遍歴」の話ですね。

【今田】逆に言うと，カオスがないと秩序ができないということですよね。

【黒石】そういうことですね。

【今田】でも，ただ単にカオスがあればいいっていうわけじゃなくて。

【鈴木】もちろん違う。だって，カオスってもともと「決定論的な系において起こる確率論的なふるまい」って定義されてるくらいだから。カウフマンが，「もっぱら法則によって支配されながら，法則性のないふるまい」とも言い換えてるでしょう。だから，もともと秩序が潜んでるわけよ，カオスには。ロジスティック写像のコントロール・パラメータを変化させて，カオスの発生をトレースした「分岐図」でも，突然「窓」が現われるでしょう。カオスの発生で失われたはずの周期性が，突如復活する。あそこでは，どのスケールで見て行っても，同じ模様が現われる自己相似的な「フラクタル構造」が見出されるわけ。あの「窓」の部分を拡大すれば，さらに細かい同じ「分岐図」が現われ

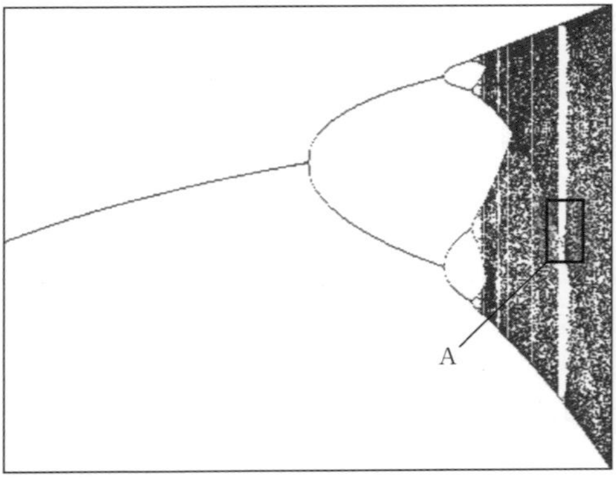

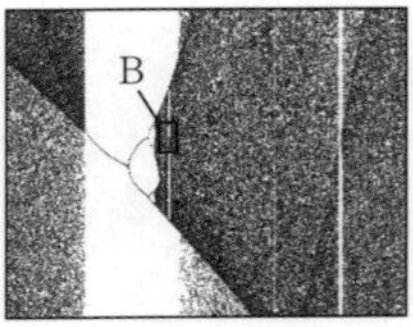

Aの拡大図

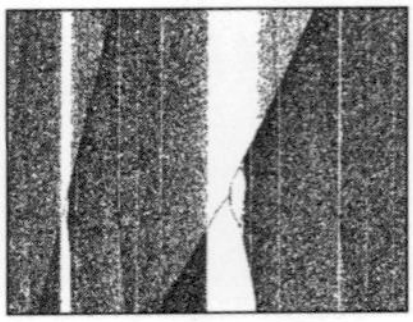

Bの拡大図

▶分岐と窓

て，その小さな「窓」を拡大すれば，さらにもっと細かい同じ「分岐図」が現われて…，どこまで行ってもこの繰り返し。あれって，ほんとに不思議だね。秩序とカオスが無限に深く入り組んでる。

【今田】モデルにパラメータを導入して，どの程度のカオスがホメオスタシスに入り込むのがいいかを説明しようとしているわけです。

【鈴木】「カオス」と「自己組織性」という両極ね。つまり，「崩壊」というベクトルと「自己組織化」というベクトル，この綱引きの上に実に危ういバランスをとって成立するのが生命系だとね。もう少し言えば，どうも「カオスの縁」のあたりに生命の秘密がある，という感じがすごいするのね。初学者として読んでてもね。で，あそこは要するに秩序とカオスの，死んだ・固定した秩序とほんとにむちゃくちゃのカオスの，ちょうど縁のところ。生命って，静止した秩序の世界と暴走するカオスの世界の境目，つまり「カオスの縁」の非常に危ういバランスの上に乗っかって成立しているんじゃないか。静的すぎず，動的すぎず，情報が適度に保存されるとともに適度に創造される領域，つまり情報処理にもっとも適した場所に。ところで，「カオスの縁」いうのは，たとえば黒石さんなんかはどういうふうに考えておられます？

【黒石】「カオスの縁」を一番最初に言い始めたのはラングトンでしたっけ。ただ，それを生物の進化の上で一番重要な場所だと強調したのはやっぱりスチュアート・カウフマンで，彼が有名にした概念だと思うんです。カウフマンの言葉で僕がすごく印象深かったのは，「カオスの縁」というのは，秩序をほぼ維持するんだけれど，秩序を維持するだけじゃなくて，新しいパタンを生み出す場所だ，ということです。秩序を維持するだけの場所だったら，結晶みたいな秩序になっちゃって，進化する余地がない。一方，無茶苦茶なカオスでは新しいパタンを生み出すけれどそもそも秩序が成り立たない。だけどカオスの縁では，ある程度の秩序を維持するんだけども，新しいパタンも生み出す。だから生物として成立し，進化することもできる。「秩序を維持する」のと「新しい秩序を生み出す」のとでは，下手をすると相反する機序なのですが，生物にはこの両方が必要だ。カウフマンはこの両者のトレードオフを〈進化能 evolvability〉と呼んでいて，カオスの縁は進化能が最大になる領域だというのです。で，カオスの縁で「自己組織化」されたパタンのうちでどのパタンが生き延びるかを選ぶのが，ダーウィニズムでいう「選択」なので，その二つのメカニズムがあいまって「生きたシステム」が成り立つ。だから「自己組織化と選択」っていうのがカウフマンの学問の二大柱なんですね。こうして「選択を経た複雑系」が，〈複雑適応系〉と呼ばれるわけです。

【今田】だから，カオスといっても「適切なカオス量」っていうのがあるのですよね，生命には。これがないとシステムは生き生きとしない。ということで，ゆらぎやカオスなどシステムの乱れとなる現象がある程度必要になる。

【今田】これとの関連でいうと，いま黒石さんが指摘した「選択」について「分子進化の中立説」を唱えた木村資生先生の仕事も興味深い。分子進化中立説では，突然変異が起きて，これが種（システム）にとっての有用性という観点から淘汰のふるいにかけられ，不要なら捨てられ有用なら保存される，といった単純な機能的妥当性のチェックに従わないというのです。生物進化というのはそんな単純なものではない。木村先生の言い分は，システムは毒にも薬にもならない変異，つまり有用でも無用でもない変異を，すぐさま淘汰のふるいにかけるのではなく，それらをシステム内に抱え込んでプールしておくというのです。で，なぜプールするかというと，将来に備えるためです。

【鈴木】そうそう。

【黒石】木村先生の共同研究者だった太田朋子博士が『分子進化のほぼ中立説』（講談社ブルーバックス）という啓蒙書を書かれてるんですよね（笑）。

【今田】システムが予期せぬ環境変化に直面して行き詰ったときに，プールしておいた諸変異を使って適応可能かどうかを試みるというわけです。この変異では駄目，別のでも駄目と何度も何度も試みる。そのうちある変異でうまくいく場合が出てきたりするわけです。するとこの変異が採用されて，これにあうような進化が起きるという。だから木村先生は，ダーウィンに対し「進化はそんなに単純なものではない」というわけです。日本で有名な進化論者である今西錦司先生の「棲み分け理論」では，「進化は起こるべくして起こる」という機能理論が採用されていますが，これでは話にならないことです。棲み分けというのは生物界では自明の前提であり，闘争ばかりしていては種の保存が危ぶまれるからおきたことで，それはそれで一理あるのだが，それでそれが何なの，という感じですよね。今西理論は機能主義的だよね。要するに，機能的な役割分担で種が分岐していくという説になる。

【鈴木】たとえば人間の体でも，どこか滅びたら他の細胞がすぐ代替する役割を果たし始めるんですよね。下等な動物だったらもっと顕著なんですけれども。その手の柔軟性いうんかな，無駄というものをすごい抱えこんでる。

【今田】「無用の用」などと言いますよね。無駄を抱え込む寛容さを持ったシステムでないと頑強（ロバスト）になれない。無駄を抱えていると損失になるとか，システムの効率性が悪くなり経済合理性が成立しないとしばしば言われるけれど，それは素朴な発想なんで，生物というものはもっと複雑で，さまざまな多様度を抱え込んでいる。無駄を貯金するという発想が必要なのです。この辺は鈴木さん担当の巻（第8巻『崩壊するシステム』）の発想からするとどうですか。

【鈴木】確かに，生物体の場合，無駄もすごくたくさん持ってるんですよね。たとえば脳細胞って，発生過程にはとにかく余分な脳細胞が山のようにわあーっと積まれてくるのね。このあいだテレビでもやってたけれど，赤ちゃんが生まれてきたときいうのは，余分なものをものすごく持ってるんですね。それがどんどん削られ死んでいって，ちゃんとした非常にうまい個体に育ってくる。

【今田】それ，何の例でしょう。

【鈴木】人間の赤ちゃん。赤ちゃんいうのは，そういう意味でかなり広い能力を持っていて，またそれを支えるような脳細胞を持ってる。それが成長とともに脳細胞はどんどん死んで，不要な能力もどんどん消えていくのね。いらなくなって死んで行くメカニズムは「アポトーシス」なんですよね。予定死・プログラム死とも呼びますけど。一定の手順を踏んで，実に精妙に進んで行く一連の過程です。生命の暴走をコントロールする，いわばブレーキの役目を果たす機構でもあるんですけどね。あれはやっぱりすごいな，と思って。

【黒石】人間の「赤ちゃん」の NHK 特番は，評判がよかったんで，DVD になってます。[12]

【今田】どういうものですか，ちょっと説明してください。

【鈴木】たとえば人間の赤ちゃんはサルの顔が見分けられるんですけど，ちょっと大きくなるとできなくなるんです。

【黒石】サルのAちゃんとBちゃんがいたとして，大人にはまったく同じ顔に見えるのだけれど，人間の赤ちゃんはサルの顔を見分けられるんです。サルも人間も対等に，これはタロウでこれはジロウだっていうふうに見分けようとするし，実際見分けられるんですね。だけどある時期，サルだってことがわかると，とたんにサルへの興味を失っちゃう。サル識別能力を持ってたはずなのに，ある時期にサル識別能力を切れという指令が働くらしくて，人間のほうに集中しなさいというふうに方針が変わるらしいんですね。で，ここからは人間への識別能力がどんどん高まると同時にサル識別能力は失われていく。

【鈴木】あと，言葉なんかもね，韓国語の母音を日本人の赤ちゃんでも生まれたときはしっかり聞き分けるんだけど，一年たたない内に聞き分けられなくなったりね。

【今田】その話は僕もよく知っています。日本人は海草について，昆布やひじきや天草やわかめや海苔など数多くの言葉がある。ものすごく細かい。これは海産物文化の証しです。アメリカ人はこれらをまとめて weed，とくに sea weed でおしまい。逆に，昔われわれ日本人は牛肉のカテゴリーとしてロースやもも肉程度の言葉しか持ち合わせなかったが，現在ではいろんな部位の肉の名前が普及するようになったし，地域ブランド名がある牛肉も登場している。関心が出てくるとそうなる。関心がなくなると言葉は忘却されるのだよね。忘却しないと人間はストレスがたまりすぎるから，いらないことがらについては忘却する。だから忘却のシステムも考える。「忘却するシステム」かな。

【鈴木】いや，それこそが「崩壊するシステム」(笑)。

【黒石】忘れていいような無駄と余裕をもってるからこそ，忘れることができるわけですよね。何もかも覚えてなきゃいけないなら，忘れてなんかいられない(笑)。

6.　鼎談の小括

【今田】社会システム学のねらいと展望について，さまざまな側面から議論してきました。大きな柱としては，3つのことが議論されました。第一は，社会システム学は文系と理系を融合する，文理融合の学問分野をめざすことです。文理融合は言うは易し，行うは難しですが，システムという概念を鍵にして文理の橋渡しをすることが可能になることです。第二は，人文学を強く意識したのが社会システム学であること。文系といっても，単に社会学をはじめとする社会科学だけでなく，人文学を代表する哲学・史学・文学の領域をも取り込んだ学問分野として考えることです。この点は，血の通った生き生きとした「システム」の学を打ち立てるためにとくに必要です。第三に，この四半世紀，理系のシステム科学分野でエージェントベースのシミュレーションやゆらぎ・カオス理論・複雑系の科学など，新しい展開が見られましたが，従来の近代科学の問い直しを迫るこれらの動向を射程に入れて，新たなシステムの学を構想することです。こうした試みを通じて，「システム」ルネサンスとも呼ぶべき潮流を引き起こしてみたいというのが，「社会システム学」に込められた意図です。

【鈴木】やはり，社会システム学を「生きたシステム」の学として，その生命性ないし生命の論理を尋ねる学として構想しようとすれば，同じく「生きたシステム」の学として理系の最先端を歩む，複雑系生命論はどうしてもはずせない。その意味で，社会システム学は文理融合の学たらざるをえないという感をいっそう強くしました。われわれは「生命の論理」の追求という一般的文脈の中で，社会システム学を構想しているわけですから。では，どこに理系とは違う社会システム学の独自性があるかと言えば，生命系の頂点にある存在として，「人間とはなにか」「生きる意味・死ぬ意味とはなにか」というもっとも根源的な問いを，われわれ人間は持ちうるんだという点にあると思う。哲・史・文の人文学に発するこの問いをベースに置くという点において，われわれの社会システム学は単に文理融合の学であるだけでなく，文理の「総合学」たらざるをえない，そこにこそ社会システム学の独自性があるんだと思います。

【黒石】実のところ僕は，学問分野としての文理の溝や，文理の思考の溝を埋めようとする必要はないと思ってるんです。そもそもそんなことは無理でしょうから。さっき群集知のところで言いましたが，内部論理と外部論理は違ってていいし，互いに関知すらしなくてよい。文と理は，そういう関係であっていいんです。ただそうはいっても，しっくりと共存する方がいいし，対立抗争するようではマズイ。で「社会システム学」は，そういう文理が現に共住（シノイキスモス）する場を意識的に提供し，どう共住するかを解明する。要は，社会システム学がそういう文理共住の「場」になりうるかということで。文理の融合というのは，こういう文理の学問的「シノイキスモス」だと思うんですね。

注

(1)　『文藝春秋』2009年4月号所収。

(2)　Phineas Gage（1823-1861）。ゲージの症例の社会的含意については，A. ダマシオ（田中三彦訳）『生存する脳』（講談社，2000年），を参照。

(3)　レダ・コスミデス：進化心理学の創設者の一人。1980年代に社会生物学の教育を受け，進化理論を人間行動の理解に用いることを提唱して，ジョン・トゥービーとジェローム・バーコウとともに，『The Adapted Mind』を出版し，進化心理学を成立させた。

(4)　4枚カード問題：「4枚のカードを用意し，＊＊のカードの裏には必ず＃＃が書いてある，と確かめるにはどのカードを裏返すべきなのか」を問う問題。ウェーソンの課題は，科学的・抽象的思考を試す形のもので正答率はかなり低い。コスミデスはこれを社会関係的な思考を試すものに変形して実験をおこない，正答率が飛躍的に向上するという結果を得た。そこから彼女は人間の知性が，集団生活に不利をもたらす「社会的ルールに対する不正（ズル）」を敏感に察知する方向に進化を遂げてきたのだと主張するに至る。

(5)　トーマス・シェリングはコンピュータによるシミュレーションこそ使用しなかったが，今日のエージェントベース・シミュレーションの先駆けとなる研究を試みた。それは分居現象（たとえば白人と黒人の住み分け）と呼ばれるものである。彼は，分居が起きる条件をさぐるために，チェス盤の上でコイン貨幣により手動でシミュレーションを試みた。

Thomas C. Schelling, 1969, "Models of Segregation," *American Economic Review*, 59(2): 488-93.

(6)　フォン・ベルタランフィ（長野敬・太田邦昌訳）『一般システム理論――その基礎・発展・応用――』みすず書房，1973年。

(7)　オルテガ・イ・ガセット（神吉敬三訳）『大衆の反逆』ちくま学芸文庫，1995年。

(8)　ストロガッツ『SYNC』早川書房，2005年。

(9)　この「quasi」を自らの哲学の中心に据えたのが，ドイツの哲学者ファイヒンガーの「かのようにの哲学」である。

(10)　黒石　晋『システム社会学』ハーベスト社，1991年。

(11)　今田高俊『モダンの脱構築――産業社会のゆくえ』中公新書，1987年。

(12)　安川美杉『赤ちゃん――成長の不思議な道のり』日本放送出版協会，2007年。

第2章

社会システム学に期待する

——シリーズ執筆者座談会

今田 高俊・黒石　晋・中井　豊・中丸 麻由子・木嶋 恭一
永田 えり子・木村 洋二・鈴木 正仁（担当巻順）

1．「社会システム学」の名称と意味について

【今田】座談会を始めたいと思います。これに先立つ編者3人による鼎談は，文系メンバーでの議論になりましたが，今回は文系・理系の先生が多数お集まりですので，内容を深化前進させたいと思います。最初のポイントは，「社会システム学」という学問分野を，どう拓いていくかを多角的に議論することです。これまでは「システム科学」「システム工学」「社会システム論」とか「社会システム科学」といった名称が多用されてきましたが，今回あえて「社会システム学」というタイトルを提唱するにあたっては，それなりの意図や思惑がこめられています。なぜ「社会システム学」でなければならないのか，このように差別化することの意義をさらに突っ込んで考えてみたいと思います。

【木村】ちょっとひとつ質問なんですけど，「社会システム学」と言う場合，その英語表記は何になるんですかね。

【鈴木】それは，〈ソシオ・システミックス Socio-systemics〉。鼎談で彼，黒石さんが中心になってそのあたりのことを議論しました。

【今田】そうです，やりましたね。

【黒石】はい。

【木村】「ソシオ・システミックス」。そうですか，わかりました。「システミックス」なのか。先生の，そのイメージはどんなものですか。

【黒石】むしろ，皆さんの率直な第一印象をうかがいたいです。

【鈴木】黒石さんは「システマティック」と「システミック」では意味が違うと

いうことで，彼は「システミックス」にこだわって。

【今田】「システマティック」だと「体系的」という意味になり，“よく整理された”という冷たい感じになるので避けることにしました。それに「システミックス」は，エコノミックスに代表されるように「なんとか学」という印象がもてます。そういう意味で「ソシオ・システミックス」でいいのではないかということになった。しかし，もっといいネーミングがあればという印象も残ってはいるのです。

【黒石】あの，理系で「システミックス」っていったらどんなイメージになりますか？

【木嶋】「システミックス」という語は聞いたことありませんが，形容詞で「システミック」という語はよく使いますね。

【今田】「……ス」は入らない。

【木嶋】ええ。だからそれ，たぶん名詞形になってるんでしょうね。ちょっと私は聞いたことないですね。ただエコノミックに対してエコノミックスといいますね。インフォマティックス，情報学，とも言います。「システミック・プロパティ」という言葉はあって，よく使うでしょう。システム特性（創発特性）っていうんですけど。それは対象を「システム」として捉えたときに初めて見られる特性でしょう。「社会システム学」とはそういう特性を主題にする研究領域であるというわけですかね。それなら「システミックス」っていうのはぴったりかなっていう気もしますけどね。

【今田】そういう意味からすると，「システミックス」がいいかもしれないですね。

【鈴木】黒石さんはここから初めて発信される新鮮な学術用語として，そういう思いを込めて造語したんだって。

【黒石】そうなんです。

【今田】では，英名は「ソシオ・システミックス」で決まりですね。「社会システム学」の訳として。今後いい対抗馬が出てこない限りは。

【鈴木】そうね。黒石さんが言ってたのは要するに「全体としてふるまう」ことですよね。その意味で，「システミック」だと。で，「システマティック」というのは「整然とした」という意味で，この違い。われわれは「全体として振舞う」，そっちに焦点を絞った，そういうことです。

2.　社会システム学の射程
──文理の融合／人文学／ゆらぎ・コントロール・シミュレーション──

文理の融合について

【今田】名称についてはひとまず落着として，次に3つほど，議論していただきたい。第一は，社会システム学は文系と理系を融合する文理融合の学問領域であるとみなせるのですが，この点について皆さんどう考えられるか，お聞きしたい。まず木嶋さんのほうから。

第二に，「社会システム学」は単に自然科学と社会科学を融合するだけでなく，人文学とも連携しようと考えている。文系といっても「社会科学」だけでなく，もっと踏み込んで哲学・史学・文学という人文学を代表する三大分野とも連携し，またそういった発想を取り込んだ学問分野として考えていこうということですが，このことについて。

それから第三に，この四半世紀，理系の「システム科学」の分野で，エージェントベースのシミュレーションや，ゆらぎ・カオス理論などに見られる新しい展開がありましたが，従来の近代科学の問い直しを迫る動向を射程に入れながら，新たなシステム学を構想する必要があること。これも，社会システム学にとってひとつの課題ではないかと思われます。以上について議論をしておきたい。

＊　＊　＊

【木嶋】まず，「社会システム学」がめざす方向が文理融合にあるという点は間違いないと思うのですが，その方法にはいろいろあるのではないでしょうか。「社会システム学」ですから，取り扱う対象は社会ですが，融合するとしたら「システム」という観点で文と理が融合してくるんだと思います。「社会システム学」としたときに，たとえば「社会システム科学」とどこが違うかという点に対して，正直言って，私は今のところ差別化ができていません。「社会システム科学」も，社会を対象にして，システム科学の知見，サイバネティックスとか，フィードバックなどの理系由来のいわゆるシステム概念を使って，社会の構造と機能を明らかにしようとする学問ではないでしょうか。その意味で，肝心な部分において，「社会システム学」と「社会システム科学」は同じように見えています。少なくとも，今のところはですね。これから，みなさんのお話を聞いて展開させていきたいと思います。

【今田】お話は，「社会システム学」の第二の特徴にも関わっています。これまでは特に「社会科学と理系の学問との融合」という意味での，文理融合のイメージがあって，「社会システム科学」というタームはこのような状況（社会科学と理系の融合）に対応していたと思うのです。しかしここでいう「社会システム学」というのは，人文学を代表する，哲・史・文（哲学・史学・文学）をも取り込んだもので，これを「社会システム科学」というよりも広い意味で「社会システム学」と呼ぼうではないかということです。このあたりについてどう考えられるか。

【木嶋】そうすると，たとえば人文学という，どちらかというと社会っていうよりも個人・インディビジュアルを対象とする学問も取り込んだ形で社会システム学を作ろうということでしょうか。

【今田】ということです。社会システムは諸個人の集合から成りますので。個人を対象とする学問についての問題は後で議論したいと思います。

【木嶋】ああ，なるほど。このシリーズのパースペクティブについて，ひとつの理解ができました。

＊　＊　＊

【永田】よろしいでしょうか。今がどういう時代かというと，まさにいろんな二項対立が無意味になってきた時代ですよね。男女しかり，公私の分離しかり，右派左派しかり。その意味で，融合という以前に，そもそも文系とか理系とかいう区別自体がすでに無意味なんじゃないでしょうか。

【木嶋】確かに，理系文系の区別すること自身，全く意味がないと思います。よく言われることですが，理系文系という分け方は，いかにも日本的な区分の仕方じゃないんですか。実際，われわれの直面する問題は学問領域を固定しないわけですから。一方，理系文系の線引きはわれわれが勝手に作ったものでしょう。だから，対象に接近する際に，たとえば，機能的なアプローチ，数理的アプローチさらにはシミュレーションなど総動員して縦横無尽に駆使して，その結果必然的に出てくる現象が理系文系融合だと思うのです。文理融合は，物理現象に比べて全くつかみどころのない「社会」という対象に対する知の総動員の必然の結果だと思うのです。

【今田】知の総動員ですか。

【木嶋】総動員ですね（笑）。

【永田】これは時代の問題だけではないですよね。人間は環境から独立して生きてはいない。環境には文も理もない。ですから文系理系という分け方そのものがもともと意味のないものです。つまりは今まで分けてきたのがそもそも間違いだった。融合以前に社会システム学はまずそれを宣言しなくてはなりません（笑）。

おそらく社会システム「科学」というと，何だか難しげな理系の方法——高度な数学やらシミュレーションやら——を文系に応用する，というイメージが強いと思うんですが，「学」は，使う方法は何でもかまわない。対象の方も文系・理系という無意味な区別は止める。

【今田】それはずいぶん考えたことです。東工大で文理融合の研究科を作ったのですが，文理融合の方法ってどういうものなのか，とずいぶん問いつめられて考えついたのが，いま言われた方法です。

【永田】ああ，そうなんですか。

【今田】まず方法として，理系の方法も文系の方法も総動員して使う。これは然りで問題ない。でももうひとつ，対象領域で，文系と理系の双方が協力して取り組まないとリアリティ（現実味）が捉えきれない対象がある。

【永田】そのとおりだと思います。

【今田】たとえば「リスク」に関しては，文系・理系が一緒になってアプローチしないと解明しきれない性質をもっているわけです。ということで「方法としての文理融合」と「対象としての文理融合」の二つを出したのです。それで十年やってみたのですが，なかなかうまくいかない。何かが足りない感じで，何なんだろうと考えた。で，文理融合で大事なのは，「人を混ぜること」だということに気づいたのです。言われてみれば当たり前のことですが。理系と文系の研究者や学生を混ぜて，日常的に相互作用することです。一緒に暮らすようになると，対話せざるをえないでしょう。そうすると，その対話で理系と文系の体感的接触がおこなわれ，最初は違和感も発生しますが，ポイントはそこなのです。濃密に日常的に接触していると「文理のすり合わせ」ができてきて，けっこう互いの発想法が相互浸透するようになる。それで，今回のシリーズを編むに際しても人物をまぜることにしたのです。つまり，たとえば文理の人材を混ぜてこういった座談会をやってみる。混ぜてやってみると，違いが際立って出てきて，じゃあそこをどう考えるのかというふうにやりとりすることで，文理融合もより進むのではないか。これは「対話としての文理融合」と言えるでしょう。

【木村】人を混ぜることが大切だという今田先生のお話，大変新鮮で面白い。確かに，対象を共有するということが今まで重要とされてきましたし，方法論を共用し，転用しまた転移するというのもひとつの関係のあり方，融合のあり方だと私も思うんです。しかしもうひとつ，日常的な相互作用を工夫することによって，人が混ざっていけば，10年後，20年後に何かが生まれてくる。こういう編集，もしくは共同の作業という形でやっていくのが，将来を展望するときに非常に貴重な視点で，僕は今まで対象共有型とか方法論だけ考えてたのでとても新鮮でした。

【永田】でも水を差すようですが，そういう「文理融合」には抵抗もあると思います。

【今田】抵抗？

【永田】「専門分化」という抵抗です。確かに環境のリアリティの方はどんどん文理の区別がなくなるとしても，その一方では科学の細分化とか，専門化がどんどん進行して，巨大な分業系になっているわけです。たとえばカラスがどういうふうに行動するかっていうことだけを研究するんだっていう人たちにとっては，文系との融合も何もないわけですよね。だから社会システム学をやる上では，その「専門分化」っていう抵抗力に対して，どういうふうに再抵抗していけるのか，というプランを考えておかないと，たいへん難しいことになるかな，と思いますね。つまりは融合への「動機付け」を提供できるかどうか。

【鈴木】思うんですが，人文学の大家の先生たちは，逆に「専門分化への抵抗」こそが人文学の揺籃の地なんだというふうな発言をするね，絶対に。その一番根底にあるのは，たとえば経済学が言っている「合理性仮説」，ああいう人間像が非常に偏ってる，現実離れしてる人間像であるという思いですね。人文学の大家たちは「人間てそんなに単純なものじゃない，もっと複雑で，もっとどろどろした矛盾するものを抱え込んだ包括的な存在なんだ」という思いがあって，それに絶対自信があるから，そういう発言が出てきてると思うんやね。だからわれわれが文理融合を進めていくとすれば，「合理性仮説」みたいな，あんまり単純化した人間像の仮説から出発するようなやり方，そのあたりはいったん括弧に入れておこうじゃないか，そういうスタンスがひとつ必要なんじゃないかと思うんですが。どうでしょう？

【永田】えっと，二つほど言いたいのですが。

ひとつは人文学が「専門分化への抵抗」だというお話に対してですが，抵抗だけではダメなんだと思います。新しい人間像をいくら提出しても，使えなければ意味がないんですね。〈合理性仮説〉がこれだけ評判が悪いのに使われ続けているのは使い勝手がよいからですし，シミュレーションが人気なのも同じです。つまりはモデルに組み込んで，何か結論が出せるからですよね。ひらたく言えば論文が書ける（笑）。

だけど，いくら使い勝手がよくても，その人間像を前提にしてはどうしてもたどり着けない場所がある。たとえば従来の〈合理性仮説〉では〈規範〉も〈権力〉も説明ができません。ですから，社会システム学が文理融合をめざすなら，「使える，しかも魅力的で新しい人間像を提出する」のはひとつの方法だと思います。

【黒石】特に人文学と一緒にやっていくには，魅力的な人間像が欠かせないでしょうね。

【永田】で，ふたつめにちょっと宣伝をしますが（笑），黒石先生の「欲望するヒト」や，私の「納得するシステム」はそうした試みだと思うんですね。とくに私の場合は規範とか正当性とかいったものに関心がありますので，どうしても「意味を了解する人間像」が欲しい。「ルールだからしかたない」とあきらめたり，でも納得できなかったり，損得を度外視して正義のために戦ったり。かと思うといやいや権力者に従ったり，そうしたごく普通の動きを捉えたい。でも，そういう「意味を考える」人間は合理性仮説でもシミュレーションでも捉えられない。

たとえばシミュレーションに入れる人間は，合理性仮説よりもさらに平板な人間像を前提しているように私には思えるんですね。たとえば，「みんなが貨幣として交換するから私もこれを貨幣として使う」とか，「みんながいじめをするから私もいじめをする」とか。シミュレーションにはそうした模倣したり学習したりする人間がしばしば出てきますが，そうした人間というのは非常に付和雷同で，魅力のない，反思弁的な人間に私には思えるんです。社会学でも昔ありましたね。「社会が個人を決定しているのか，個人が社会を決定しているのか」という論争が。前者だと個人は社会化され，洗脳されて，社会構造というルールに従うだけの人間になってしまう。その人間観に反発したのが個人主義の流れだったと思うんです。その個人主義は，今度はアトミズムであるとしてそれこそ社会システム論から批判されるわけですが。

【鈴木】えーと，「意味を考える人間」ということになると，ウェーバーに始まって「現象学的社会学」や「象徴的相互作用論」にいたる，伝統的な社会学の「意味」学派の蓄積が視野に入ってきますね。単純な人間仮説を置かないで，人間が抱く「意味」ないし「意味世界」そのものを研究対象とするような。

シミュレーションについては，理系バリバリの専門家が控えていますから，これについてはあとで改めて議論しましょう（笑）。

【永田】ともかく私はこのプロジェクトが「科学」なのか「思想」なのかが非常に気になるんですね。もちろん両方兼ねたっていいんですけれども。

【黒石】理・社の「科学」を含んで，人文学をとりこんだ「学」というところでしょうか。

【永田】もし「科学」のほうにすり寄るんであれば，それは必然的に「中範囲の理論」にならざるを得ないと思うんですよ。確かに，シェリングが試みたような「異人種が混合したときに，一体どうなるんだろうか」という非常に限定された状況を説明するために，ゆらぎとかシミュレーションとかを使う，これはとてもいい手法だと思います。で，そういう今まで使われなかった，でも理系では使われ始めたけど，社会科学では使われていなかった方法を輸入することで新しく説明できるリアリティを増やしていく。こういう「中範囲の社会システム科学」がプロジェクトとして十分可能だし，どんどんやっていくべきことだと思うんですね。

【今田】だから「社会システム学」はそういう手法も抱え込むのですよ。

【永田】ええ。けれどそれだけではつまらない。それぞれ別々の状況の，別々の方法での記述や説明の壮大な堆積はできるかもしれないけれど，それで社会がわかった気がしない。いまの社会学界に私が抱いている懸念がこういうところにあったりします。局所的な記述や調査の堆積はあっても，それらを体系的に理解できるような理論や思想の欠落。というわけで，中範囲の社会システム科学だけでは十分ではない。

思うんですが，社会理論は社会の見方を誘導します。古くは儒教や仏教。最近なら主体が自己利益のためにがんばって，市場が均衡して，という近代経済学的社会観や，自由主義の社会観。そういうものが知らず知らずのうちに浸透して，まさにそういう社会を実現してしまう。預言を自己成就してしまうわけですね。そうすると，たとえば今の見方なら，「他人はみんな決断力があって，迷いがなくて，自己利益に汲々としている」ように思える。「自分は不幸で迷っているのに，やつらはうまくやってる」ように見える。他人はすべてライバルで敵に見えてくる。しかも社会がシステマティックになっていて，自分の不幸の原因が見えない。となると「社会全体が原因」になる。こうなると無差別殺人に親和的な心性が生まれても不思議はないですね。動機なき殺人どころか，ちゃんと動機はある。自分の不幸の原因を取り除こうとしているわけですから。

【木村】それこそが「殺戮するシステム」(笑)。

【永田】まあそれはともかく，そういう社会観がいまとても息苦しい。うっとうしくて，何か別のリアリティがほしい。社会システム学はそういう期待に応えなくてはならない。目からウロコが落ちるような新しい社会観とか，リアリティとか，そういうものが必要だと思うんです。こちらのほうはおそらく全然「科学的」じゃない。むしろ科学を方向づけるメタ科学なわけですから。ものの見方を変えることが重要なことだと思います。おそらく今田先生も黒石先生も，そういう方向でやってこられたと思いますし，それを「学」として位置づける。

【今田】ですから，システム「科学」ではなく，システム「学」(笑)。ということで，自然科学の方法やアプローチ法を排除はしない。かつ人文学である哲・史・文をも抱え込む。要するに，諸学の統合運動を試みるのは大それたことかもしれないけれども，そこまで考えてよいのではないか。特に今問題になってる，「教養教育」の軽視との関連で出てくる代表が哲・史・文ですよね。大学院重点化や教育カリキュラムの自由化で，これらの学問が継子扱いされてきた経緯がある。その結果，薄っぺらな人間が輩出し，浅薄な価値判断しかできない人材が増える。それでは困るのです。社会システム学はこうしたリベラルアーツ系の学問にもきちんと目配りするのだと思っています。どうですかね。

【黒石】そうですね。日々のルーティンだけで済むんだったら，ごつい専門知識で効率的に対応できるんだろうけど，予想もしないような状況の変化があったときは，教養がしっかりしてないと，あたふたするだけになってしまう。だから社会システム学（笑）。

＊　＊　＊

【黒石】私が思うには，「文理の融合」といってもそれは容易な仕事ではない。永田さんは文系・理系の区別自体がすでに無意味だとおっしゃって，確かに研究対象はもはや文理の区別を許さないけれども，研究主体の側の文理の“発想の違い”は依然として大きいし，専門分化も深く抵抗も強い。こういう文理の融合には，互いが互いに対して「幸福な誤解」を共有することが必要だと思うんです。「幸福な誤解」とは，互いに“思考上のハンデ”をもつ文理の両人が混ざり合って共に思考し共に研究する場を「ユニバーサルデザイン」として共有することです。

【永田】文理の思考の違いって，どんなことですか。

【黒石】たとえば「理系人間」は，無内容な（意味的広がりのない）形式的概念・操作的概念を好む。そういう概念こそ一般性がありまさに「使いやすい」からです。そして操作的概念同士の間に，形式的論理にもとづいて論をたてる。これは理系人間にとっては当たり前のやり方です。ところがこれに対して「文系人間」というのは，概念に豊富な意味を込めたがる人たちなんです。彼らにとって無内容な形式的・操作的概念は“poor”な感じがするんですね。むしろ概念に豊かな意味をたっぷり含ませて，それらを自身の美意識にもとづいて美しく組み合わせようとする。あるところで，「意味のない世界に生きることほど苦痛なことはない」という人文学の先生の発言を聞いたことがあります。この，文理の思考の溝は意外に深くて広く，しかもその溝は気づかれてすらいない。

【鈴木】その関連で言えば，「意味」というのは私の専門とするウェーバー社会学にとっても鍵概念です。なにしろ，彼の社会学は「理解社会学」ですからね。「意味理解」こそ，彼が社会学の根本に据えたもので，だからこそ「意味」学派の祖とも言われるわけです。ところで，この意味理解については，理系的な論理的思惟のロジカルな「理解」だけでなく，文系的なドロドロした「感情移入的追体験」も，「理解」のもうひとつの大きな柱になっています。たとえば，前者としては「ピタゴラスの定理」の意味するところを，われわれは実に明瞭に理解することができる。こうした理系的な「知的理解」にたいして，同時にわれわれは嫉妬に狂って傷害事件を起こした男の行動に含まれる意味連関をも明瞭に，かつ「感情移入的に理解」しうるんですね。文系でいうところの「意味理解」は，まさにこうした人間がもつ「感情」や「価値」に（あるいは「目的」に）関わったところに成立する「理解」なんです。黒石さんのおっしゃる「美意識」なども，もちろんこちらに属するわけで，人文学の先生たちはこちらの「意味」要素を欠いた世界を，どうしても無機質で味気ない，非人間的なものに感じてしまうんですね。

【黒石】そうですね。で，私はといえば，理系人間と文系人間の中間にいるんだと思っています。何しろ駒場出身ですから（笑）。たとえば，学部の教養で経済学の初歩を習った時，“marginal” を「限界」と訳し，“indifferent” を「無差別」と訳してはばからない経済学のコトバの悪趣味に嫌悪を感じた経験があります（笑）。意味的に「美しくない」と思った。あのとき私は文系人間だった（笑）。でも経済学徒にとってコトバは本質じゃないんですよね。理系人間にとってコトバは便宜的なものにすぎない。

【永田】形式論理でしたら命題にして，1か0か判定できないものには意味ないですからね。

【黒石】ところが文系人間にとってコトバは本質的で，深い意味をもつ。この意味の深みや展開が感動をもたらすんですよね。ともかく彼らは形式的論理ではなく意味的連関でものごとを考えようとする。ハーバーマスが「システム」に過剰な意味を込めたがるのも，彼がここでいう「文系人間」であることのあらわれに違いない（笑）。でもコトバに過剰な意味を込めるのは，文学ではいいにしても，学として一般論を展開していく上では時として大いに「問題あり」なんです。

ここでいう「文理」というのは，日本で慣例的におこなわれてきた「文系学問」「理系学問」という研究対象の区分ではなく，それを考える人間の方の思考様式のことです。いわゆる「文系学問」にも，「理系的思考」をする人はたくさんいる。たとえば文系学問の典型と見られる哲学において，フッサールとハイデッガーがもともと師弟関係であること，だから根は共通であるにもかかわらず，対立・決別したことは有名です。ところで私の目から見ると，この両者の対立には典型的な「文理」の思考の違いがあらわれている。というのは，フッサールは若い頃に数学を志した理系人間ですが，ハイデッガーはこともあろうに神学を志した文系人間（笑）。

【今田】神学と数学じゃ，典型的な文理の対立だよね（笑）。

【黒石】そうなんです。で，フッサールは「厳密学としての哲学」を追求し，「現象学的還元」という形式的操作によって真理に迫ろうとした。だからフッサールの思索は和訳で読んでも結構理解できます。しかしハイデッガーが追求したのは「存在の意味」であって，これに「解釈学」の立場から迫ろうとする。こういうハイデッガーの文系的な「意味の追求」はドイツ語に堪能な人がドイツ語で読まないと理解できません。特に両者の対立を象徴するのは，フッサールが〈意識の志向性 Intentionalität〉というドライなラテン語で表現した現象学の基本概念を，ハイデッガーが〈気づかい Sorge〉というウェットなドイツ語で置き換えるところです。そして〈気づかい〉はドイツ語に固有の意味を帯び，〈不安 Angst〉や〈死に向かう存在 Sein-zum-Tode〉へと展開されていくのですが，こういった展開は意味的に自然で美しく，かつ論旨は西洋哲学史への深い洞察にもとづいていますから，ドイツ語のできる文系人間は魅了され感動するのです。でもここには形式論理がありませんから，理系人間にはチンプンカンプンだ（笑）。

【中井】それで理解できなかったのか（笑）。

【黒石】ご謙遜を（笑）。結局フッサールは形式的操作を追求しハイデッガーは解釈学的意味を追求した。事情かくのごとくですから，両者がかみ合うことはありません。で，私個人としてはドイツ語でしか理解できないハイデッガーの解釈学的論法を大々的に受け入れる気にはなれない。いま私は理系人間です（笑）。

【木村】フロイトとユングの決別にも，そういう対立があったのかもしれない。合理主義的臨床医で理系人間のフロイトと，思弁的思想家で文系人間のユング（笑）。

【黒石】ありえますね（笑）。

言いたいのは，「文理の壁」は案外高く，「文理の溝」は案外深いということです。そしてそれは，突き詰めると「意味と記号」「内容と形式」という大昔からある古い問題に直結しているようだ。こういう「文理」を融合させようとするなら，「文理」が分化する以前の，未分化で始原的な基本概念を提起しそこで論を立てなければならないのだと思います。そしてそれに対して文理の両者が「幸福な誤解」を共有する。私が今回のシリーズの第2巻『欲望するシステム』で提起している〈欲望〉という概念は，そういう「未分化で始原的な基本概念」になりうるかもしれません。

【永田】うーん…。実は私も高校生くらいのときは哲学とか神学とか志してたんですけど（笑)。社会システム学が新しいリアリティの上で科学なり論理なり展開することを期待してるんです。解釈はたしかに新しい発見をくれると思う。でもナマのままだと，「わかる人にしかわからない」ですよね。ハイデッガーがドイツ語の堪能な人にしか伝わらないように。それがおっしゃる「文」の限界だと思う。対して論理は一応世界共通語だから，新しいリアリティをいろんな文化圏の人たちに伝えられる。モデルを組んだりすれば，直感では到達できない場所にも行けることもある。だから，科学はもともと「文理融合」しなくちゃおもしろくないんだと思いますよ。

【鈴木】「意味」というものを理系人間にどうわかってもらえばいいのかな。

【黒石】補足しておきたいのですが，「意味」というのは文系学問に固有かというと，それも違います。たとえば生命体にとっての「ATP の意味」「DNA の意味」…等々は，きわめて重大なテーマで，ATP や DNA が有する物理化学的性質が客観的にわかればそれで十分，とはいきません。いや，極論すればATP や DNA が単独で有する物理化学的物性なんか実はどうでもよくて，むしろこうした分子が生命の中で発揮する「意味」の方をこそ知りたいわけです。タンパク合成における RNA のトリプレットコドン解明も，ヒトゲノム計画も，全部「意味」を問題にしていたのだといって過言ではありません。

「意味」は「○○にとっての意味」という具合に，必ず「～にとっての」という特別な観点を要しますよね。この「～にとっての意味」という視点が，今回の「社会システム学」シリーズの文理融合にとって重要なポイントのひとつになる気がします。「～にとっての意味」は，第一義的にはもちろん「行為主体にとっての意味」であるけれども，副次的に「システムにとっての意味」というマクロの意味も付加される。このマクロの意味の付加は，行為主体の与かり知らない「意味の創発」なんだと思います。とりわけ生きたシステムの「生命性にとっての意味」ですね。こうした「～にとっての意味」を観察者が「解釈」によって理解すること。これは一種の「解釈学」であって，事実を事実として明らかにすれば済むという“物理学的”な次元のものではないんですね。何か，科学をひとつ越えたイマジネーションが必要なんですよ。こうして「生命体にとってATPはエネルギーを貯蔵運搬するという意味をもつ」(Lipman, 1939),「生命体にとってDNAは遺伝情報を貯蔵運搬するという意味をもつ」(Watson & Crick, 1953), などといった重要な「意味」が解釈によって明らかにされる。そしてこれこそが知りたいことである。とにかくほんの少しの「意味」が解釈されるだけでもいいと思うんですよ。文系人間は意味への敏感な感受性をもっていますから。

【永田】果たして「文系人間」がDNAの意味に関心を寄せるでしょうか（笑)。

【黒石】でも多田富雄氏の『免疫の意味論』が広く受け入れられたのもそういうことでしょう。免疫機構の個別の挙動を全部科学的に解明したとしても意味的には不十分で,「その挙動が生命にとって何を意味するのか」を解釈しなければ十分とは言えません。そして「免疫系が衰えたり侵略されたりして，他者排斥能が失われたときがすなわち免疫的な意味での個体の死である」という，免疫系の「意味と解釈」が，文系人間にも実直な感動を与えるのです。

私が今回のシリーズの第2巻（『欲望するシステム』）で問題にした,「社会にとっての貨幣の意味」もこれに近いものがあります。貨幣そのものの経済学的性質については，さんざん論じられていますが，貨幣が有する「生きた社会にとっての意味」(社会が作動する原動力を備給すること）は気づかれずにきたように思います。

【鈴木】そのばあい,「機能」と「意味」との関係はどう考えればいいんでしょうね。いまの例では，生命体の生命性に対して果たす，構成要素それぞれの「機能」に関する「解釈」という色彩が強いように思いますけれども。

【黒石】やはり機能と意味は違う。その，何というか，機能は系の作動のための即自的役割。で意味というのはそこから創発し外から解釈したときに得られる対自的情報…かな。今田さんは「『構造 - 機能 - 意味』のらせん運動モデル」を提起してましたよね。

【今田】機能は充足するもの。意味は充実するもの（笑)。

【鈴木】ただ，人文学が問題とする「意味世界」は，それだけに止まらないような気がするんですよ。「機能」という範域を超えて，生命性そのものについての思索された「意味」と言ったらいいのか…。あるいは，人間として「生きる意味」とか，「死ぬ意味」と言ったらいいのか…。ちょっと難しいですかね，このあたりの議論は。

いずれにしろ，僕の巻『崩壊するシステム』では「死の意味」いうのが問題になってくるわけやなあ（笑）。うーん，これこそは人間にとって最大にして，永遠のテーマです。うまくやりきってこれを解くことができれば，僕，キリストの再来ということになりますよ，これは（笑）。こんなところでちまちまやってないで，新宗教を興して教祖様になろうかなあ。

【皆】（爆笑）

【永田】で，話を戻しますと，「社会システム学」をどんなふうに構想するかというと，これはもう「死の意味」さえも解き明かす（笑）大理論を打ち立てるしかない。主体が自己利益のためにがんばって，市場が均衡して…，というような社会観をひっくり返しちゃうような，そういう社会理論ですね。ゆらぎとかカオスとかいった概念はみんな比喩としてしか使えないかもしれないんですけど，それはそれでいいと思います。その場合はものの見方を変えることが重要なこと，新しいものの見方を提起する。たとえば，黒石先生は，新しい社会像を出してくれますよね。今田先生がまさしくそういう形でやってこられたと思います。そういう新しいリアリティをどんどん出していくことが必要だろうと思います。客観的な意味など存在しない。リアリティ相関的に意味は決まってくるわけですから，意味を明らかにしたいなら，その意味が乗っかる場所を設定してやらないといけない。これを科学と言えるかどうかは何とも言えませんが。

【今田】これまでの感じでいうと，いわゆる「社会哲学」みたいな方向ですね。

【永田】そうですね。

【黒石】まあ，「社会哲学」といってもマルクスがもう，ぼろぼろの状態ですから（笑），かといってほかのものが成長していないことも否めない。永田さんがいま発言したように，人間観とかリアリティの解釈を変え新しい意味を見出すというのは，確かに「科学」を超える「思想」なのかもしれません。これが「社会システム学」の導きの糸になるかどうか。

【今田】志は高くもつにこしたことはないので，そういう方向でがんばりましょう。

【永田】はい。

＊　＊　＊

【今田】では中井さん，どうぞ。

【中井】文理融合の件ですけど，私の所属学部は「システム工学部」という所でして，私は「情報社会研究室」という文理融合の研究室をもっています。そこで私の研究室には，技術が苦手で進路を変えてみたいという学生が配属されます。ある時，１人の学生が美術大学の大学院に進学したいと言い出しました。若い彼は，油絵やイラストなどアートに惹かれていたわけですが，残念ながら，芸術教育を受けたことがない。そこで私は，IT 技術を捨てるな，むしろそれを売り物にすべきだ，と進路指導したのですが，幸いにも美大側は彼を受け入れてくれました。そして，半年後彼とたまたま会ったときに話を聞いたらですね，「先生，私はとても驚いた。システム工学でやった授業がそのまま美大で使える。芸術とシステム工学はとても近いんですよ」と言い切ったんです。つまり，システム科学やシステム工学というものは社会科学ばかりか芸術にも通じるところがあるのだと再認識した次第です。文系と理系は異なる言語体系をもっているため融合が難しいのでしょうが，「システム」という共通言語によって融合が始まったのではないかと感じています。

また別の話になりますが，私は理系の「システム科学」の立場から文系の「社会システム論」の方へ接近していく立場で仕事をしています。具体的には，プログラムを組んで思考実験をするのですが，プログラムは当然コンピュータ言語なので，いきおい合理的なもの，たとえば淘汰（競争）の原理を中心に据えて研究を進めていきます。ところが，人文・社会系の先生方とお話した時には，これがあまり受けが良くない。「それがどうした？」という感じです（笑）。そこで何故受けが悪いのかを考えるのですが，結局，さきほどの「合理的で poor な感じ」が受け入れられない理由なのではないか，と感じます。人間はそんなものではない，と。だとすると，「システム」が文・理の共通言語の有力候補とは言っても越えるべき大きな壁があります。たとえば，「道徳」や「宗教」といった「人間的なもの」をシステム科学がどう捉えるかが，システム学の試金石のひとつになるのではと思います。

【今田】どのようにアプローチしようと考えておられますか？

【中井】正直に申し上げて，具体的なイメージを持ち切れていません。

【木嶋】たとえば「規範」が生まれてくるプロセスだって扱われてるじゃないですか，シミュレーションで。

【中井】「この条件を満たせば人を助ける」といった類のものは，道徳ではなく，処世術や戦略にすぎないと考える人もいるのではないでしょうか。

【木嶋】たとえばシミュレーションという道具によって「道徳の問題」が扱えないかっていうこと。非常に限られたかもしれないけど，少しは扱えるんじゃないですか，っていうのが言いたいことなんです。

【中井】道徳の中の多くは木嶋先生のおっしゃる意味の道徳であって，私もシミュレーションで扱えるのではないかと同意します。ただ，無条件に人を助けるといった「純粋で打算のない道徳」については扱いがとても難しいのではないかとも思います。

【木嶋】そういうアプローチで全部扱えるとは思えないけれども，ある部分はいけるんじゃないですかね。それをぎりぎりまでやるっていうのが結局融合をめざしてやるってことじゃないですか。だってその，それぞれが領域をもってるんだから，そのバウンダリーをいかにして近づけていこう，っていう努力です。

【中井】そうですね。ぎりぎり近づくことで，新しいことが見えてくるということですね。

＊　＊　＊

【今田】社会システム学の「文理融合」ということについて，中丸さんはどう考えられますか。

【中丸】私は理系の出身です。人間社会を数理モデルやシミュレーションで解析しており，「文理融合」を実践していると言えます。その立場だからこそあえてお尋ねするのですが，理系的な研究手法や視点を取り入れることで，社会システム論から社会システム学の発展にどのように寄与をするものでしょうか。

【黒石】こちらが仕掛けた技を返された感じ（笑）。

【鈴木】前回の鼎談を私なりに解釈した返事になるんですけれども，特に今田先生が強調したのはですね，いま「社会システム科学」という場合，非常に「冷たいイメージ」がある。ハーバーマスが「システムと生活世界」いうような形で言うんですけれども，「システム」という言葉には非常にマイナスのイメージがついてまわっている。ただ本来，「システム」いうのはそういう類のもんでもない，と今田先生はすごく言っておられた。で，それを私なりに敷衍していうならば，生命性いうか，生命ですね。社会いうのもひとつの生命体，生物ももちろん生命体ですし，脳科学の対象である人間の脳なんかでももちろんそうですし，それから経済なんかも一種の生き物なんだと思うんですよね。それで，システム科学とか，システム理論と言われた場合には，どうしてもハーバーマス的な，生きてるというよりは人間が設計してその設計どおりに動いていってしまう，非常にメカニックなイメージがついてまわってるんじゃないかと。で，そうじゃなくて，もっと自ら動いていろんな生命的な動きをする，そういうシステムをトータルな形で捉えたい，社会システム学という文理融合によってそれが可能になると。そういうイメージが編者の鼎談で語られていたと，私は我田引水で考えてたんですね。

【今田】鈴木先生，落としどころの話を前へもってこないでくださいよ…（笑）。

中丸さんは「文化の伝播モデル」で文理融合の問題に取り組んでおられるでしょう。それについてはどう考えておられますか。

【中丸】私は進化生態学が研究のバックグランドにありますので，人間の行動の一部は生物進化の結果得られたもの，と考えます。ただ，どこまでが進化の結果で，どこまでが副産物，あるいは直接は遺伝子が関係なく生活環境の影響なのか，わかっていない部分も多い。「Nature-Nurture（氏か育ちか）問題」です。分子遺伝学や行動遺伝学などさまざまな研究分野でそれを明らかにしようとしています。

たとえば先ほども中井先生のところで触れられましたが「道徳性の起源」は非常に興味をもたれている問題です。遺伝子を調べても今のところわかりません。もし遺伝的基盤があるとしても，道徳遺伝子があるわけではなく，複数の遺伝子がからんでいると思われます。さまざまな形質が組み合わさってはじめて道徳が発生するのだろうと思われます。遺伝子と道徳の関係は今のところ難しいですので，研究者は一番人に近い霊長類と比較して，霊長類が道徳の基盤になる形質をもってるかどうかを観察しています。もし霊長類にも似たような形質があるのであれば，進化系統樹上で人間と霊長類が分かれる前ぐらいからその形質が獲得されていたと考えます。そう考えると，人の道徳的形質も「ブランク・スレート」ではないだろうと推測します。

【今田・鈴木】タブラ・ラサ？

【黒石】ジョン・ロックの用語で「タブラ・ラサ」は，まっさらな白紙というような意味ですね。

【中丸】タブラ・ラサとも言います。人の行動は遺伝的にある程度は決まってるし，もちろん生活環境や文化からも影響を受けます。生まれてから，まずは親が教育します。そして幼稚園や学校へ行くと友達や教師からの影響も受けます。これらの影響を受けながら考えや行動を変えていきますが，一方で「生得的な基盤」があると考えます。ただ，すべての人がどの程度同じ基盤を持っているか判定は難しいところで，個人差・集団差もあります。これらが進化生物学が与えてくれる知見と期待しています。

【黒石】逆に「生得的基盤」はない，人間は生まれた時まっさらだ，と考えるのが，ブランク・スレート説（白紙説）ですね。すべてが後天的・習得的である，と。言語学にも似たような対立がありますね。

【今田】進化というと，社会学でも，文化進化と生物進化の共進化（coevolution）が議論されています。これはアイデア的には単純で，生物的要因としての遺伝子と，文化的要因としてのミーム（文化子）の二つが相互作用して，人間社会の文化が形成されることを議論する方法的立場ですが，そのような議論で何か成果が上がっているのでしょうか？

【中丸】共進化で，データによっても実証されているという意味での面白い研究例は，「ラクトース（乳糖）分解酵素」と「牛乳を飲む文化」との共進化です。ラクトース分解酵素がない成人が牛乳を飲むとお腹をくだします。一方で，平気な人もいます。ほ乳類では一般的に，子どもの頃は乳を飲みますが，成長するとともに飲まなくなりますので，子どもの頃はラクトース分解酵素は必要ですが，成長とともに必要なくなり消失するように遺伝的にプログラムされています。人間でも同様で，子どもの頃は問題なく牛乳が飲めたのに，成長すると飲むとお腹をくだす人もいます。たとえば北欧やドイツ，中近東のある地域では牛乳以外で栄養分が摂取しにくい。かといって，ラクトース分解酵素がない成人はお腹を下してしまいます。お腹をくださないようにするには，牛乳を飲む文化とラクトース分解酵素が一緒に進化してきたと考えます。

　牛乳を飲む文化が先か，それともたまたまある特定の集団に大人になってもラクトース分解酵素を発現させる遺伝子をもつ人が多かったという状況が先なのかを検討するために，遺伝子の系統樹も解析しています。つまり，言いかえると，牛乳を飲まなければならない社会状況だったために，ラクトース分解酵素に関する遺伝子が集団中で広がった，という考え方もあります。が，一方で，特定の集団で偶然，大人になってもラクトース分解酵素を発現させる遺伝子をもつ割合が高く，そのような集団で大人も積極的に牛乳を飲むようになったとも考えられます。系統比較法（phylogenetic comparative method）によって，牛乳飲食文化が，ラクトース分解酵素に関する遺伝子に影響を与えたことがわかりました。

【今田】それが共進化？

【中丸】はい。共進化です。言語に関する遺伝子と社会性の関係のような，社会を理解する上で重要な例については系統樹解析などのための生物学的なデータがまだ集まっていないのです。そのため，今の段階では，数理モデルやシミュレーションで予測する程度のことしかできないと思います。が，逆手にとると，数理モデルやシミュレーションが活躍する場でもあります。

【今田】逆のケースはないのですか？

【中丸】逆というのは，遺伝子が先に生じて，文化がそれの影響を受ける，ということでしょうか。このような例はあると思いますが，推測の域を超えていません。たとえば，言語を操る能力が遺伝的に決まっているとすると，その能力のおかげで話し言葉が生じ，そして他の（遺伝的な）能力と一緒になって書き言葉も発達させ，その結果高度な文明をもつに至った，と考えることも可能です。が，あくまで推測の範囲であり，生物学的なデータによる裏付けはありませんが。

【黒石】これはチョムスキー風の，生得的な言語観ですね。何とかデータが欲しいなあ（笑）。

人文学との関係

【今田】人文学というときの代表は哲学・史学・文学です。「社会システム学」を推進する際には，ポスト構造主義やポストモダンなど哲学の議論が参照されます。また世界システム論を展開するには歴史学が不可欠だし，さらにこれからの人間社会を考察する上で，感覚や感性の問題を取り入れる必要が出てきますから，社会システム学にとっては文学も重要になる。

【鈴木】それは，木村さんのソシオン理論の話やね。文学となれば……。

【今田】そうですね，では木村さんお願いします。

【木村】その，文理融合という前に不思議なことがありましてね，ちょっと話をずらせてしまいますけど。

【今田】はい，どうぞ。

【木村】あの，ちょうど今，横隔膜の電位とか，皮膚の表面電位で「笑い」が測定できそうな状況で…。

【皆】（笑）

【木村】そういう「笑い測定機」で実に面白い横隔膜筋電図グラフが出る。で，ぱっと見て，笑いはこうなんですよ，と示すことができる。関西大学の竹内洋先生に「ほら，こうなんですよ」と見せたら，「木村君のは理系だなあ」と言われて（笑）。竹内先生は，2005年に出版された『丸山眞男の時代』という本で，非常に高密度の文体で丸山眞男という戦後のイデオロギーに挑んだ。それで書いた後脱力してくたびれた，って言ってましたけれども，丸山眞男の文体もかなり人文系独特の意味世界の負荷を帯びているんですね。そのとき文系と理系ってなんだろうと思ったんです。

つまり僕にとっては笑った瞬間のパルスが出たってことはものすごいわくわくするような興奮なんですよ。ところが，社会の意味なり思想なりを探求する側から見ると，それは何なんだ，カテゴリが違うんじゃないか，と言われるかもしれない。社会学の同僚たちに，今考えてるソシオンがこうなんだ，と言っても，あんまり興味ないみたいなんですね。もっと華麗な文体で書かれた，意味深く，読んでいて気持ちよくなりセロトニンが出てくるようなもの。生活世界に内在しつつ意味をつむいでいく作業を人文学系社会学に求めた時代があったと思うんですよ。だけど僕は，それではだめだ，と若いヴィトゲンシュタインみたいな気分が若いときからあり，わからんことは沈黙すべきである，むしろ明晰に語りうることを語ることが科学である，と考えてました。だから，吉田民人門下にもなったんですけどね（笑）。

僕らが考えてる以上になんか文系・理系という，それ自体がもしかしたら社会学的な心理学の対象になる特性とかキャラクターがあるんですね。でもそれを乗り越えなければ次の世代の人間の自己理解というものはできないと思うんですよ。

【今田】木村さんはお若いころは前期ヴィトゲンシュタインの論理哲学論考を信奉されて，すべては写像理論で解明しつくせるというか，明晰に語りえないものには沈黙すべきだと考えておられたようですが，では後期哲学である「言語ゲーム論」についてはどう考えられるのでしょうか。

【木村】後期のほうは僕，ようわからんのですけれど。むしろ（笑）。

【今田】後期ヴィトゲンシュタインは，世の中の出来事は論理的には解明しつくせないという反省に立って展開されたわけです。人間というのは論理だけで生活を営んでいるわけではない。ということで，計画的・合理的ではない遂行的（パフォーマティブ）な行為としての言語ゲームに着目するようになった。ハイエクの保守主義の社会哲学と近いんですけどね。遂行的行為を通じた自発的秩序の形成ですよ。これはボトムアップなシステム論の元祖でもあります。

【木村】もうちょっとプリミティブに，青年時代を思い出してぽろっと言ったんだけど（笑）。

【今田】いや，みんな青年時代は文学にあこがれるものです。理系の人も。

【鈴木】うんうん，そうやね（笑）。

【木村】「生きる意味」とか「死ぬ意味」とかですね，そういうことをもんもんと考える中で社会学に出会う若者が多かった。だけど，そこから内在的に解いていくことでは，人間の自己理解はできないだろう。そこで，どういうふうに解いていくか。フッサールならばそれをカッコに入れて，現象学的に還元をするんだとか，可能態で見るとかいろいろやるけど，そこを今の社会学では，外から，好奇心をもって見るというよりも，なんかこう**内から**いってるような感じがありましてね。

【今田】「内から」っていうのは？

【木村】ちいさな不幸なり，身近な幸福なりに内在し，実践的にコミットしていく。あのエネルギーはけっこう，いつの時代も多かったのかもしれませんけど。

【鈴木】もっと一般化して言えば，文学作品だったら，ある個人をめぐるある特殊な事件をとことん深め追求することで，普遍的人間性を理解しようとするものね。あれの社会学版ね。ただ，木村さんが言うように，思考実験に止まる文学とは違って社会学の場合は実生活に踏み込んで行く点が異なるけど…。

ゆらぎ・コントロール・コミュニケーション

■理系のアプローチ：特殊から一般へ

【今田】なるほどね。理系はそういうアプローチはやらないのですかね？　個別の特殊な事例に深く切り込んでいって，その本質を取り出す（理解する）という作業を。

【木嶋】いや，やるかもしれないけど，でもそれは途中であって，そこから一般化する。

【木村】理系は一般化しないとだめですよね。文学との違いはそこでしょ。

【木嶋】はい，そうです。一般化することに大きな価値を見いだします。

【黒石】でも火山学者は自分のマークしている山の噴火的個性をよく研究していますよね。雲仙岳はこういう山だ，有珠山にはこういう癖がある，桜島は，三原山は，…と。浅間山なんか，噴火の前日に予知されてしまった（笑）。ああいうの見ると，やっぱり日本にはこういう専門研究者がいて安心だとすごく感心しますが。

【中丸】生態学では，さまざまな生物種の行動や生活史，社会性などについて観察・実験を行うという意味では個別の特殊性も調べます。

【木嶋】でもそれだけじゃ終わんないでしょ。原因を突き止めて一般図式に位置づけないと。

【中丸】おっしゃるとおりです。生態学から話がずれますが，私は学部時代は化学実験系の研究室におり，その経験を例にします。化学にも一般法則はありますが，実際に特定の化学物質を用いて実験をしてみると，一般法則から導かれる理論値とはずれていることが多いです。

【今田】では一般法則からはみ出してずれている現象はどのように処理するのですか。誤差や攪乱要因として無視ないし放置する？

【中丸】それからまた新しい発想を得ることができます。もし一般理論が間違えていれば，修正してまた新しい理論を作るというプロセスとなります。

【中井】ペンジアスとウィルソンは，ノイズと思われていた天空のマイクロ波を「宇宙の背景放射」と見抜いたんですよね。これが「ビッグバンの残響」と解釈されるに至って，われわれの宇宙観はガラッと変わった。ノイズの方が宇宙の主役になったわけです。

【中丸】ただ「単なる誤差なのか，それとも別の理論が必要となるか」の判断は非常に難しいです。

【今田】いや，何を言いたかったかというと，近代科学のオーソドックスな分析法によれば，はみ出しや誤差は無視して，メインの構造や趨勢を研究の対象にしてきたではないですか。でも，今は違うでしょ。誤差や攪乱要因がきっかけになって新たな秩序が形成されることを研究するようになっている。

【中丸】カオスのことでしょうか。

【今田】カオス理論やゆらぎの科学といったアプローチがこの四半世紀に出てきました。20世紀の物理学における三大革命として，量子力学，相対性理論，カオス理論が指摘されますが，これらはニュートンの古典力学からはみ出している現象に目をつけて，ニュートン力学を包摂する形で展開したものですよね。こうした学問の展開を考えると，理系の方でも，「既存の理論からのはみ出し部分」を対象にして新たな理論づくりをしてゆくのでしょうね。木嶋さんはサイバネティックスのコントロール理論をメインに掲げて研究されてきましたよね。

【木嶋】そうです。

【今田】私も，30歳代はじめまでは，コントロール理論に依拠して社会システム論を彫琢していました。攪乱が出てきたら，制御してシステムを正常な均衡状態に戻すという発想で社会現象を捉えていました。とくに社会計画や制度設計についてそうです。ですからはみ出し部分は誤差とみなしていました。誤差には有意味な情報がないと位置づけていました（笑）。

【木嶋】誤差は悪いものだ，っていう認識でしょ（笑）。

【今田】昔はね。だけど最近の傾向は違うでしょ。散逸構造論やシナジェティックス（協同現象論）に見られるように，ゆらぎや誤差を積極的に位置づけるようになっています。むしろ，ゆらぎや誤差こそが生命を与える要因であると。これはどういうインパクトをもつことになるのですかね，われわれの構想する社会システム学にとって。

【永田】アメリカン・グローバリズムにとって，イスラム世界はたぶん「攪乱要因」だと思うんですよ。で，それを退治しようとしてる。あ，ブッシュがね，退治しようとしたけど，それに失敗して，ああいうめちゃめちゃな状態になってしまった。いまだにその尾を引いています。

【黒石】世界は不可逆ですからね。

【永田】もうひとつ，グローバリズムっていうのは世界じゅうを一様に市場にしようっていう運動ですよね。

【鈴木】そうですね。経済的に言えば，そうなりますね。1989年ベルリンの壁崩壊以降の世界史が，自由主義市場経済の世界制覇という形のグローバリゼーションであったことは間違いないですね。

【永田】ということは市場にならないような，まあ正直に言うとアメリカン・ルールに従わない「攪乱的な文化」は，「よそ者」だから追い出せ，という排除の論理ですよね。ならばグローバリズムというのは「死に至る思想」ということになりますね。自分に対する誤差やゆらぎを一般に排除するという意味において。今の話，これとどこかつながっているような気がする…。

＊　＊　＊

【中丸】話を自然科学の領域に戻しますと，物理学では一般性を追求します。一方で，生物は非常に対照的です。個々の生物種を観察していると，一般的に流布されている生物行動に関する理論とは異なる現象が観察されます。私は理論生物学者でもあるので，一般化を念頭に研究をしていますが，一方で理論とはずれた部分に研究の醍醐味を感じます。

【今田】その醍醐味って，どういう感じなのでしょうか。たとえばどんな面白い現象が出てきているのでしょう。

【中丸】私の研究例で説明したいと思います。生態学のさまざまな理論のうち，環境攪乱と生物拡散あるいは生物移動に関するものがあります。環境攪乱というのは，洪水や火事などによって生息地が攪乱されてしまうことを指します。攪乱によって生物の生息地が破壊されてしまうと，その生物は死亡率が高くなります。この時，自分の子孫を自分と同じ生息地で育てていると，自分と子孫が死んでしまいます。他の場所にも生息しているものもいれば問題は多少解決されます。もし子孫が別の場所へ移動すれば，環境攪乱による個体数の減少が軽減されます。移動する時に，歩くものもいれば羽で飛んでいく場合もあります。

このことより「環境攪乱の頻度が高い状況では，生物拡散や移動をする形質が進化する」と言われています。これが「一般理論」で，数学的な裏付けもあります。しかし一方で，この一般理論には当てはまらない生物種もいます。環境攪乱下であっても，自分の子孫が自分と同じ生息地や近隣にいる場合があるのです。一般理論からの「ズレ」を説明するために，その生物の「ある性質」に着目して数理モデルやシミュレーションを行うと，上手く説明できたのです。この「ある性質」というのは意外にも今までの理論モデルでは見落とされていたことでした。もちろん，「その性質」に着目しなくてもいい生物種もいるので，ケースバイケースで研究しなければなりません。

【木村】生物にはひねくれものの“天邪鬼（あまのじゃく）”がつきものなんですね。

＊　＊　＊

【今田】中井さん，物理の出身者として何かありますか？

【中井】今までの物理学には，「森羅万象を最小の原理で説明したい」というエートスがとても強いので，ノイズには引金の役割こそあれ，積極的な意味はありません。たとえば，素粒子物理や宇宙論では，この宇宙の複雑さにあまり目を向けず，5次元宇宙とか10次元宇宙とか，全く実験で確認できない様な「あの世の理論」を構想してまで宇宙をシンプルに理解しようと努めます。もちろん，最小の原理を見つけようとする立場自体は魅力的ですが，伝統的な物理学には「多様性」そのものに取り組む視点が弱かったと言え，この点が生物学と大きな違いだと思います。

【黒石】「あの世の理論」ですか。すごい表現（笑）。

【中井】ただし，物理学の中でも統計熱力学には「社会システム学」のヒントがあると思います。

【黒石】「ベナール対流」とか「カルマン渦」とか，自己組織化の典型みたいな現象の出自も統計熱力学ですよね。

【鈴木】カオスっていうのも，物理学のほうから出てきたんじゃないの？

【中井】そうです。カオスが発見されるなど，非線形の物理学が生まれてきました。特に，非線形の統計力学をヒントにして，生命現象を非線形物理学として理解しようとする流れがあります。つまり，物理学も生物学から刺激を受けて多様性に注目するように変わりつつあると思います。

【中丸】カオスと言えば気象学者エドワード・ローレンツの「ローレンツ・アトラクタ」が有名です。その研究とは全く独立に，同時代に数理生態学者ロバート・メイによって生物の個体数変動でもカオティックな挙動があることが示されていました。その発端となる研究は内田俊郎という日本人の個体群生態学者の1941年の研究だったそうですが。

【鈴木】「決定性カオス」っていうのがあるでしょ。つまり，結果としては確率論的な結果になってしまうんだけれども，それを生み出してるのは非常に単純な決定論的な規則であって，でも初期値の鋭敏性が密接にからんで結果は確率論的にしか捉えられない。だから物理学といえども，（単純な印象ですが）もちろん出発点を非常に単純なところにおこうとするんだけれども，結果としては多様性，複雑性みたいなものを相手にせざるをえない。だけど根本にあるのは非常に単純な法則性からきてるんだよ，と。その信念はゆらいでいない？

【中井】確かに，そこはゆらいでいないと思います。

【今田】あの，カオスとかゆらぎなどの現象はマクロな特性ですよね。ミクロ要素である分子や原子の解明にもとづいての分析ではなくて，熱量やエントロピーなどシステムのマクロな統計量を対象としたときの議論です。ミクロ要素に細かく還元して分析する方法も重要ですが，最近は，逆向きのマクロの特性を一気に捉える方向での革新からノーベル賞級の仕事が出ています。要素還元主義的な物理学の分析手法は今後どこまで進むのでしょうね。

【鈴木】生物学のほうがまだ分子生物学なんかはどんどんミクロにいってるでしょ。

【今田】で，ミクロにいったときには，遺伝子情報の問題のように情報科学に接近するでしょ。

【中丸】分子生物学は膨大なデータが蓄積されており，データ解析のために情報科学との共同作業は重要です。

【鈴木】しかし生物学でも，金子邦彦さんなんかはね，要素還元主義ではいけない，という立場に立ってるでしょ。

【中井】金子さんは，鈴木先生がおっしゃるとおり，シンプルで本質的なモデルを構成して，手品みたいに創発現象を再現されています。でも，その金子さんが「生物プロパーの先生はシミュレーション・モデルに関していつも違和感を感じており，『生物は多様なんだ，こんな単純なものではないんだ』と指摘される」とおっしゃっています。社会システム学も同じような悩みを抱えていると感じるのですが。

【鈴木】金子さんほどの複雑系の専門家でも，生物の方面の人から見ると単純なのですか。社会科学と人文学の関係みたいですね（笑）。

＊　＊　＊

【今田】サイバネティックスの観点から見ると，現状の自然科学の展開に関してはどう思われますか。

【木嶋】サイバネティックスに関して，「内部モデル原理」という重要な原理があります。今回，このシリーズで本を書くさいに（第5巻『共生するシステム』），私はこの「内部モデル原理」を一番の中心概念に置きたいと考えています。サイバネティックスは単純にコントロールパラダイムだと思われていますが，「内部モデル原理」は，主体の意思決定に対してもう少し踏み込んだことを主張します。社会を構成する自律的な意思決定主体――個人でも組織でも企業でもそのような主体を〈エージェント〉と呼ぶのですが――を捉えるときに，エージェントはそれぞれ主観的に（自分を含めた）環境に関する解釈モデル――あるいは分野によれば「メンタルモデル」とも呼ばれますが――をエージェント内部に構成すると考えます。そして，その主観的「内部モデル」にもとづいて意思決定し行動すると考えるわけです。とすると，環境の多様性や主体の学習など，意思決定に関するサイバネティックなアプローチがぐっと豊潤になります。

サイバネティックスだけでなくシステム科学の領域全体で重要な原理に〈アシュビーの最小多様度の法則：Ashby's Law of Requisite Variety〉というのがあります。これは，制御システムと被制御システムの関係を述べたもので，その基本テーゼは「多様度のみが多様度を打ち破る」という言葉で知られています。「被制御システムがもつ多様度（とり得る状態の数）を上回る多様度を制御システムが備えていないと，コントロールできない」という主張です。

この法則を踏まえて，制御理論家の Wonham や Rosen は「その多様度も含めて被制御システムのモデルを制御システムが内在化していなければ，制御できない」という内部モデル原理を唱えたのです。これから，たとえば，環境と呼ばれるシステムをうまくマネージするためにはそのメカニズムがしっかりわかっていなければならないということが導かれます。

【黒石】パソコンの中にプリンタドライバ（内部モデル）をインストールできる容量（多様度）がなければ，そして容量があったとしても実際にインストールしてなければ，パソコン（制御システム）はプリンタ（被制御システム）をコントロールできない，ってことでしょうか。

【木嶋】まさにその通りです。私が，本シリーズの『共生するシステム』で一貫して主張したいのは，これを一歩進めて，内部モデルはエージェント――すなわち制御システム――が主観的に構築するものであるという点です。同じ状況に巻きこまれている主体でも主体ごとにその環境・外部世界のもつ多様度やメカニズムの認識・解釈は異なり，従ってそれを参照して行う意思決定も当然異なってくるというわけです。

しかもその内部モデルは，他の主体との相互作用によって時間軸の中で動的に書き換えられ変化するとして，これを「他者からの学習」と呼びたいのです。また，内発的にも書き換えられるかもしれず，これをここでは「自己組織化」と定義したいのです。

【黒石】内部モデルはプリインストールされるだけじゃなくて，実際の相互作用で書き換えられるのですね？

【木嶋】その通りです。主観的な内部モデルは，時間の中で動的に変化すると考えるわけです。

【今田】ということは，いわゆる古典的な制御理論やサイバネティックスの域をはるかに超えているわけですか。

【木嶋】はるかに超えているかどうかわかりませんが，昔私が博士課程の学生だった頃，東工大に着任されたばかりの今田先生の講義でうかがった，サイバネティックスの階層論があるじゃないですか。

【今田】はい。

【木嶋】意思決定機構の中に「適応のレベル」と「自己組織化のレベル」を識別し，これらのレベルが内部モデルを適応的に変化させ，あるいは自発的に書き換えるという説明原理です。このような枠組みの中に，いま申し上げた内部モデルという概念は自然に入れられるのではないかと考えているのです。そうすることによって，ダイナミックで動的な議論も，相互作用的な学習の議論も統一的にできるのではないかと考えるわけです。

【今田】ただその場合には，トップダウン式なので必ずコントローラ（制御者）を必要とするのですよ。で，さらにその制御者を制御するのにメタ制御者が必要で，と屋上屋を架さざるをえなくなる。最上層にいるのは，…。

【木嶋】いわゆる「無限の制御の階層」が必要になるということですね。

【今田】そのとおり，…「神様」が必要になる（笑）。

【木嶋】確かに，サイバネティックスのパラダイムは基本的にトップダウンの説明枠組みであり，制御の「無限の階層」が必要になります。しかし，「ゆらぎ」という偶然に任せるというのではなくて，確率変数や何らかの違う選択の仕組みをいれて，「代替案のプール」の中から選ぶという枠組みを作れば，ボトムアップの話もできるのではないかという気もいたします。

【今田】あのボトムアップ式，シナジェティックスのボトムアップ式ですが，このモデルでは上位の制御者はいっさい仮定されていない。要素同士のシナジー（協同）からおのずと秩序パラメータが創発され，このパラメータに各要素が引き込まれて新たな秩序が形成されるというわけです。だから「ボトムアップ式か，トップダウン式か」という大きな違いがあるわけです。ただ，どちらも重要なことは事実です。コントロールが皆無で要素の振舞いをなすがままに放置してしまうと，システムの挙動がランダムになってしまう。世の中がランダムネスに陥って（無政府状態になって）も困るわけです。だから，どこで両者の折り合いをつけるのかがとても大事な問題になる。

【木嶋】ボトムアップで選ぶとしても，やはりランダムネスにゆだねるというのは何となく気持ちが悪い（笑）。先ほどの生物の話ではありませんが，たとえば〈適応関数 fitness function〉を考えて，適者が選ばれてくるとしたらどうでしょう。典型的には，遺伝的アルゴリズムのような説明です。適者生存のメカニズムで，適者のパラメータが高い頻度で選ばれ生き残ってゆくようにしておけば，上からと下からとつながるのではないかと思うのですが。

【今田】木嶋さんのいう「内部モデルの原理」から社会を考えた場合，それはどんなイメージになるんですかね。

【木嶋】これまで述べてきた，いわば「主観的な内部モデル原理」を気に入っている理由のひとつは，「環境とシステム」という従来の西洋的な二項対立的な構図を超えていると思っているからです。「主観的な内部モデル原理」では，システムを取り巻く環境は，システムの外にあるのではなく，「システムの内側に内部モデルとして構築される」わけです。しかも主観的に構成され，時間の中で動的に変わっていくとするのです。他のシステム――他のエージェント――も同様に主観的モデルを構築するので，一般に両者は一致しないわけで，誤解やそれを解消する相互学習といったテーマがそこから自然に議論できるというわけです。

【黒石】フッサールの「生活世界」みたいですね（笑）。これは面白そうだな。

【今田】でも，いつ，どういうきっかけで，その行為者は行為を始めるのでしょうか。内部イメージだけで行為を始めるのでしょうか。従来の「システム－環境図式」に従った理論だと，環境からのインプットがない限りシステムは動きだすことができないわけでしょ。

だけど今の話だと，そんなに単純ではないと言われた。では行為者は内部モデルで動きだすのでしょうか。

【木嶋】内部モデルをどう動かすかということですね。たとえば，外側から変更する説明原理として「適応」という概念を入れてあげる。また内発的な変化である「自己組織化」だったら，ある程度「エネルギー」がたまってきて，それが“発火する”というようなモデルはできると思います。具体的にはペトリネットのモデル(1)のように。

【今田】発火。そうなんだ。私も自己組織性論を展開する際に，環境適応ではなくて，つまり外からの入力に反応するのではなくて，内発的な自己適応の重要性を強調しました。それを「内破（内的爆発＝インプロージョン）による変化の開始」と呼ぶことにしています。外圧で変わるのは「自己組織化」と呼ばない方がよい。環境適応理論の限界は，環境変化や環境からの入力がないとシステムが作動しないことです。大事なことは，環境が変わらなくても，内破の力によって変るきっかけをもつことです。生物の変化はそういうのが多いのではないか。

【黒石】私の『欲望するシステム』（第２巻）では「欲望の発出」と表現したものに近い気がします。

【鈴木】うーん，昔の主体性論みたいやなあ。でもね，ウェーバリアンとしては，どうしても「正当的秩序の妥当」とか「正当性信念」とかのあたりのウェーバーの理論を思い出しますね。社会秩序は，人びとがそれを「正当なもの」だと信じる限りにおいて存在するんだっていう。あれだって，内部からの力だと言えなくもない。あるいは，木嶋さんの言葉で言えば，これも「主観的な内的モデル」のひとつですよね。ただ，それが「正当なもの」として社会的に通用するメカニズムに焦点を合わせているだけで。このあたりのテーマは永田さんの巻（第６巻『納得するシステム』）に関連してくるのかな。「正当化」で書くわけですから。

【永田】そうなんです。正当性が大事なんです。さすがウェーバーですよね（笑）。最初のほうで言いましたが，今までの主体モデルには満足していません。今田先生がおっしゃるように外から操られるだけの主体なんてごめんです。私はそんなもんじゃない！　ってみんな思ってると思いますよ（笑）。かといってもちろん，経済合理的なだけでもない。言わせていただければ，ただ適応する個人というのも魅力的じゃないですね。世間や他人の動向ばかりをうかがっているようで（笑）。

だから今回，新しい主体を提示したいんです。それが「納得するシステム」としての個人。

【今田】それはどんな主体なんでしょうか。旧来の「主体」の印象からすると，かなり新鮮な感じがしますけれども。

【永田】みなさん立派な方々だから，誰も見てない，絶対安全だ，ってわかっていても，悪いことをしないと思うんですね（笑）。ゴミのポイ捨てとか。どうしてでしょうか。サンクションが怖いわけでもなく，ただそう学習したからでもない。迷うこともありますしね（笑）。実際やっちゃう人もいるので，遺伝子のせいとも思えないし，ただ規範だから無前提に従うわけでもない。

私は単純に考えて，そんなの「自尊心が許さない」からだろうと思うんですよ。つまり自分で自分に納得できない。自己言及的なんですね，つまり。

被害を受ける場合も同じです。大事な人を殺した犯人が生きているのは「納得できない」かもしれないし，育休とったら解雇された，これも「納得できない」。

そしてなぜ納得できないかというと，正当ではないから。つまり理不尽だから。

社会にはいろんな理が浮遊しています。罪に相応する罰をうけなければならないとか，育休切りはいけないとか。そういう理を選択的に受容しながら行動を選んだり，自分で自分をコントロールしていく。私はそういう「納得するシステム」にこそ「合理性」という言葉を使いたい。

【黒石】その場合の「合理性」は，従来の合理性と違うのでしょうか。

【永田】いままでの合理性というのは，たんに与えられた機会集合のなかから，いつでも選好上の最大点を選べる，その判断が一貫してる，っていうことだけです。で，選好の内容はまったく理不尽でもかまわない。他の人たちは損をして，自分だけが得をするのがベスト，でもかまわないし，実際経済合理性って，そんなもんですよね（笑）。それじゃ「合理性」というより，「合利性」じゃないですか，ってことなんです。

市場みたいに利という理だけが選ばれる場があってもいい。でも，社会全体はさまざまな理屈で動いてる。もし十分な理を社会が供給できなくなったら，困ったことになる。

【黒石】それでアノミーになったりする。

【永田】ええ。それこそ爆発的に特定の理に集中して，原理主義が台頭したりするかもしれない。だから，社会そのものは「説得するシステム」として，適切に作動していないといけないと思うんですね。

【今田】「説得するシステム」の社会と「納得するシステム」の個人，という構図なんですね。

【鈴木】ちょっと，いいですか。今の話で思い出したんやけど，「合理性」については，ウェーバーが「目的合理性」と「価値合理性」を区別してますね。個人のレベルにおいて。「目的合理性」とは，経験知や科学知に照らして，ある「目的」にたいしてその「手段」が適っているかどうかを問うものなんですね。それに対して「価値合理性」とは，ある「価値基準」からみてその行動が適っているかどうかだけを問うものなんです。同じ「合理性」といっても，これら二つの「合理性」は対極にある。ウェーバーは，これを倫理にからめて「責任倫理」と「信念倫理」の対立とも言い換えてますがね。

で，彼はこのうち「目的合理性」について，さらにその「目的」の選び方が「効用原理」に従うものと，「価値原理」に従うものと，二つのサブカテゴリーに分けて考える。「手段」については，どちらのカテゴリーも「目的に適っている」という点で「合理的」なんだけれども。永田さんがいみじくも「合利的」と名付けられたものは，このうちの「効用原理」に従うカテゴリーの方を指していると思うんですね。

何が言いたいかというと，「納得する個人」といったばあい，その「納得」の仕方には，「合理的」といってもさまざまなパターンのものがありうるということなんです。そして，永田さんがイメージされてる，社会に通用しているさまざまな「理屈」，あるいはその「納得」の仕方というものは，どちらかというと「価値原理」に従うばあいに近いな，という気がするんです。

あと，社会のレベルではウェーバーは，「形式合理性」と「実質合理性」という別の分け方もする。でも，そこまで行くとなんやえらい難しい議論になってしまうんで，このあたりで止めときます（笑）。あ，今の議論だけでも十分難しいか（笑）。

＊　＊　＊

【中丸】少し話を戻して，木嶋先生のおっしゃった「内部モデル原理」を私なりに解釈すると，人は脳内の中で社会環境をイメージしながら，既存の規則や社会規範を参照しながら，他者の意図も推論しつつ意思決定をします。これは非常に重要な観点だと思っていて，特に今私が最近興味あるのは，他者の意図推論やセオリーオブマインドです。

〈セオリーオブマインド Theory of Mind；TOM〉というのは「心の理論」で，心理学用語です。平たく言えば他者の意図推論，つまり相手の心が読めるということです。最近考えていることとして，そのような能力があってはじめて人間の社会の複雑性や，階層性が生じているのではないかと考えています。

【黒石】これはますます，フッサールの「間主観性」に近くありませんか？（笑）

【鈴木】いやいや，ウェーバーの「社会的行為」の概念定義にそっくりや（笑）

【中丸】ただ，人というのは情報をすべて100％正しく受け入れられない，間違いを起こしたり，あるいは，勝手にイメージを作り上げています。正しい情報を得ても，正しく情報を整理していないこともある中で，意思決定をして行動に移す必要があります。判断や意思決定をするときに，遺伝的な何かバイアスというか，影響があるかもしれないです。が，あくまで推測の領域です。

【木村】ユーモアにもつながる。セオリーオブマインドというのはね。

たとえばマンガがなぜ面白いか，というのがわかるためには，そのセオリーオブマインドが必要になります。つまり他者がどう考えているか，というその考えを理解したときに，ある絵のおかしみがわかる。たとえば，魚釣りをしている誰かがいて，で，釣りあげた獲物をバケツに入れている。そしたら，そのバケツの魚を別の誰かが背後の崖の上から釣っている。

【今田】そのバケツの魚をまた崖の上から（笑）。

【木村】それを見て笑えるようになるのは発達的に限られているそうです。それができたときに，セオリーオブマインドが成立する。この人はこう考えたからやってるんだというふうに理解できたときに，ずれが発生して，そこにおかしみを感じるということです。

【木嶋】たとえば落語だって，一席聞いて笑えるというのは，やはり，かなりの知識をもっている人でしょう。

【木村】「メタレベルの」というか，ひとつの意識のあり方を同じ地平じゃなくて，ぽんと上から見たときに，もうひとつの次元がひらけて，そこで構造がずれてですね，リスタートをかけられる何かが起きるというふうに考えてるんですけどね。

【鈴木】ああ，木村さんの「笑いの理論」ね。つまり，こういうことなんかいな。普通なら，魚を釣ってバケツに入れたらそこで一件落着のはずだよね。いぇーい，やったぜ，って。ところが，一件落着のはずが，そのバケツに入れた魚をさらに釣ろうとする人がいて，実は落着していない。で，そいつが上からうまくチョロまかして，いぇーい，やったぜ，となっても，さらにその上から狙われてるかもしれない…。なんかこのギャップというかズレ，同じ考えがズレて重なってる。俯瞰して見てる人には笑える，確かにね。この俯瞰して理解し笑える能力のこと？

【木村】そう，同じ意識の地平でぐうっとたまってきたものがその，内からボンッと開く，跳躍的なある展開が起きるという点で，新しい認識が開かれてもいる。笑いもしくはユーモアというのやっぱりまさにそうなんやと感じて，それも人間のひとつの特徴で非常にベーシックな理解に関わると，わくわくしていたところです。

＊　＊　＊

【中丸】話は変わりますが，人文学の，それも文学の永遠のテーマかと思われる恋愛というのは，進化生物学にとっても学問的におもしろい問題です。進化生物学では〈適応度 fitness〉という概念が重要です。これを簡単に説明すると，生んだ子どもや卵の数とその子どもが繁殖するまでの生存率を掛け合わせた値です。子どもを産むためには，多くの生物は有性生殖ですので，交配相手を見つける必要がありますが，適当に選んでいるわけではありません。有名な例では，クジャクでは，オスの羽を指標にしてメスはオスを選んでいると言われています。その観点からすると，恋愛というのは面白いです。人間以外の動物が恋愛感情をもっているかどうか考えてみると，おそらくこれは人間独特な性質かもしれません。恋愛と制度としての家族（＋子孫繁栄）は別かもしれませんが，恋愛の結果，子どもができることも多いですので，学問的観点からすると非常に面白い現象です。感情によって支配されて行動した結果，自分と相手との遺伝子を50％受け継いだ個体が生じるのですから。

【鈴木】そう，恋愛ってほんとに面白い。でも，人間の恋愛って，ほとんど誤解から始まると思うよ。「麗しき錯覚」，あの人は自分に気があるに違いないって。で，自分から動き始めて失恋。大悲劇に終わる。これ，僕自身の経験でもあるんだけど。

【皆】（爆笑）

【黒石】まさしく「幸福な誤解」の共有ですね。話を聞かない男と地図の読めない女との（笑）。

【永田】「誤解するシステム」も書かないと（笑）。

【鈴木】いや，単なるストーカー（笑）。下手するとね。

でも，人間はうまくいった恋愛の結果ペアが安定してしまって競争がないから，そのせいで精子が競争力を失って弱まってるらしい。この間 NHK の特集でやってたけど，乱婚状態にあるサルに比べて，一夫一婦制をとるヒトの精子の活動はすこぶる低調なんだって。あの映像，凄かったね。サルの精子は卵子にたどり着く競争が厳しいから，一時も休まずお互い入り乱れて猛烈に動き回っている。相手を出し抜こうって。それぞれ，もう生命力の塊！　一方，ヒトの精子はそうした競争がないから，一つないし二つくらいがたまにちょこっと動くだけ。実にひ弱い。あれを見て「これはアカン」思うたわ。ヒト精子よ，頑張れ！　このままでは人類の未来は暗い。「麗しき錯覚」がおおいに必要やなあ，と（笑）。そうした錯覚が大量に入り乱れれば，淘汰圧が強まってヒト精子も強靭になるに違いないって。このままだと何百年かしたら，人間は人工授精しないと子孫ができなくなるかもしれないんだって。安定をめざした結果が，皮肉にも不安定を招くんやね。あれ，なんだか恋愛の話から草食系男子の話になってしまったなあ（笑）。

＊　＊　＊

【中井】もう一度話を戻しますと（笑），「内部理論」という話にすごく興味をもっています。長岡＝ルーマンの解説によると内部モデルは，システム自身の自画像としてシステムが自己を再生産するときのガイドラインに利用され，そして内部モデルを正確に構成することは不可能だから，ある意味でっち上げによって構成される，とされます。そのときに一部誤解とかノイズが当然入ってくるわけですが，これが私には「内破の力」と関係がある様に思えるのですが。

【中丸】社会システム学を発展させる上で，内部モデルや他者の意図推論やTOM，認知科学はどのように関係するでしょうか。

【今田】社会システム学を理論化するときに，「内部モデルは必要か」ということでしょうか。主体はどっち，個人それとも要素？

【中丸】個人です。内部モデルは個人で違うはずですが，面白いことに，コミュニティやある社会集団に所属している人たちは同じ社会規範を共有できている。何らかの勘違いがあって，個々人では多少のずれがあるのかもしれませんが，集団行動できる範囲で，同じものを共有できているところは面白いです。この状況の背景には，おそらく他者への意図推論がからんでいる可能性もあります。

【今田】個々人は極端に言えば全て異なる存在で，クリティカルに違うはずなのに，これまでの経済システムや社会システムのモデル化では，かなり同質的な存在として仮定されていますよね。経済モデルだと消費者は「みずからの効用を最大化する」ように商品を買うとされているし，企業は「利益を最大化する」ように物やサービスの生産をするとされている。その両者が出会って，需給のバランスが起きて，商品の価格が決まるという論理です。これはやっぱり単純にすぎる。個々人が何ら違ってない。それは社会システム論でも同様で，従来の構造‐機能主義的な社会システム論では「地位と役割」で理論が組み立てられる。このこと自体は問題ないと思うのですが，「あらかじめ決められた役割に人員を配分して，役割遂行することで社会の成果が確保できる」というのは当たり前すぎて，躍動感が無いわけです。役割行動を適切におこなえなかったり，規範から逸脱したりすると制裁が加えられる。生物進化でいうと突然変異は淘汰される運命にあるわけです。にもかかわらず，社会が進化する際には，社会的機能分化が起きるという論理を当てはめる。機能分化は個々人とは関係なく起きているのでしょうかね。個人レベルの変異（逸脱）を認めないで，社会レベルでどうやって分化が起きると言えるのでしょうかね。個と全体の乖離が大きすぎます。これでは活力というか，命あるシステムとは言えない。

【鈴木】確かに，構造‐機能主義的な社会システム論の提供する「進化」概念は単調ですね。進化生物学の「突然変異と自然淘汰」の図式，あるいは複雑系生命論の「自己組織化と自然選択」という図式に比べても。ただ，だからといってそれを批判する社会学理論が面白くて，それに代わるものを提供できているかと言うと，これまた疑問でしてね。

【木村】そうですね。なんか，社会でも，世界でも，科学でも，ここは悪い，これはだめだと言ってることは楽ですし，それなりに真摯に一生懸命書き，批判してれば，学者のアイデンティティも社会生活も（笑）活動も充実感が得られますよね。でも，そしたら人間は今度はそのルートにとらわれてしまう。そして気がつくと，だんだん面白くなくなってきて（笑）。それに比べて，志というか，めざしてる部分というのは，この「社会システム学」の企画は新鮮ですよね。

【永田】考えてみれば，いままでの社会科学の中には，「悩む」って選択肢はないんです。合理的に選択するにはあらかじめ選好を順序でもってなくてはならないから。だから選択するときにはすべて悩みは乗り越えられちゃってるんですね。で，またこれが自立神話や自己責任論とよく調和している。悩みは自分の力で解決しなさい。ブレたりしないで（笑），一貫した判断をしなさいと。これって非常に意固地な人間像ですけど，それが規範となっている。そのことがいまの社会を過度に殺伐として見せてるんじゃないかと思います。

【木村】そうですね。

【永田】内輪の話で恐縮ですが，志田が「ハムレットの解釈学」とかいう論文を書いていまして，要するに二つの規範の間で引き裂かれているんだという話です。つまりは単純にダブルバインドということですが，それだけでもけっこう人間，大変ですよね。懊悩しちゃう。「生きるべきか死すべきか」。けれどなかなか一般理論の中に位置づけられない。

アノミーだってそうですよね。あれだけ魅力的な概念で，社会学の試験対策にも欠かせない概念ですが（笑），なかなか定式化できない。

【黒石】「悩む」という状況は悩ましいから，社会科学はこれをあらかじめ合理的に解決しておこうとするんですね。で，「悩まなくてよい」という結論になりたいわけです（笑）。でも人文学では，「悩む」という悩ましい状況こそ人間らしいから，それをこそ描こうとする（笑）。

【永田】誤解するシステム，ブレるシステム，悩むシステム，悩ましいシステム，本気で理論化したほうがいいかもしれないですね。

【木村】それらをぽんとブレークスルーする，笑いのシステムについてもね。これは私の巻（『殺戮するシステム』）で，ちゃんと理論化します。

＊　＊　＊

■シミュレーションは単純か

【中井】作らなきゃ話にならないからモデルを作るわけですが，文系の先生から数理モデルや社会シミュレーションは「単純だ」って言われるのがつらいですね。永田先生もおっしゃいましたが，単純にしないと扱えないですよ。そこで質問したいのですが，シミュレーション・モデルをより精緻化し現実の社会に近づければ，結局，社会をより良くコントロールすることができるようになるのでしょうか？　つまり，自発的に動くシステムに対して予測がそもそも可能なのかが気になるのですが，望む方向にシステムが動いてくれるか定かじゃない状況で，エンジニアリングや制度設計が成立するのでしょうか？

【木嶋】まずモデルを作ってやりたいことは記述ですね。記述をして，それで「ホワット・イフ What if」をして，つまり「そうやったらどうなるの」って話ね。それをやって，それから「プリスクリプション」にいって，最終的には「設計」ってとこにもっていくんだけども，まず，僕がやってるのはせいぜい「ホワット・イフ」ぐらいですね。たとえばメカニズム，「こうだったらどういうふうに動くの」って話で，イフってのは上から，っていうか私が与えるしかないわけですよ。現実世界はそうなるかどうかわかんないし，現実世界にはそういうふうに与えられるメカニズムがあるかどうかわからないけれど。で，上から与えるメカニズムってことを考えるってことになると，これは無限の上位になるんですね。そこはちょっと，まだ。

【中丸】工学系の研究者は「昆虫の神経回路」から作り始めてると聞きました。

昆虫の内部モデルが何であるかはさておき，昆虫の神経回路を全部プログラムしているようです。

【今田】それでほんとにわかるのですか？

【中丸】何を理解するかによりますけど，私が理系出身ということもありまして，将来的に社会というものを知る試みのひとつとして，まずは昆虫で試すことも非常に面白いと思います。

【黒石】社会性昆虫という，具体的に観察可能，再現可能な対象もありますしね。

【永田】社会の完全なコントロールは原理的に不可能だと思いますよ。コントロールする人間自身が社会のメンバーだから，自己言及になる。ただ，それを言い出すと完全な記述だって不可能だから歴史学はもとより，記述を必要とするすべての科学は不可能。完全な実証も不可能だから結局すべての科学は不可能ということになりますよね。でも一方で科学はしょせん仮説なわけだから，より妥当性の高い，ひらたくいえばマシなものを作っていけばいい。で，何がマシかということですが，もちろん時代や社会や文脈によって違うけど，私はいま，社会科学で重要なのは，より人びとに社会を理解しやすくできる理論がマシだと思っているんです。高度に分業化した社会では，どんなに教育を高度化しても，自分たちが社会を把握しているとか，社会の主人であるとかいう自覚はもちにくい。わけのわからない場所に放り込まれているという感覚は人を不安にします。さらに，わけがわからないのに，一貫した判断やら自己責任やら求められても困るんですね。不安を押し隠して「俺が正しい」とか「いうことを聞け」とか虚勢を張ったり，「どうせ私なんか」とあきらめてしまったりするだけです。だから民主的に社会をコントロールしろと言われても，その社会的条件が欠落している。

今の社会システムはだから，ほんとに「ズレたシステム」だと思いますよ。行動規範や民主主義は何でもわかっていて自律した個人を求める。でも専門化や分業システムはそういう個人の存在をどんどん不可能にしている。だから，その溝を埋めたい。

そういう意味で，私はモデルは理解可能な複雑さでなければ意味がないと思ってますし，シミュレーションも理解の役に立つなら歓迎です。

3．社会システム学とはなにか

――機械論と有機体論／個人主義と全体論／創発特性――

機械論と有機体論

【今田】どうもありがとうございました。私の提起した問題についてはだいたい一巡しましたので，これからは皆さんの側から「社会システム学」についての提起をしていただきたい。社会システム論のルーツには，機械論的なものと有機体論的なものの対立があります。社会学の社会システム論では，スペンサーの社会有機体説があって，明治時代に日本に入ってきて，ずいぶん近代化に貢献したと言われています。で，この有機体論と機械論とをわれわれの「社会システム学」ではどう位置づけるかということなのですが。

■サイバネティックスは機械論？

【木嶋】「システム科学」は少なくとも有機体論から出てますよね。で，機械論っていうのは基本的に還元主義なので，そうすると創発主義のシステム論と相容れないような気がするんだけども，「機械論的なシステム論」っていうのはあるんですか？

【今田】サイバネティックスは機械論の立場から有機体論的特性にアプローチしたと言われます。私の感じだとウィーナーのサイバネティックスは機械論であって，機械論が常に有機体論を侵食して，有機体的特性を解明してきたと思っています。最近のヴァレラのオートポイエーシス論も，生物学の理論ですが，有機体論的なアプローチじゃないんですね。彼によればオートポイエーティック・システムはマシーンであるという言い方をする。つまり，これまでシステム科学は有機体論をベースにしていると言ってきたが，そう位置づけるのは必ずしも正しくないことになる。

【木嶋】なるほど。

【今田】システムへのアプローチは論理的でなきゃいけないわけですが，論理的になったらメカニック（機械論的）になるのか，論理とメカニックは同じことなのか，という思いが頭をよぎるのです。このことはどう考えればいいのか。

【木嶋】あの，エンテレキーでしたっけ，生気論。ああいうわけわからん議論，あのうさんくささがあったわけでしょ，有機体論には。だから有機体論が捨てられて，機械論に代わった。確かに説明するために機械論のほうがクリアなんですよね。健全な方向じゃないですか，こうやってとりこんでこうっていうのは。

【今田】ということはね，有機体論っていうのは，単なる言い回し，レトリックにすぎず，実質を厳密に解明していったら，消滅してしまうのでしょうかね。どうですか（笑）。

【中丸】社会を考える上で，生物の恒常維持システムと社会を比較する場合がありますが，比較することで社会の理解が進むかどうかはよくわかりません。確かに似ているのかもしれず，アナロジーとして議論しやすく，理解のための参考になるのかもしれません。生物の恒常維持システムは「遺伝的にプログラムされたもの」ですが，社会は何かのプログラムで規定されているわけではありません。別物として考えてしまった方が，恒常維持システム特有の性質にとらわれなくてすむという点で，社会システム学の議論がすっきりすると思っています。

【鈴木】設計図のある組織は別にして，確かに全体社会レベルでは，社会がきっちりとしたプログラムに規定されているとは言い難い面がある。では，既定のプログラムのない社会を考えるときにはどういうふうにしたらよいのでしょうか？

【中丸】個人の相互作用は，細胞間の相互作用や共同作業と似ているとは思うのですが，細胞の一連の動きは遺伝的にプログラムされていますし，脳からの指令にも影響を受けます。人間社会の場合も似ていると言えば似ています。でも大きな違いは，細胞一個一個は生物一個体を組織するために存在していますが，個人は社会のために存在しているというわけではなく，自分の意思ひとつでどの社会にも所属できますし，隠居生活も可能です。人間である以上，社会生活は必要ですが，社会のために生きているわけではないです。また，人は自ら意思決定できますし，言語を介していろいろな人とコミュニケーションを図り，それを自分なりに理解しています。コミュニケーションや親などからの教育を通じて，社会で生きていくためのルールや規範を学びます。個人の頭の中での意思決定や思考，理解はまちまちですし，同じ社会規範を共有している保証は無いはずですが，それでも同じような規範を共有していて，集団生活を営んでいます。ほぼ同じ規範を共有できているのは，「他者への意図推論」のおかげです。が，細胞にはこれらのことはできないです。その違いを加味する必要があると思います。

【鈴木】伝統的な社会理論でどういう言い方をするかというと，具体例を出せば一番よくわかると思うんですけれども，たとえば群集行動。個人主義的な立場でいくと，合理的に考える人間が集まって，個人がばらばらに判断したらあんな行動は絶対しない，と言うんですよ。ところが，単に「集まって行動する」というだけで，普段なら絶対しないような行動をとってしまう。

たとえば，祭りのときの集団的沸騰やデモのときの騒乱。私は四国の瀬戸内沿岸の出身なんだけれども，私の郷里の祭り，何年かに一度死者が出るほどのけんか祭りで有名な所なんです。最後の日の宮参りで，夕闇迫る中，境内の満杯の見物人の中で，集まった豪華絢爛な太鼓台同士がいつしかぶつかり合いの凄まじいけんかを始める。警察も必死に規制しようとするんだけど，もう止まらない。ただもう遠くから見てるだけ。なんでそうなるか，個々人の視点から考えても説明がつかない。なんの利益もないし，下手すると太鼓台に一千万円を超えるような莫大な損害も出るしね。普段いがみあってるわけでもない。一人ひとりが冷静に判断すればありえない。でも，集まってるうちにいつしかそうなってしまう。こういう集合行動や集合意識，それがどこから来るんだっていうのが一番大きな問題だったんですね。で，社会には個々人のレベルとは違う，「生命みたいなもの」がある。祭りのけんかなんか，そういうものが目に見える形で表にあらわれたものだって。こういう説明の仕方をしてきたわけです。方法論的集合主義って呼びますけれども。

【木嶋】その説明って，エンテレキーじゃないんですか。

【中丸】その「生命みたいなもの」を私なりに解釈すると，「他者への意図推論をする能力」が人に備わっているからこそ，そのような現象が見られると考えています。つまり，「この人はこう考えている」と推論して，かつ「相手もある程度は自分の推論を推測しているのではないか」とも自動的に考えているということです。これは人間の言語の特徴である，再帰性（recursive）というか入れ子構造と関係しているのですが。その結果，先生のおっしゃる「生命みたいなもの」になるのではないかと考えております。

【鈴木】ああ，そういう能力ね。

【中丸】他者への意図推論能力があるので，周囲の状況を見ながら自分の行動を変えていきます。ただ，生物一般でも周囲の状況（環境）を見ながら行動を変えるので，人間特有の能力によってどの程度，特殊性が生じているのかを検討する必要がありますが。

【鈴木】そちらは方法論的個人主義からのアプローチ，あくまで個人にこだわるね。うーん，周囲の状況，たとえば人数に応じて判断を変えるとかねえ…。でも祭りの群集ってすごい人数だし，みんな相手の考えを推測する以前に，興奮しまくって他人のことどころか自分も見失ってるけど。もちろん僕もそうだった（笑）。ん，あえて言うなら，「感染」と考えれば中丸さんに近くなるかなあ。

【永田】私風に言わせていただければ通常使用されてる理がキャンセルされちゃってる状態ですね。つまりケでなくハレである。だから合理的にふるまえない。

【今田】有機体論との関連で言うと，社会システム論，特に自己組織性を理論化するときに考えたことですが,「部分の中に全体が入る」のですよ。中丸さん,今,外の世界のイメージをもってるって言われましたが,ということは人は他者についてのイメージを「自分の中に」もっているわけです。それと同じように,個々の行為者は社会的な相互作用をするとき,すでに頭の中に本人の「内部イメージ」として社会をもっているわけで,結構これに反応するのです。そして,他者と具体的に相互作用しながら自らの社会イメージを組み替えていく。

【木嶋】その考えは「内部モデル原理」と親和性がある。

【今田】進化論で個体発生がありますが,種の進化としての系統発生が,個体発生の中に入ってて,個体発生の過程で系統発生（種の進化）に対して反応する。だから,社会システムの規範や役割など,社会構造の原理に対して,個別の個体が反応して加工していると考えてよいのです。個別の個体がそれを試みただけでは種（社会）は変わらないけれども,多くの個体が同じように反応するようになると,種の進化が起きる。種の進化は突如起きることなどありえないから,やはり各個体が変わっていくその蓄積で種が変わっていく。人間社会でも,個々人の頭の中に社会があって,これにいつも各人が反応して,変形したり加工したりしている。

【鈴木】そうね。

【今田】で,他者と相互作用しながら,内部イメージとしての社会をちょっと変えてみたりする。また,これに倣って別の人も自分がもっている内部イメージをちょっと変えてみたりする。こうしたシナジーが連続的に発生するようになると,内部イメージの変化がもたらされる。そうなると既存の法律や社会規範と合わなくなって,裁判官が判例を新たに作ったりするわけです。「猥褻」のイメージも昔と比べればずいぶん変わりましたよね。法律を変えなくてこれだけ公序良俗の規範が変わるのですからね。ことほどさように,見方によっては規範はとても可塑的なのです。一年二年のスパンで見ると変わらないけれども,世紀単位のスパンで見るとかなり可塑的です。だから,可塑性はとても重要なのです。規則や規範に対する可塑性を人間は備えているのが普通です。それが有機体だっていいたいわけ。

【鈴木】なるほどね。それはどちらかいうと,方法論的個人主義の立場からするウェーバーの説明の仕方に近いね。「正当的秩序の妥当根拠」とか,それにからんだ「正当性信念」とかと。正当だと認められた規範がなぜ存在するか。基本的にウェーバーは，ひとつには「皆がそれぞれの頭の中でそれを正当だとイメージするからだ」というわけ。もう一方で，それを外的に保証する強制装置もウェーバーは考えてるけど。違反者を罰するための軍隊や警察などの強制権力や，違反者をみんなで仲間外れにするなどの。で，この「皆が正当だと認めるもの」も，時代の変遷と人びとの意識の変化にともなって変わって行くのね。その変化のプロセスが，今田さんの言うように，生物の系統発生と個体発生のからみで説明できるかどうかは別としても。

【木村】なるほど，これは非常にロジカルで，すっきりしてますね。

【木嶋】今の今田さんの話はわかりましたが，それ有機体とどういうふうにつながってるんですか。

【今田】システムが可塑的であるということ。

【木嶋】はあはあ。それを有機体説っていうんですか？

【今田】それを有機体説としないと，有機体論がすべて機械論に置き換わることになりかねない。

【鈴木】うーん，今田さんのここの文脈で言えば，なんか系統発生的な，進化論的に形成された意味がね，原型みたいなのがあるのかな。われわれ全部共通してもっててね，で，それを少しずつみんなが反応しながら変えていってる，そういうイメージなんかな。

【今田】よく言われるではないですか，個体発生は系統発生を繰り返すと。繰り返すということは，「個体発生の中に」「系統発生の歴史が」入ってることです。

【木村】それが有機体説の核心であると。

たとえば細胞の中に，いわゆる全身というか，一個体のイメージが細胞の一個のDNAの中に入ってる。さらに，世界のイメージをそれぞれがくりこんでいる，情報の階層が違うだけで。

【今田】部分と全体の入れ子状態です。最近機械論的にもできるようになっています，バイオホロニクスで。平面の中に立体を入れている。平面から立体映像が飛び出してきますよね。これもひょっとしたら機械論で処理できるかもしれないのですが。実際，バイオホロニクスといっても情報機械でできているわけです。前にも言いましたが最大の問題は自分で自分をコピーできるかです。機械は，今のところできない。自分で自分を再生産できるかどうか，機械はこれができない。進化も無理。

【中丸】今の科学水準では。

【今田】たとえば，自身をコピーする際に，コピーミスが積み重なって，そのミスが思わぬメリットを生み出すことがわかったら自身に取り入れられて保存する，ということを機械自身がやれるでしょうか。自動車は自分が古くなって性能が落ちたから，自力で新しい自動車に組み換えることができるでしょうか。それは無理というもので，外から部品などを補給しなければならない。ということで，内部モデルや内部イメージに反応して，変化を遂げていくというときには，有機体論的な発想が入り込んでいる。

【木嶋】なるほど。でも機械だって，メタレベルでシステム入れとけば，自分をコピーできるんじゃないですか？　簡単に言えば。

【今田】チューリング・マシーンは自己複製の可能性を証明していますね。

【木嶋】そう。自分を見てるモデルね。

【黒石】でもそれではまたぞろ，メタの内部では自己複製していないんで，さらにメタ，さらにメタ・メタ…，と屋上屋を架けることになる。

【今田】そういうのはもう，機械論っていわないのではない？　それにチューリング・マシーンは具体的な機械ではなくて，論理機械でしかないし。

【木嶋】ああ，言わない？

【中井】有機体化した機械ですかね。

【木村】隣がどういう状態か，どういう気分でいるかを検出して，自分の行動をコントロールするのは，生命の特徴ではないでしょうか。それが進化すると心のモデルになると思うんですけど。石ころとかなら，隣が何であれ自分の論理でごーっと行ってしまうでしょう。しかし有機体の場合は，隣についてのモデルを取り込んでいる。たとえ間違っていようが何であろうが局所と全体のモデルを取り込んで，それで行動を決定する。これができるかどうかで，機械と有機体のボーダーが変わってくるように思います。ロボットでもたぶん，隣のロボットを意識しながら動くロボットってのはできると思うんですけど，そういう点では有機体的ですよね。科学技術も今そこへ近づいていっているのかもしれませんね。

【黒石】鼎談では，ポスト構造主義の文脈で「もとの基本的な関係が周囲との作用で可塑的にどんどん変わっていく」ような「ロバストな構造」について議論しました。それが「生命的」であることも。石ころなら，機械論的で変わっていかないから「リジッドな構造」になりますね。カオス・アトラクタはロバストな構造の例ですが，アトラクタにも「部分の中に全体が」「入れ子のように」組み込まれてます。

【鈴木】でも，決定論的カオスでは，アトラクタが機械論的方程式から決定論的に出てくるんやで（笑）。

【黒石】それは，ゆらぎがない無菌室での話です（笑）。ゆらぎがあれば「初期値鋭敏性」でどんどん変わってゆく。デジタル計算機は無限の桁数を処理できないから，どこかで端数を切り落としているんです。この切り落としが結果的にゆらぎを排除し，機械論的に再現可能になるだけです。でもアナログ計算機では方程式の解を再現できません。不規則なゆらぎが結果を大きく変えてしまうからです。

【鈴木】そういうことか。

【黒石】でもこれはもう，機械論と有機体論が無限に入れ子になっているということじゃないかな。中井さんのいう，有機体化した機械。

【中井】しかも，機械化した有機体（笑）。

【永田】機械も有機体も，パイこね変換みたいに入れ子になっちゃってる。この二項対立ももう無意味だ。

【黒石】垂直的「メタ化」ではなく水平的「入れ子化」。これがキーワードかもしれませんね。

個人主義と全体論

【今田】有機体論か機械論という話でもずいぶん出てきたのですが，次に第二の論点で，「個人主義か全体論か」という点について議論したいと思います。

■エージェントとはなにか／エージェントは個人主義？

【今田】最近の流れはやはり「個人主義」なんですかね。「個人主義」というと昔のイメージになってしまうから，それを避けるために「エージェントベース」と呼んでいる気がしなくもない。個人主義とエージェントベース主義と，方法的にどう違うのですかね。

【木村】簡単に言うとそのエージェントっていうのは，僕らが個人とか人と言ってるのとどう違っていて，どういう使われ方をするのですか？

【今田】ふつうわれわれ日本人が，日常的に「エージェント」というときに想定しているのは代理店，たとえば旅行代理店ですよね。

【黒石】広告代理店もエージェンシーです（笑）。で僕は昔，広告代理店のエージェントだった（笑）。って，ただの社員だったってことですけど。

【鈴木】それって最近の経済学，とくに金融論なんかで使う「代理店」って意味でのエージェントの意味に近いね。「エージェンシー理論」ってあるんですよ。銀行はプリンシパルつまり資金の貸し手，企業はエージェントつまりその資金を使って代理で実際の事業を行う借り手ね。そこでは「情報の非対称性」が問題になる，つまり事業の実情については当事者の企業の方が圧倒的によく知ってる，だから銀行の目を盗んで誤魔化そうとする誘惑が企業に働くって。不良債権なんかでよく問題になった。

【今田】エージェントにはそのような意味もあるが，イギリスの社会学者，特にアンソニー・ギデンズはこの概念を頻繁に使っています。イギリスの社会学者はアクションよりもエージェンシーという言葉のほうが好きらしい。で，聞いてみたのです，「アクションとエージェンシーとどう違うのか」と。アクションというのは単発の行為をあらわすのに対しエージェンシーは，「行為の束」ということなのだそうです。一つひとつばらばらの行為ではなくてひとまとまりになった行為をあらわし，このエージェンシーをおこなう主体がエージェントだそうです。

つまり，エージェンシーとは，単発の行為を意味するのではなくて，当該のエージェントがもっている目的や価値観や信念などにもとづいておこなっている行為の総体のことらしい。それで，この概念を翻訳するときに，悩みぬいた末に「行為主体」と訳すのが一番近いということで，この訳を採用しました。「アクター」は20世紀には「行為者」と訳されましたが，現在は個々の行為者をエージェントとして扱うようになった。ひとりの人間は，親であり，夫であり，職業人であり，先輩であり等々，「役割の束」を持って活動している。こうした側面を包括的に考慮して行為を捉えるという発想からエージェントという概念が登場してきたと考えられる。人を個々の単発の行為をおこなう存在としてみるのではなく，トータルに見ようとする意図がそこには透けて見えます。

【木村】そういうエージェント概念はコンピュータ・シミュレーションと親和性があるわけですね。

【今田】そうです。

【中井】行為者っていうのは個人でもいいし，国でもいいし，それから組織でも企業でもいいわけですが，目的をもった自立的な行為主体のことをエージェントと考えています。

コンピュータ・シミュレーションをする時，エージェントを定義しますが，頭のいいエージェントはとても構成できないので，ごく簡単なルールだけを書き込みます。その時に感じるのは，このエージェントは一見自立的で確かに自分の手を離れてるんだけど，所詮，神の位置にいる私の手のひらの上で動いているに過ぎないと（笑）。

【今田】お釈迦さんの手のひらの中で意気揚々と飛んでいる孫悟空ですか？

【中井】そこで不安になります。主意主義というか，個人の意思はどこにあるんだと。

【鈴木】銀行のエージェンシー理論の場合はむしろ逆に，エージェントの方が手のひらを超えて勝手な動きをすることが問題になってくるんやけどね。

【黒石】結局，エージェントのコントロール変数を決めている「私」が独裁的制御者なんじゃないかと思うんですが。

【中井】そうです。で，これを私の手の平から離れたモデルにするには，今のところ，突然変異ぐらいしか思い浮かびません。ところが，内発する「生きる意思」のような深みのある話が，コンピュータでは「確率変数」で置き換えられてしまって，とてもみすぼらしいものに縮小されてしまいます。

【永田】それ，とても大事なことだと思います。私もずっとそのことが気になっているんですね。さっきの「悩むシステム」じゃないですけど，こうしてあらためて聞いてみるとシミュレーションの中の個人もやっぱり悩んでないんですよね。単純なルールや確率で動いているコマにすぎない。モデルの目的によってはそれでいっこうかまわないんですけど，社会の説明やら予測としては難しい。

ほんとは悩むと思うんですよ。複機能要件を両立する一般的な方法はないから。だからエージェントが役割の束を統合するとき，たとえば親としての役割と仕事上の役割が葛藤するなんてのはザラで，そうした葛藤が少子化やらマクロな変数に影響している。あるいは育休制度とかの新たな制度の創設へとつながる。だから，悩みこそがむしろ社会の創発性の源なのかもしれない。と考えると，悩める主体モデルを作らないといけない。

【木村】あるいは，そもそもルールや役割自体をリセットしてしまう「笑い」もあるわけやから，それを組み込んだモデルもね。

【今田】シミュレーションでは多くの場合，突然変異を確率論的に入れますよね。これは外部観察者的な視点ですよね。システムが臨界状態に至ったとき，ある確率で突然変異が引き起こされることを「外部観察者的視点で設定しておく」のではなくて，環境がある閾値に達したときにシステムが「内発的に突然変異を起こす」というようにモデル化できないのですかね。変異率が何％になるかもシステム内で決まるとか。

【木村】それはおもしろいですね。

【鈴木】なんか，パー・バックの「自己組織的臨界状態」仮説を連想させますね。あれは，多数の要素が相互作用をもつ系についてのものだけれども。たとえば，砂山の上に少しずつ砂を落とし続ければやがて雪崩を起こしますね。その跡にさらに落とし続けると山がまた積み上がってまた雪崩を起こします。この蓄積と雪崩の繰り返しの中で，山の高さと傾きはほぼ一定に保たれます。この一定の状態を「臨界状態」と呼ぶのですが，それより少ない「亜臨界状態」では蓄積が進み，臨界状態をオーバーして「超臨界状態」になると雪崩が起こって，絶えず「臨界状態」に戻るという現象が見られます。このようにシステムが自分自身で臨界状態になることを，バックは「自己組織的臨界状態」と呼んだのですが，それを想起させます。ただ，面白いのは，小さな雪崩は頻繁に起こり大きな雪崩はたまにしか起こらず，しかも雪崩の頻度と大きさの間に「べき乗分布」の関係が見られるということです。内発的な突然変異という今田さんのアイデアを，この雪崩に近似して考えてやることはできないですかね。同じような現象は，株式市場の株価変動の頻度と大きさの間などでも見られるのですが。

【木嶋】遺伝的アルゴリズムではそうではないでしょうか。たとえば fitness function という概念をいれて，fitness に応じて生き残りの確率を振るわけですよ。だから，外側から確率を作っているようには単純には見えないじゃないですか。

＊　＊　＊

【中丸】今田先生のアイデアはとても面白いと思います。研究方法のひとつとして，エージェントベース・シミュレーションでそのような仮定を入れて，シミュレーションのアウトプットを確かめてみる。すると現実をうまく説明できるかもしれません。ただ，この仮定の妥当性を実証データで裏付けできれば，もっと説得力が増すとは思います。「ある程度になったら文化・社会的な突然変異が生じる」という仮定そのものを入れるのか，それともこの仮定の背景にある別の何かを仮定としていれた方が良い場合もありますので，エージェントベース・シミュレーションのモデルの仮定を考える時は，慎重になる必要があります。

【木嶋】それはシミュレーションの意味に関係していて，別にシミュレーションしてるのは現実を再現しようとしているのではなくて，いろんなシナリオを書くことが目的だから，ある意味，パラメータの正確な値がわからなくてもよくて，こうだったらこうだ，という「ホワット・イフ」のシナリオを識別していって，あるシナリオは絶対に起こらないということがわかればシミュレーションとして意味があると思います。現実世界を記述する，再現することが必ずしも目的ではないと考えています。

【木村】文化遺伝子のようなものについて考えてみると，あるいは発想といってもいいし，考え方といってもいいのですが，歴史を見ればルネッサンスもそうですし，ある時期にぶわーっと花開きますよね。その一方で，現代芸術なんかの歴史を見ても，だんだんある時期から斬新なものが出なくなってしまう。変異の確率とかそれをピックアップするセンスとか，それを選択していくまわりのネットワークのダイナミックスが違うのかわからないけど，歴史的に見ると芸術運動でもなんでも，うわーっといろんなのが出る時期と，ルーチン化して定型化していく時期というのがあって，あれをどこで説明できるのか。

【今田】それに近い話として，トーマス・クーンの科学革命の話があります。あるときパラダイム革命が起きて，その後それが一般化して通常科学になる過程を経ていくという説です。しかし，しばらくするとその革命的なパラダイムにも行き詰まりが発生する。つまり，それではうまく説明できない状態が続いて，パラダイム不信のポテンシャルが溜まると，あるときこの状況を一気に突破するパラダイムがあらわれるということです。

【木村】その一気にどんと変わるときの内発的なエネルギーってのは，なかなか科学で捉えにくい。どんづまりになるというのはコンピュータでシミュレーションできそうですね。たくさんあるし。

【木嶋】あれは，科学者の集団の中で多数派を占めれば，正しいか正しくないか関係なく，ノーマルサイエンスになるわけじゃないですか。

■サイバネティックスは全体論？

【今田】個人主義的アプローチか，それとも全体論的アプローチかという問題ですが，特に工学的な発想でいくとどのように考えられますか。

【木嶋】まあそれはさっきも言ったように，シミュレーションは，下からくる，それぞれの個性と行動ルールを設定しておいて相互作用を利用して全体が生まれてくると考えますよね。だけど，サイバネティックスっていうのは上からきてるのかしら。

【今田】サイバネティックスでは，なんらかの形でコントロールが働いているということは，「個を超えてる」わけですよね。

【木嶋】そうですね。

【黒石】それは，全体論的，ってこと？

【今田】要素を超えた何かが，自分に対して，指令を与えるなり働きかけをしている。で，それが自分と同レベルの個としての他者ではないということになると，自分を超えた何かがあることになるので，これを「全体性」と命名してもよいのではないか。サイバネティックスは機械に応用されていて，サーモスタットのように制御器で自動的に温度調節をやっている。こうした制御は社会学，特に社会科学ではあまり明確ではないし，そうした理論化はあまりやらない。しかし，社会化と社会統制（social control）というテーマはあります。また，政治学者のカール・ドイッチュのように『サイバネティックスの政治理論』でフィードバック作用を用いた政府の制御機構を定式化する試みもあります。

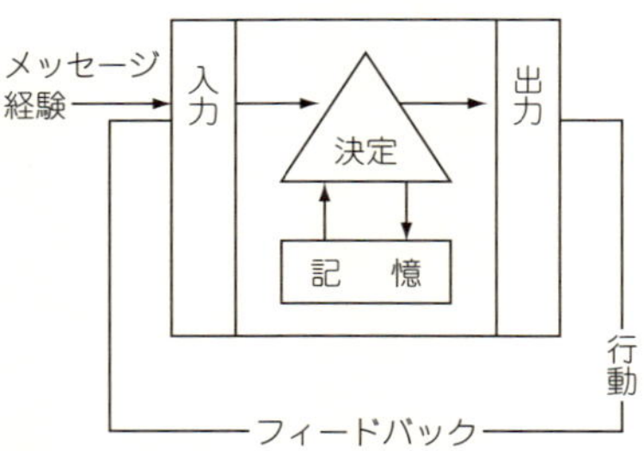

▶ドイッチュのコミュニケーション・フロー

【鈴木】社会化と社会統制と言えばパーソンズ社会学のテーマやな？

【今田】ええ，ただ社会システム論を定式化する際に，コントロール・センターを設定して，これから指令を出して，その結果をフィードバックして目標達成度を評価し，再び成果を高めるために指令を出すといったサイバネティック・モデルが隆盛をみたのは，1960年代のソビエト社会くらいです。自由主義社会では，特にサイバネティックスを意識してなされたわけではありませんが，市場に政策的に介入して経済活動を制御するというケインズ主義のアプローチがありました。というような事情があるわけですが，いずれにせよ制御が働くということは管理されているという印象につながるわけです。そこで社会学では，コントロール・センターを明示化せずに，これと等価な機能を果たす言明を用いたわけです。つまり，システムが維持されるために満たされなければいけない要件，「機能要件」という発想を採用した。社会システムが存続するために充足されなければならない目的としての「機能要件」を仮設したのです。

【黒石】理論社会学の中で機能主義的社会システム論がメインパラダイムにいちばん近づいた，1960-70年ころのことでしたね。

【今田】いわゆる，AGIL（Adaptation, Goal-Attainment, Integration, Latency）というパーソンズの四機能パラダイムです。社会システムは環境適応をおこない，目標達成を有効に確保し，人々の統合をはかって社会連帯を保持し，人格形成のための社会化と緊張処理を有効に果たさなければならないとした。この「機能要件の充足」という論理は目的論でもあるわけですが，この目的を達成するために，社会が個別主体に対して働きかけ（＝コントロール）をおこなうことになる。ですからコントロール・センターという実体はないのだけれど，実質的にはこれに相当する機能を担う作用が前提になるわけです。これは有機体論的特徴のひとつですがね。

【木嶋】目的論と呼ばれるものですね。

【木村】それほど目的的でなくても，たとえば会議で僕みたいに素っ頓狂なことを言うと，統制を感じるんやけど（笑)。ここに作用しているのは，トップによって制御されるのでない，ある意味で水平的な「ネットワーク圧力」みたいなもの。僕らはそれを権力に投射して，あいつけしからんとかなんとか言って騒いでいたのですが。漱石は『草枕』の出だしで，世間というのはそういういわば水平的に作用する権力的な，統制的な体質をもっているということを気づいて，ああいうことを書いたんだと思います。ちょっと文学のほうにひっぱりすぎましたけど。

両方の水準があるような気がしますね。

■ホッブズの秩序問題：ミクロ個人によるアプローチ

【今田】以上のように，個人主義的アプローチを採用するかそれとも全体論的アプローチを採用するかという問題，それに関連してミクロ・マクロ問題というのがあります。永田さん流に言えば，そのようなことは昔から個人主義的な方法でやれるということでしょうか。

【永田】そうですね。ギリギリまでやってみたいですね。ただの個人の集りが，社会にどうやって成り上がっていくのか。要するに〈ホッブズの秩序問題〉ですよね。[2] 個人がただ集まる。ひょっとしたら単純な行動原理なのかもしれない，でもその人たちが集まって相互作用をすると，社会らしきものができてて，社会らしきものができることによってまた，その個人が変わってくる，さっき鈴木先生がおっしゃったようにね。で，それがまた社会の流れを変えていく。手法はどうあれ，そういうその流れを生み出すメカニズムが知りたいし，かなり個人ベースのモデルでいけると思います。

【今田】エージェントベースのアプローチや複雑系のアプローチでは，個別主体や要素を前提にしているのだけれど，ある特定の仮定をおいてその通りに挙動するような行動原則は要請しません。だから，数理的に式を立てて，要素や個別の主体がある特定の振舞いをおこない，こうした要素や主体が多数集まればどうなるか，というふうに問題設定するのではなく，要素や主体にできるだけ少ない行動原則を与えておいて，人工社会に投げ込み，エージェント同士の自律的な相互作用をおこなわせるのです。そして何らかの帰結がもたらされるわけですが，これを何度も何度も繰り返しおこなう。そうすることでいつも変わらぬ帰結が出てきた場合，それは意味ある〈システム特性〉となる。だからこの点で，従来永田さんらが言ってきた個人主義的なアプローチと親和的になれるし，共存も可能だと思う。

【永田】ええ，私は，個体においている仮定が違うだけのような気がするんですけど。蚊の群れのようにね，隣の蚊と距離を適度にあけるという行動仮定を与えて，後はじゃあ好きにやんなさいといって動かした結果が「蚊柱」なんですよね。従来の個人主義的モデルもある意味同じですね。一人ひとりに合理性仮定を与えて，後はそれにしたがって動いてくださいと。その結果互酬性らしきもの見えたり，勝利提携ができたりとかいうことになるわけですよね。ですからロジックとしては非常によく似ていると思うんです。

【今田】いやいや，そういうことを言いたかったのではなくて，合理性の仮定はさまざまに設定できるわけです。しかし，いろんなタイプの個人の合理性を前提にして式を立てても解けないんだよね，ほとんどの場合。物理学の三体問題にあるように，3つの物体が独自に動き出したら，運動方程式は解けないわけです。

【永田】まあモデルの作り方にもよると思いますが。シミュレーション使ったほうが利口なことは確かですよね。

【今田】だから，シミュレーションの方向への流れが起きた。こうした状況の下では，もはや誰も方法論的個人主義と言わなくなった。

【永田】そこがよくわかんないですね。数理的には解があるかどうかもわからない。また解があっても解けるかどうかわかりませんから，シミュレーションをやれば近似的に近づいていけて便利だ。で，だから複雑な計算にはシミュレーションを使うと。でもシミュレーションを使ったとたんに，「個人主義ではなくなった」ということになるんだろうか。

【黒石】というか，方法論的個人主義でやる場合には，個人に与えた一番最初の初期条件ね，それだけでいくと思うんですよ。ところが，方法論的集合主義の場合には，個人に与えた初期条件だけでは，いろんなことが起りすぎてしまうので，個人に与えた条件のほかに，何か別の要因を入れてやるんですね。社会的集合体の全体の中に。そうするとそこを中心に集まり始めるとか，…。

【永田】はい，最初の一蹴り。

【黒石】それが「ゆらぎ」になってそれを中心に集り始めるとか，複雑化し始めたりする。

【今田】というのもあるし，学習する確率を入れて，何人かと遭ってるうちに，その人の基準をある程度採用するとか，そういう状況を想定する。

【黒石】それが，「集合」を前提にしないと与えられないような条件なんですよね。

【今田】そう。

【黒石】そういう場合には「方法論的個人主義」とはいえなくなってくる。

【永田】従来の個人主義でも集合的前提を密輸入せざるを得なかった。ただ，なるべくそれを軽くして，なるべくどんな状況にも通用するようなものを作ろうっていうのが，いわゆるオーソドックスな個人主義的理論ですよね。だけど，最近の流れは確かに変わっていて，たとえば進化ゲーム論とか，条件を非常に限定して，この条件だとこうなるよ，この条件だとこうなるよ，でもそうやって微細にその条件をたてててやって，その結果を出していく，その知識を積み上げる。たしかに「中範囲の理論」としては妥当だと思うんですけれど，この蓄積を続けていくとどうなるんだろうかと。

【今田】陳腐凡庸な試みも含めて，試みが山ほどあって，そのうちのひとつかふたつ程度，「ああなるほどね」っていう優れた成果が出るのが学問というものでしょう。

【永田】私が疑問に思うのは，学問の知的プログラムの立て方としてどうなのかということです。人間が「わかった」っていうことは，やっぱり基本の枠組みに照らして何か“納得できた”とき，ですよね。ヒトは「納得するシステム」ですから（笑)。で，あまりにも説明された事象が複雑すぎると，私たちは，ああわかった，なるほど，っていうふうに思えない。複雑なものを複雑なまま提示しただけでは人に伝わらない。「この条件でこの確率で回したらこうなります」っていう集積だけではなく，それらを包括的に説明できる理論とか，具体的なメカニズムとかが必要だと思う。学問はもともと知識の縮約ですから，“so what” が大事で，そこに新しいリアリティとか学問の枠組みとかがかかわってくると思うんです。

ただ，だからといって従来の枠組みでよいかというと，そうは思わない。個人主義でイメージされやすいのはいわゆる合理的選択理論だと思いますが，これは非常に無茶ですよね。論理的に可能なすべての社会状態を知っていて，しかもそれらがすべて比較可能で，推移的で。一人ひとりそのように評価していないと社会は何も選択できない。ほとんど全智の神様みたいな個人が寄り集まって社会を作っているというイメージですね。で，神様がたくさんいるので，不可能性定理ばかりになってしまう。しかもどうして，どんな理由で，ありとあらゆる社会状態を評価しているのかさっぱりわからない。良心の自由という名のもとに，選好は無制約であるべしという仮定がおかれることが多いので，追体験や理解が不能な個人像なんですね。あるいは，そうでなければただひたすら財が多いと嬉しいという観点からのみ社会を見る個人が仮定される。いずれにせよさっぱり共感できない。でも，そのことは今までの仮定が不適切だっただけで，個人の内部にさまざまな社会像を埋め込み，人々の相互作用から社会を記述したり，法則性を導いたりするという，いわゆる個人主義に問題があるかどうかはまだ何ともいえないと思うのです。

【今田】結論的にいうと，機械論か有機体論かとか，個人主義か全体論かにこだわっている場合ではなく，できるだけ単純な形で社会の仕組みがわかるような方向をめざすべきでしょう。個人レベルと社会レベルでは違いがあり，社会に創発特性を確認することは大切です。ただ，このような「創発特性があります」というだけでは納得してもらえない。個々人の相互作用の中から，それがどのように生まれてくるのかを，できるだけわかりやすく，込み入った形でなく示せるような議論が不可欠です。社会システム学はそこをめざすのです。

【永田】ええ。新しいリアリティつきで。で，そのリアリティは従来の区別を安易に前提にしないというのが第一歩ですね。おっしゃるように機械／有機体の区別も，個人／全体も，ついでにウチ／ソトやシステム／環境も，公／私も，自分と他人の区別だって，脱構築しちゃっていいんじゃないかと（笑）。

いままでの個人主義モデル，とくに合理的選択理論は近代経済学から出発していることもあって，自由主義や市場主義とはきわめて親和的だった。選好の無制約性は，隣は何を考える人かわからないし，そもそも個人的領域なので容喙すべきことではないという考え方と親和的ですし，利益追求は当然市場と仲がいい。けれど今どちらも大変に問題視されている。もうそういうリアリティで社会を見たくないし，見てもいいこと何もないし，最初から自分たちはそんな風に生きてない，という気分が蔓延しているように思うんですね。ちょっとおおげさにいえば，そういう気分に応える義務が社会科学にはあると思う。だから，たとえば「個人」を「エージェント」と呼び変えるのは，それだけで意味があるのかもしれない。人間は「個」なんかじゃない，社会的な存在なんだ，という宣言ですね。

そういう意味では，方法論的にはいままでの個人主義理論とそう変わらなくても，新しいリアリティは提出できる。私もそういう方向でやりたいと思っています。

＊　＊　＊

【黒石】今田さんはさっき，「エージェントベースや複雑系のアプローチは個別主体や要素を前提にしている」とおっしゃって，それは正しいのですが，今日の「進化ゲーム論」の方を見ると，こちらは実は個体を前提にしていないんですね。これも「個人か集団か」を論ずるときに見逃せないポイントだと思うんです。実際にゲームに参加して振舞う主体は個体なんだけれども，誰にとっての適応度（fitness）の最大化なのかというと，実は，個体よりも遺伝子ですよね。ドーキンスのモデルに典型的なように。だから個体が存在として本質的なのではなくて，本質的なのは遺伝子だ。遺伝子は「個体の中にも」あるけれど，しかし「個体と個体の間に」あるといってもいいものだ。で，さっきから僕がフッサールなんかとの接点をちらちら探っているのは，ここなんです。まさに彼の言ってるところの「間主観性」ですね。彼は「独我論」で個人の内的世界をとことん掘り下げましたが，最後の最後に，なぜ複数の人間の間に了解が成り立つのかということに答えられなくなったもんだから，結局「間主観性」仮説をたてて，「主観と主観の間に」そういうものがなければ相互理解が（つまり社会学者にとっての「社会」が）成り立たないんだということになった。人文学のほうでもそういうものを考えるにいたっている。一方，ゲーム理論の方でも，個体と個体の間に「間個体性」なるものを，つまり遺伝子を，想定せざるをえなくなって，結局同じような結論に至ってるんです。

ただこの「間主観性」は，現象学の内部では，思弁的仮説にとどまって決して証明できないものです。それでさんざん批判されるのですが，これは現象学の方法論的宿命だと思います。でも考えてみると，メンデル遺伝学でいう「遺伝子」も，それが決定的に重要な概念であるにもかかわらず，遺伝学の内部では思弁的な「仮説構成体」でしかありえなかったんです。その実在を証明したのは遺伝学の外で，つまり分子生物学だった。数学的遺伝学では決して遺伝子の実在を証明できなかったでしょう。学問にはそれぞれに守備範囲があるわけだけれど，それらの間の関係をアレンジするような役回りが必要なのかもしれませんね。

【永田】黒石さんのご指摘は大変重要で，だけど難しい問題ですよね。哲学はそれで行き詰ってしまったし，社会学もそうかもしれない。社会には意味が不可欠だけど，意味が通じているのか，どうやって通じているのか，実はわからない。だから，通じていることにするか，通じているかどうかはどうでもよいところだけに照準するかしかない。エスノメソドロジーみたいにそれ自体を研究対象にするとなると，記述しかできない。これはこういう理由でこういうふうに了解されたんですね，と研究者が説明してしまったら，それは研究者の主観的な意味世界の記述になってしまって，対象たる人々がそのように了解しているという証明にはならないから。言語ゲーム論も記述ですよね。厳密に客観性や科学性を重視すると記述しかできなくなる。けれどそれでは科学としての認識利得がなくなる。現実をもう一度記述し直すことそのものも厳密に言えば不可能ですし，それこそ意味がない。ここは多くの人が格闘していると思いますので，適切な仮説構成体があるとたしかにありがたい。ただ，あえて言えばとくに実在が証明されなくてもいいのではないかと思います。「点」は定義上面積がないので実在はしないけれど，それがないと幾何学は成り立たない。同じように間主観性がないと理論が成り立たないなら，定義を明確にしたうえで使えばいいと思うんです。

創発特性

【今田】では次に「創発特性」について議論してみたいと思います。実はすでにだいぶ踏み込んでいますが。

【中丸】エージェントベース・シミュレーションはどんな仮定でも組み込む事ができるという強みもありますが，そのせいで「何でも言えるから，意味ない」と思われてしまうこともあります。モデル仮定を構築する時に，かなり慎重になる必要があると思います。そのうえで，どのようなエージェントをモデルに組み込むのかというのはとても大きな問題です。

【今田】そう，エージェントベースのシミュレーションで，エージェントに相互作用をさせ，その過程からエージェントに還元できないマクロな特性が創発して，これが今度は個々のエージェントに影響を与えるという，ミクロ－マクロ・ループが形成されるわけです。

【木嶋】ひとつだけ。創発特性を見るためには，つまりシステムとして生まれてきた性質を見るためには，要するに「部分では説明できない性質」だから，部分と全体の両方を区別しなくちゃいけない。しかしほんとにそれができるかはまた別問題でしょう。言いたいことは，厳密な創発特性の説明の仕方と，ゆるい創発特性の説明の仕方っていうのがあるらしくて，厳密な説明ってのは，全体は部分の総和では書けない，デルタっていう差があるんだという。だけどほんとにデルタを計れるかっていうと，要するに部分を見ようとしたら，全体の影響が入ってるわけだし，あるいは全体を見ようとしたら部分は切り離せないので，ほんとに厳密な意味での，強い意味でのデルタって，そんなの計れるかっていう話。そこで，時間の概念を入れて，部分の性質の変化が遅い場合は，その部分と性質の差の違いが見られるんだけれども，時間が速いレベルで動いてるときには，真の意味での創発特性は見られないんじゃないか。

【今田】でも，規範や法律は個人に分解できないでしょ。規範は遂行的に自発的に形成されるのですよね。道徳もそうだし。これらは創発特性でしょう。

【木嶋】道徳の，どの部分が創発なのでしょうか？

【今田】個人に還元できないから。規範や法をいくら還元していったって，個人には到達しない。個人をいくら分析してみても，たとえば木嶋さんの中に規範や法律はない。

【木嶋】その場合要素っていうのは何なんですか。

【今田】個人。

【木嶋】それで，全体っていうのは，法律，体系。

【今田】というだけではしょうがないのですが，全体性をあらわす特性であることは確かです。そういう創発特性を生み出していく過程を特定できなければ，全体性を云々してもしょうがないわけですが。

＊　＊　＊

【今田】ネットワーク論で今井賢一さんと金子郁容さんが書いた『ネットワーク組織論』にミクロ‐マクロ・ループの話があって，コンビニエンス・ストアのPOSシステムの話が取り上げられています。たとえば，セブンイレブンは全国に１万数千件の店舗がありますが，これらの店舗はPOS（Point of Sales：販売時点管理）システムのネットワークを形成している。バーコードで読み取られた商品はリアルタイムで中央で集計される。つまり，いつ，どの店舗で，何が，どれだけ売れているかのデータがリアルタイムで集計されてわかるわけです。こうしたデータをもとにして在庫管理や商品の品出しの方法を指定する。これはミクロ（各店舗）からでてきたデータを吸い上げてマクロのデータに変換し，これをもとに仕入や在庫管理を全体としておこなうわけで，こうしたミ

クロ - マクロ・ループが形成されている。このようなネットワークは制御システムだと思うのですが，しかしミクロの動きを反映して，マクロの動きとしての仕入れを変えるというループができている。消費者にとっては有難いシステムですがね。

【鈴木】まあ完全に要素還元されてしまうと。

【今田】そうそう。だから効率化のためのミクロ - マクロ・ループだけでは首をかしげざるをえない。ミクロ - マクロのループもそういうマーケティングにしか使われないのかっていう感じで，むなしくもあるのですがね。

【鈴木】たとえば，流行とかそういうもんね，局所的なものからでも大域的なものにぱぁっとできあがってくるでしょ。それが全体に広がってゆく。そのとき，今の POS システムを使ったミクロ・マクロのループとね，関係するんかな，しないんかな。

【永田】これは預言の自己成就じゃないですかね。今年は黒にしようと決める。黒い服しか作らない。店に行っても黒い服ばかりだからみんな黒を着ざるをえない（笑）。

【黒石】流行の熱狂といえば中井さんに発言してもらわないと（笑）。

【中井】ミクロ - マクロ・ループは無秩序から秩序を生み出すものですが，私はこの秩序状態にはいくつもの状態があることに注目します。たとえば，無秩序からは中央集権的な社会や分散型の社会のいずれかが生まれてくると思うのですが，これらの状態間の遷移が社会変動に当たると思うのです。

【中丸】ミクロ - マクロ・リンクの話の関連ですと，進化生態学では〈ニッチ・コンストラクション〉という言葉があります。新しい概念ではないですけど，個体間の相互作用が社会環境や自然環境に影響を及ぼし，それがまた個体の形質の進化に影響するというフィードバックを考えていきます。

【木嶋】「すき間」とかでしょ。今の話だと普通のミクロ - マクロみたいに聞えたんだけど。

【中丸】基本的にはミクロ - マクロ・リンクと同じです。違いは，生物進化の枠組み上で考えている点です。社会システム学と関係する内容ですと，言語の進化と人間社会の関係性もこの枠組みで考える事ができます。

言葉を使うことで言語空間ができあがり，人々はそれを共有します。それがフィードバックして，人の認知システムや社会的相互作用に影響し，それらが言語能力の進化に影響します。人が言語を使用することで新たな言語空間を作り，再び人の社会的相互作用や認知能力に影響を与えるという繰り返しが生じます。

ミクロ－マクロ・リンクの良い例と思います。言葉を話すことはミクロです。そして，言語空間を作り上げるのはマクロです。

【今田】まさにその通りで，さっき言った後期ヴィトゲンシュタインの「言語ゲーム理論」のねらいはそれに近いのです。各自は別に計画的，意図的に言語ゲームをやっているわけではないない。日常的に会話する場合，文法を意識しながらしゃべるのではなくて，遂行的にそうしている。そして，遂行的にしゃべりつつも文法や語彙を変えていくわけです。平安時代と現在とではそれらに天と地ほどの違いが起きている。計画的に変えてきたわけではなく，遂行的にしゃべっているうちに変わってきた。誰かがどこかでぽつんとひとりで変わった話し方をしたり言葉を使ったりする。それが面白いと他の誰かがまねる。そして「それいいじゃない」，「おもしろい」という連鎖反応が起きるようになる。こうした状況が繰り返されるうちに新語ができてしまう。語の使い方である文法でも同じようなことが起きる。文法もまた自然発生的かつ自発的に生まれ変化してきた。

【鈴木】確かに，平安貴族とわれわれ現代日本人が会話しようとしても無理やろね（笑）。意図してそうなったわけでもない。ラテン語がフランス語やスペイン語やイタリア語など，現代のラテン系諸言語に分岐したのだって同じやね。

【今田】市場もそう。別に誰かが計画して作ったわけじゃなく，自然発生的にできたものです。まあ第二次大戦後はケインズ経済学が登場して，政府の政策的介入による市場制御の発想が導入されたが，この発想は高度経済成長の時代の終焉とともに影響力を低下させました。そして，かつての論敵であったハイエク経済学，つまり遂行的行為と自生的秩序の重要性を強調する経済学が見直されて，規制緩和路線が体制派となっていった。その無節操な推進を称揚して，格差などさまざまな副作用（社会問題）をもたらしたのが市場原理主義を標榜する新自由主義でした。

【中丸】確認ですが，社会システム学ではミクロ－マクロ相互作用を積極的に取り入れて社会を考えるという学問と考えてよいのですか？

【鈴木】そうです。それがわれわれのテーマになるんだよ。

【中丸】すると，社会学の他の研究テーマでは積極的にミクロ‐マクロ・リンクからの影響を考えてこなかったのですか。社会システム学と他の社会学研究との違いを明らかにするためにもお考えをお聞かせ頂ければと思います。

【今田】それなりに考えているわけで，社会有機体説を唱えたスペンサーは部分—全体図式で部分と全体の相互依存を定式化しようとした。ただ，有機体論だから，部分は全体を維持するために貢献するという位置づけが強く，部分は全体の中に埋没してしまった面が否めない。それではあまりにも全体優位なのでまずいということで，システム—環境図式が出てきて，環境に対する適応ということが有機体論の中心になった。そのために役割概念が登場し，全体優位の発想が相対化されて，部分間の相互作用が注目されるようになった。しかし，先ほどのシステムに仮設された機能要件という概念をみてもわかるようにまだ全体概念が優位していたわけです。オートポイエーシス論が出てきてようやく全体概念の優位が駆逐された。この理論はシステムの全体性を全く認めない。それから部分は機能的な発想で行動しない。さらに，コントロール・センターも認めない。

＊　＊　＊

【鈴木】先程の話に戻すんだけれども，エージェントたくさん作って，シミュレーションに戻すじゃないですか。それらの間で特徴的な相互作用をやらせて，そこに予想しなかったような全体の振舞いというのが何か出てくるわけですか。

【中井】出てくるんですよね，それを期待しながら。

【木嶋】こさせたいわけですよ（笑）。

【鈴木】それができてくると，要素と要素の，エージェントとエージェントの相互作用もまた違ってくる？

【木嶋】あー，そこまでまた戻すかという話ですね。少なくとも僕がやっているところだと，簡単な相互作用を仮定すると，いろいろなパターンがわきあがってくるわけですよね。具体的に「ランドスケープ理論」というのを今やっているのですけれども，人間と人間の間に「好き嫌い」の程度だけを仮定しておいて，「好きな人とは一緒になりたい，嫌いな人とは一緒にいたくない」，とそのくらいのルールだけ入れておいて，全体をまず１つの中に入れておく。すると全体を好きなものと嫌いなものができてきて，放っておくと，グループができるわけ。そのグループができたところを見ていくと，実際のデータを使った時には，たとえば世界のJALとか航空会社が形成する4つのアライアンスが出てきた過程みたいなのが割とうまくできるとかね，もともとの研究は，第二次世界大戦が始まる前に，17か国の好き嫌い，たとえばイタリアとドイツは独裁どうしだから互いに引き合う，とかいうルールを入れてやったシミュレーションだった。すると，2つのグループに分かれるわけですよ。それが現実とぴったし合ってた。

【木村】やっぱり互酬性みたいのを入れるわけですか。

【木嶋】それはすごく対称的なんですけれども，互酬性とまでは。ただ，お互いに好きな程度が同じだ，っていうの，ちょっとリアルじゃないでしょ。普通は，好きだけれども嫌われている，という片思いが多いはずで。それを今度は拡張版として入れてやってみたんですけれどもね。

■三項関係の意義

【木村】今の話で少し聞きたいのは，嫌われている人を好きになるとか，嫌いな人が嫌っている人を好きになるという動作は入りますか？

実はこれ私の研究と非常に重なるので興味深いですね。コミュニケーションをネットワークの動作と考えて，ネットワークのユニットを三項関係と仮定する。三項関係でいくと，好きな人のところに近づいていくのではなくて，嫌いな人から嫌われている人のほうへ近づいていって仲良くする，つまり「敵の敵が友になる」というネットワーク動作を組み込める。

【木嶋】なるほど。

【木村】だからこの三項ロジックを入れると，かなりわれわれの人間関係の複雑さを精密に捉えることができる。これはフリッツ・ハイダーが「バランス仮説」として定式化したもので，ハイダーは「ユニット関係」と呼んでいる。ぼくらはこの三項関係のユニットを〈トリオン〉と名づけて，プラスが3個か，マイナスが2個の時，安定する動作パターンを類型化しています。これをたとえば4個や5個程度のネットワークで考えても，かなりダイナミックな，「裏切り」とか「どんでん返し」も含めてひっくりかえりが起こるネットワークの変動を考えることができます。ただまだこのコンピュータ・シミュレーションはできていません。

【木嶋】でもかなりモデル的なことはできてる？

【木村】はい。

【鈴木】木村さんのソシオン理論ね。

【木嶋】ハイダーやっている人はいて，シミュレーションはやっていないのだけれども，数学的モデルはやっている。

【木村】そうですか，思考実験はだいぶんやりつくしたと思っているので。

【今田】ジンメルがね，形式社会学でいろいろなパターンを出して，三者関係になるとようやく社会性が発生すると言ってますよね。二者関係では社会らしさが出てこないと。

【木村】三者関係が基礎単位なんです。

好き嫌いに，利得や損失というのも入れられますけれども，基本的には，プラスマイナスの強度。これを荷重（semio-weights）と呼んで，信不信とか，愛憎をあらわしている。三者関係だと，たとえば，憎しみと憎しみがあると愛が生まれる。なぜ，やくざ映画が成立するか。なぜ誰かの悪口を言ってる時は仲良く一緒に酒が飲めるのか（笑）。なぜネットワークの中に，不信や憎悪が発生しやすいのか。みんなが互いに不信で，だれもがだれも信頼していなくても，あいつがけしからんと一致すれば手を組もうと，暫定的な同盟も成り立つ。そういうところから，社会のようなものが崩れながらもダイナミックに生成し，それを上手にうまい形でつなぎ目ができた時に，ある秩序というのが発生するというふうなことを考えています。

【今田】自民党の魑魅魍魎たちの合従連衡のメカニズムが解明されればいいですね（笑）。

【鈴木】ついでに民主党の魑魅魍魎たちの合従連衡もね（笑）。

さっきジンメルが三人関係の理論をやったと言われたでしょう。木村さんの理論も同じく三人関係，トライアドをベースにした理論なのね。ジンメルの理論は，どっちかいうとアド・ホックな出され方してるでしょう。実にきらびやかではあるけど体系化されてない。でも，木村さんの「ソシオン理論」は，モデル部分で本当にきっちりやられてんのね，嫌になるくらいに愚直に，網羅的に。黒石さんといつも話してんだけど，これまでの社会学理論って，ゲーム理論だって二人関係・ダイアドがベースで，でなきゃたいてい多数者関係・集団がベース。それが彼の理論は三人関係，トライアド・ベースではじめて体系化された理論じゃないかな，って話してんのね。論理形式から言えばほとんど理系の理論だね。

【黒石】はじめてソシオン理論を知ったときには，まるで「赤・青・緑」の三者の組み合わせで構成が決まる素粒子の理論〔量子色力学〕のようだと思ったくらいですから（笑）。

【鈴木】ところが，これが大文豪の名作の人間ドラマや，ストーリー展開がなぜそうなるのか，一つひとつ説明してしまう，実にクリアに。木村さん，せっかくだからそのあたりのことここでちょっとしゃべってよ。遠慮せずに。みんなはじめて聞くわけだし。人文学をも取り込んだ「社会システム学」ってのが，われわれのキャッチフレーズなんだしさ。文学だって説明できるんだもん（笑）。

【木村】じゃあ，レクチャーしますか（笑）。

【鈴木】はい，お手柔らかにお願いします（笑）。

【木村】虐殺や粛清という社会ネットワークの負の力学を，どうやって解明すべきか，若い頃は悶々と考えていたのですが，これを文学的な言葉や文体で思考しようとすると，感情的な負荷が大きすぎて気分が滅入って，考えるたびに寿命が縮まります（笑）。ソシオン理論の特徴のひとつは，シンプルな図として描くことで，ネガティヴな問題をニュートラルに思考できるようになる点です。「殺戮」なんて，言葉じたいがもう禍々しい感じがしますけど（笑），これを矢印とプラス・マイナスの記号で描くと，ひとまず感情的な重苦しさをカッコに括って思考することができる。それに，図はひと目でぱっとわかる，というメリットもあります。ソシオン理論は，難解な思想の言葉ではなく，ひと目でわかる図を使って誰でも使える思考のツールをめざしています。

【鈴木】いいねえ。とくに僕みたいな単細胞人間にとっては（笑）。

【木村】ええ（笑）。

で，基本的なアイディアは，人間を信不信で結ばれた社会ネットワークの結び目＝「ソシオン」として捉え，ソシオン個体の内部に社会ネットワークが重層的に畳み込まれていると考えます。それぞれが関係を表象として畳み込んだ多重ネットワークによって，複雑な間主観的リアリティが編み上げられる。ソシオン理論では，多重ネットワークの制御装置として，脳内に3項関係のユニットがあらかじめ埋め込まれているという仮説を導入し，先ほど言ったように「トリオン」と名づけました。

【鈴木】ふーん。

【木村】それで，三者関係の安定解はハイダーがバランス理論として定式化していますが，これを関係の変換ユニットに据えて，トリオンは三角形の2辺が入力されると残り1辺を自動的に予期として出力すると仮定します（「トリオン変換」）。そうすると，効用や目的合理性ではない論理が組めます。たとえば，仲良しのAさんがCは信用できない奴だから気をつけたほうがいい，と忠告してくれたとすると，私Bはまだ見ぬCのことを疑わしい奴とあらかじめ思い込んでしまう。厄介なのは，あいつは怪しいという猜疑のフィルターを通してみると，Cの一挙手一投足が怪しく見えてくるわけです。Cがこちらにニッコリ微笑みかけても，「怪しい，何かを企んでいるに違いない」と（笑）。友の敵は敵という形でトリオンがロックすると，Cからの情報が遮断されてしまう。

【鈴木】聞く耳もたぬ，っていうやつね。逆に，あいつは信用できると思っていると，ちょっとヘンなことを言っても庇ってあげたくなったりとか，あばたもエクボとかっていうのも同じようなこと？（笑）逆バージョンだね。

【木村】そうです，情報の信憑性は関係の予期によって左右されてしまうんです。私たちは日常的にこうした否認を含むコミュニケーションをくり広げています，しばしばそれと自覚しないままにね（笑）。

【鈴木】もう少し，具体例で詳しく説明してくれない？

【木村】はい，いくつか挙げてみます。まず，聖書の中の有名な話から。

鶏が鳴くまでにあなたは3度私の名を知らないと言うだろう，とイエスに予言されたペテロは，弾圧と追及の手が回ったときに，予言どおり3度，「知らない，私には関係ない」と言ってイエスを否認したのです。このように愛する他者Bが迫害されたとき，自分とは直接は無関係だったとしても，私Aの意識の中に，愛する他者Bに敵対する他者Cから自分も攻撃を受けるかもしれない，という予期が発生するというのは，おそらく普遍的な人間心理の動きです。そして，この予期された攻撃を回避するためには，愛する他者を裏切って見捨ててしまうこと

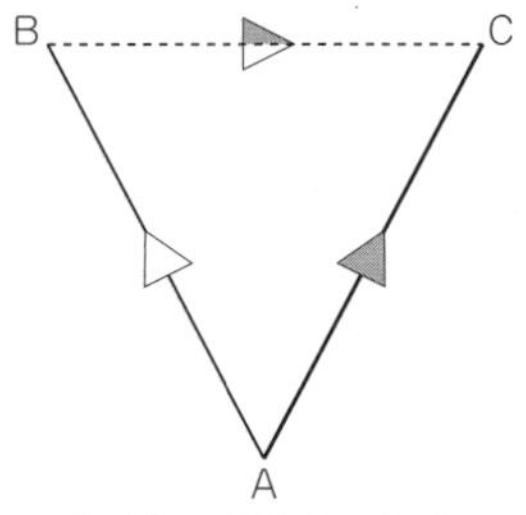

▶トリオンの表示法

仲良しのAさん─▷─がCが怪しい─▶─というので私Bはまだ見ないCを怪しむ--▶--。

もまた人間の普遍的な弱さだ，と。

【鈴木】なるほどね。せつない話だけれども，それが人間の真実ですね。

【木村】このトリオン変換はミクロな人間関係だけでなく，政治のレベルでも働いています。たとえばゲリラＢが政府Ａを奇襲する。すると，政府Ａは民衆Ｃを弾圧しゲリラの支援をやめさせようとしますね。しかし，政府Ａに弾圧された結果，民衆Ｃはゲリラに共感するようになる。弾圧すればするほど，ゲリラのシンパが増えるという，予言の自己実現的なループが生まれるのです。あるいは，1980年代にソ連がアフガニスタンに侵攻したとき，ビン・ラディンが指揮していたムスリム勢力を軍事的に支援していたのは，ソ連と敵対してたアメリカでしたが，これは冷戦体制下での敵の敵は友という３項ロジックにもとづくものです。ところが，ソ連が崩壊し湾岸戦争でアメリカが中東に進出すると，こんどはビン・ラディンはアメリカを敵視するようになる。ソ連という共通の敵をもっていたときは，ビン・ラディンはアメリカを同盟の仲間と見ていましたが，湾岸戦争後のアメリカの行動を見るなかで，結局アフガニスタン戦争でも自分たちはアメリカに利用されていただけだったという，意味の転換が起こった可能性がある。そうすると，裏切られた，騙されていた！　という感覚がアメリカへの憎悪をいっそう高めただろうと推測できます。こうしたテロリズムまで含めた国家関係のソシオン理論も構想しています。

【鈴木】ふーん，面白いなあ。ソシオン理論は国際政治のダイナミズムを説明しうる理論でもあるわけだ。これは，ソシオン理論が人文学との架け橋になるというレベルの話じゃなくなってくるね。

【木村】ええ，そうです。

【黒石】国際政治学の世界に有名な「勢力均衡（Balance of Power）」理論というのがありますが，これは近代の西欧国家体系の中でイギリスを「バランサー」とする三者関係からくる同盟理論だったんです。当のイギリスは同盟相手をコロコロ変えるんですが（笑）。今見るとこれはソシオン理論の一種だけどそれと比べるとすごく粗削りで，むしろソシオン理論のごく一部に吸収されるマイクロ＝セオリーだと思いますね。

【木村】さらに（笑），このようにトリオン変換にもとづくソシオンのネットワークを束ね，中心に超越的な荷重体を置くネットワークを「ソシオス」と名づけました。ソシオスはプラスとマイナスのトリオン変換により，異物を排除する免疫機能によってネットワークの同一性を保つ，と。このようなソシオスのモデルによって，カミと悪魔，文明人と野蛮人，革命と反革命，ブルジョワジーとプロレタリアート，民主主義と全体主義といった絶対的対立の図式によって血を流してきた文明史の再検討を試みているところです。人類の営みの中で，ときに暴走してきた愛と暴力のネットワーク力学を解明することがソシオン理論の課題だと大真面目に考えています。

【鈴木】うわー，すごいなあ。僕なんか，昔の学生時代に考え，また実践した「三角関係の法則」という，かなり矮小化された我流の命題を思い出しながら今の話を聞いてたんやけど。惚れた娘にストレートにアタックしてはあかん，まずは彼女の親しい女友達にあからさまに接近して，本命の競争心を煽れって(笑)。とても，そんなレベルの話じゃないね。

■回帰的参照のシミュレーション：レピュテーションとスパイト

【中丸】元に戻りますけど，エージェントベース・シミュレーションでもできあがったものに対して，また参照するモデルもあります。

【木村】そうなんですか。

【中丸】たとえば，行動とそこから生じる〈評判〉の研究があります。

【今田】レピュテーション（評判）ね。人は評判って気にしますね。変な評判や噂を立てられたりすると，それを打ち消すような動きをしたり。

【木村】あるいは逆襲したり。

【今田】やってまたひどくなったり。ありますよね。

【木嶋】だから，レピュテーションを利得の中に入れるかどうか。利得に還元してしまうのか，レピュテーションと経済的な利得を組にしてベクトルとして考えるのか，そこは議論があるところだと思うのです。

【中井】ちょっといいですか。今ので発言したくなりました。二種類の評判を扱った論文があるのです。つまり，個人が抱く評価（レリーフ）と社会的に流通している評判（レピュテーション）の２つを区別した論文です。このフレームを使うと，今田先生から「Ａさんはこんな人だよ」というようなレピュテーションが来た時に，私が今田先生の発言を信じるか自分自身の評価を信じるか，という事態が扱えるようになります。

【今田】なるほど。

【中井】どう行為するかという戦略だけではなくて，情報をどう取捨選択するかという戦略も共進化するのではないでしょうか。

【木嶋】それ，シミュレーションになっていたと思うな。

【中井】なってます。オークションがらみですね。

【木嶋】評価する人の信頼性みたいなものでしょ。

【中井】あと，うそつきとか，そういう選択。

【木村】ああ，重要な問題ですね。

【中丸】以前，嘘の情報が噂に含まれていた時に，どのようにして嘘を見破って協力関係を構築できるかという研究をしていました。これはひとつの例ですが，他にもいろいろな研究はあります。

【今田】結構いろいろなモデルがありますよね。自分の利得を最大にするのではなくて，相手の利得を最低にするために自らの利得を下げるという戦略など。

【中丸】スパイト（嫌がらせ）行動です。自分の利得を若干下げてでも，相手の利得を下げようとする行動です。ナッシュ均衡になる行動がわかっていながら，わざと，そのような行動をとる場合もあるようです。

【今田】スパイト行動には現実味がありますね（笑)。自分は犠牲になってでも，相手にだけはいい目を見させたくない，へこませたいという行動をする人って結構いますよね。日本人には，3割くらいいるのではないですか。

【黒石】これまた天邪鬼。

【中丸】T. N. Cason, T. Saijo, and T. Yamato の実験経済学研究では，ナッシュ均衡になる行動をあえて被験者は選ばず，スパイト的に振舞います。これは日本人の学生で観察されています。興味深いこととして，スパイト行動のお陰で協力率があがったという結果です。

【今田】だからスパイトする連中は一致団結するのですよ（笑)。一緒になって，当該者をなんとか引きずり落そうとしますから。

4.　社会システム学と思想の流れ

――思想／IT 化――

社会システム学と思想

【今田】このあたりで，社会システム学の方向付けについてひとまずおいて，次の課題に入りたいと思います。社会システム学が要請される，時代的背景の問題です。

戦後の復興期から高度成長期に入り，黄金の1960年代という世界的な経済繁栄を経た後に，石油危機により世界経済が不確実性に襲われました。で，70年代に入って以来，それまでの経済社会を支えてきたさまざまな社会思想――実存主義思想，機能主義思想，構造主義思想，マルクス主義思想など――に代わってポスト構造主義やポストモダン論が流行しました。また社会論として，脱工業社会論が70年代後半に出て，脱物質主義，消費社会，IT 革命と情報社会といった流れが出ました。社会システム学を考えるときに，こうした社会思想的な流れとの関連で押さえておくべきことは何か。新たな学問を拓くためには，こうした思想状況とのすり合わせも必要でしょう。これらの動向と社会システム学との関わりについて，ひとしきり議論しておきたい。

＊　＊　＊

【黒石】戦後の混乱期に，それまで押さえつけられてきた自由や主体性が解放されると，まずサルトルなんかの実存主義が大ブレイクしましたね。ヤミ市でも暴力でも，何としても自力で生き延びなきゃならない時代だったから，説得力はあった。でも社会の秩序が回復してくると，実存主義のいう無軌道な自由や西欧中心主義が胡散臭くなってきて，…。

【今田】その実存主義に冷や水をあびせたのが構造主義で，近代的な知識をもたない未開社会の住人でも，近代の知性に優るとも劣らない能力を潜在的にもっており，無意識のうちにきちんと規則の体系を作り上げているのだと，文明社会に警鐘のボールを投げかけた。近代文明世界は高度成長で豊かな社会作りをめざしているが，未開社会でも無意識の精神構造として親族社会の婚姻規則を無矛盾性を満たすように（数学的には群論の論理によって）作り上げている。

このことは，文明社会が成長と繁栄にのぼせ上らないための警鐘となった。時代状況は戦後の回復した秩序を謳歌することにあり，それを乱されると困るという意識が背景にあったのでしょうね。秩序が求められた。

【黒石】昔の構造主義は，フランスのいわゆる「四天王」[(3)]のほかにジェネラリストのピアジェとか，数学でもブルバキを中心に，「科学的」を自認していたような…。基本的には基礎・骨格の方ほどきっちり作って，その上に少しずつ積み上げていくという形式でしたよね，

【今田】でもね，世の中の現実というのはそんなもんじゃありませんよ。構造主義のいう堅牢（リジッド）な構造などありはしない。石で造ったピラミッドじゃあるまいし。

【黒石】ええ。だからその後構造主義は破綻して，ポスト構造主義に。

【今田】建築学の例を持ち出したいのですが，西洋の建築法は，まず全体の構図を決めてそのあと部分を設計していくのが通例です。ところが，日本の伝統的な建築術というのは，必ずしもそうではない。典型的には世界遺産にもなってる桂離宮ですが，これは最初のメインの建物を作ったあと，これに継ぎ足しの手法で建物を増殖させていった。この継ぎ足し方がすごい。普通なら「つぎはぎづくろい」になって，全体の調和が乱れて，台無しになるのだけれども，そうはなっていない。差異化の美学とでも呼ぶべき造形技術が見られる。さらに，金閣寺の造形法も素晴らしい。初層が寝殿造りで，中層が書院造り，上層が唐様式です。三階建てだけど，建築原理が全て異なる。異質な様式をひとつにまとめて，金箔で壁を統一し見事な建物になってる。差異化の継ぎ足しやごちゃ混ぜなのだが，それらを見事に編集して美しい造形を保っている。私はこれらの建物はポストモダン建築のルーツと考えています。

【永田】桂離宮と金閣寺，ポストモダンですか（笑）。そういえばプレモダンとポストモダンの関係は，とか議論がありましたね。共通するものがあるのかもしれない。

【今田】構造主義だとシステムを規則で固めて，型を維持するという発想になる。だけど，人間社会の構造には，いたるところに亀裂やひずみがあって，そこからさまざまな異物（差異）が湧き出てきて，もとの構造を腐食させたり，変えたりするような動きをする。ポスト構造主義はそういうダイナミズムを取り入れた。だからこそ「脱構築」という手法，すなわち必要ならば構造を解体して

組み立て直す試みがあらわれたと思う。こういう発想は，高度成長期，特に機能主義，構造 - 機能主義の社会システム論が全盛だった時代には発生しなかった。抑圧された。

【黒石】地道に積み上げて，あしたは今よりもちょっとだけでも豊かになってることを信じて進んできましたからね。

【今田】国家目標を立てやすかったときの社会システムに対して，成長があまり望めない状況下で，さまざまな問題が起き，今度は活力が必要である，秩序じゃなく活力を，っていうときにポスト構造主義が出てきた。

【黒石】さきほどの建築の話で言うと，日本の五重塔は，釘や接着剤を使わずに木材を組み上げているだけなんですけれど，これが作るときは作るための順序的な制約があるからうまくはまってないんだそうですね。でも風が吹いたり，地震がきたりするとぎしぎしと動き回って，当初予定していた範囲にほぼぴたっと収まるんだそうです。むしろ丈夫になっちゃうんだそうです。これは，ある範囲内で“ロバスト”なんですね。

【鈴木】これはおもしろいね。

【黒石】作ってるときは，かえってうまくはまらないんですよ。でもゆられているうちに適正な範囲に収まる。現場の職人にできることじゃなくて，建てた後，風とか地震にゆだねてる。そういう話，聞いたことがあります。これはリジッドな石造建築では考えにくい，木造建築の特性でもあると思いますね。

【今田】自然の力で，人工物がロバストに強化される。

【黒石】そうなんですよね。もとはそこそこ「遊び」を含むような形で組んであるんだけれども，それらが「全体として」適切なところに，「全体として」移動していかなきゃいけないんですよね。「全体として」って「システミック」ということでもあります。そして遊びの中でも「適切な範囲」っていうのがあって，風のエネルギーをもらいながら動き回って，いつまでたっても不動の一点にはいかないんだけど，揺られながらそれらの間の適切な範囲に収まる……。

【永田】それは計画してそう作ってるんですか。

【黒石】いや，わかりません。結果的にそうなったんでしょうね。

【今田】計画していたとしたら，それはコントロール思想だね。

【永田】それとも，ほんとは，五重塔が百も二百もあって，そういうたまたま強靭なものだけが残ってる。進化論。淘汰された。

【黒石】その疑いはありますね（笑）。

【今田】それは調べたらすぐわかるでしょ。

【黒石】でも淘汰されてなくなっちゃってる塔がいっぱいあるとしたら[4]，それは調べられない。

【永田】そうです。

【今田】そっちの方を強調してもつまんないか。

【黒石】サンタ＝フェ研究所のカウフマンは，生命機構の基本に「自己組織化と選択」を置いていますが，まさしく塔の挙動は複雑な自己組織化であり，その存否は自然選択だということになりますね（笑）。

【今田】社会システムでも，実際に動いていく中で次第に安定感の強いものになる場合がある。撹乱に対抗してそれを排除しないと維持できないという発想ではなくて，さまざまな風圧に耐えて，なんとかやっているうちにロバスト（頑強）になっていく。

【永田】いや，そういうのだけたまたま残ってるんじゃないですか。五重塔も社会システムも，崩壊しちゃって片づけられちゃったら，あったかどうかわかんないということです。歴史学者にお任せするしかない。ほんとは，山ほどの屍が，社会システムの屍が。死滅するシステム。

【鈴木】いやあ，でも死滅と言ったら，私の担当する巻の『崩壊するシステム』のテーマにもろ関わってきますね。ネクローシスとアポトーシスっていうあのテーマ。ネクローシスっていうのは，火傷で細胞が死んでしまうといった病理学的な不慮の死。それに対してアポトーシスってのは，おたまじゃくしが蛙になるときにしっぽがきれいに消滅するといった，成体形成に不可欠な細胞の正常な自己死。プログラム化された死。これは進化の過程で，生命体が新たに身につけた能力なんやね。死ぬ能力。それまでの生命体には，他律的な不慮の事故死しかなかったわけやから。生命体って，生の機構のなかにうまく死のメカニズムを取り込んでいるわけよ。これによって，多細胞生物の形態形成や進化が初めて可能になったわけやから。

　だけど，この残らなかった建築物ってのは，ネクローシスとアポトーシスのどっちになるんやろ？　自殺する建物って，あんまりぞっとしないけど（笑）。

【永田】社会淘汰論，いや，社会進化論的発想からいったら，ネクローシスに近いかな？　そうなるはずですよ。

【鈴木】ああ，そうだね

【永田】ただ，社会システムには実体がないし，見えない。実体がなければ自殺できない。見えなければ死んでても誰もわからないですよね。もしかしたら私たちの社会だって「すでに死んでいる」のかもしれない。それともアポトーシスで変態中かもしれない。

【木村】科学としての社会システム学といった時に，社会思想はある意味でやはり救済知であったり流行であったり，アカデミックな次元でのコロニアリズムであったりする。日本は遣隋使・遣唐使の昔から，「はやり」を取り入れてうまく吸収してくる流れがあった。戦後も廃墟のあとからいろいろなものを吸収して，でもとうとう吸収できるものがなくなったというところですか。マルクス主義にしても完全崩壊して，社会主義思想の廃墟の中に僕らはいる。そんな中で，科学として人間を理解し文明を展望し，どういう方向性を構築するのか。その構築こそが社会学者，科学者，あるいは日本の知的リーダー層に求められている。みんな体制の悪口は言うことができるんやけど，僕は人生どう生きていくか，どう死ぬべきかということも含めて，人類の進化と滅亡をにらんだ科学の言葉で語る人達があるパーセントいないと，パレートの法則ではないけど(笑)，せめて0.001パーセントくらいはいないと，文明が非常にあやういことになると思ってる。

【今田】そのような深刻な話をされるとは思いませんでした（笑）。現状が「社会思想の廃墟」の中にあるというのは，非常に的を射た表現であると思います。どのようなイメージで社会主義思想が廃墟と化しているとお考えなのですか。

【木村】たとえば戦後の廃墟の中でも，生きる方向なり希望なり力なりというのは，燃えていたと思うんですよ。サルトルなんかのように。でもこれだけ豊かな繁栄した現代の都市の中で，その部分が見えない。そこに，「私は苦しんでる，私は苦しめられている，私の苦しみこそが神である…」という，あやしげな社会思想とも言えないようなイデオロギーが非常に緩慢な形で大量に共有されていて，それに対してわれわれがきちんと対峙する視点とスタンスをもっていない。ほとんどの社会学者がこうした「苦しみの神学」の召し使いをしていると。あえて平等主義とか人権思想とかいう言葉は使わないでおきたいですが，その拡散形態が文明の軸を腐敗へ腐食させているんじゃないかな。いまこそ，おもしろい科学をしっかり構築し，メッセージとして多様なチャンネルから送るということが求められている。少なくとも大所高所からこの世界に対して裁断をくだしたり，コントロールをしたり共同したりという思想は崩壊して不要となった。もしかして，これは成熟のひとつのシグナルかもしれませんね。

【今田】なるほどね。それで，思想が廃墟と化しているというのは，理系にとってはなかなか取っ付きにくい。

【木村】活躍のできる場面ですよ。

【今田】そう，それを受けて，木嶋さんどうですか。

【木嶋】逆に，理系の僕らだったら，文系のほうからインスピレーションもらってモデル化する，という感じがあります。廃墟になっていると，探せないですからね。

【鈴木】「荒廃するシステム…」…前に引きつづき新しいのができた…(笑)…。

【今田】何か，そういう社会状況に対して意見ありますか。

【中丸】思想がないというのは，いい面も悪い面もあります。いい面としては，従来の社会思想や規範に囚われなくてもいいというところです。悪い面としては最近よく言われるのは，大切な道徳観や宗教観まで崩壊してしまい，個人主義という名ものとでの自分勝手主義が横行している点でしょうか。「この行動は問題あるのでは？」と思わせてしまう行動をとっている人も少なからずいます。ただ，思想なき時代には判断基準が定まっていないために，善し悪しを判定するのも難しいですね。他人の人生なんて関係無しに，自分さえ好き勝手にお金もうければいいという人もいます。

【木村】そうですね，それがモデルで組めたらおもしろいですね。それが何パーセントまでいったらどうなるかと。

【永田】モデルを組む前に，理論が欲しいですね。木村さんは思想なき時代になった，とおっしゃった。ということはそれがあった時代もあるんですよね。中丸さんは道徳や宗教に従う人もいるし，ただ経済合理的な人もいるとおっしゃっている。私も，人はそれぞれいろんな理由で行動するものだと思います。その理由を私はストーリーと呼んでいるんですけど。で，問題はなぜある時代には特定のストーリーが蔓延し，なぜある時代にはバラバラになるのか，その間どういうカタストロフが起こったのか，ということだと思うんですね。社会科学者は残念ながら新しいストーリーを提供する教祖にはなれないかもしれないけど，どうしてみんながその教祖に殺到したかを理論化することはできる(笑)。

【木嶋】それは社会規範の問題ですね。

■“草の根”化と秩序の溶解

【中井】やはり国民国家がまずあって，それを概ねみんなが信用し国家の統制がうまくいっていた時代，それが古きよき時代になりつつあります。今はどうかというと，大企業や国家といったシステムへの信用が崩れ始めてきています。では別の新しい体制がとって代わろうとしているかというと，そうではなく，草の根レベルのレジスタンスのようなものが頻発してきて，システムに揺さぶりをかけているのが今の状況ではないかと思います。

サイバースペース上の良い例としてはオープンソース・コミュニティがあるし，悪い例としてはコンピュータ・ウィルスがありますが，どちらも草の根の活動です。これらは両極端ですけれども，今の体制を崩しかけているという意味では共通している。さらに，バーチャルな世界だけでなく，たとえば，政府が頼りにならないから NPO が沢山生まれてくるとか，あるいは大学や病院が信用できないクレーマーが大勢あらわれてきたとか，あるいは世界各地で頻発するテロリズムとか，あらゆる場面でシステムを溶かそうとする動きが見受けられます。それが現代なんだろうと。昔の社会理論は「秩序がどう生まれるか」を説明しようとしていたわけですが，社会システム学では「秩序が溶けつつあるこの状況は何なのだろうか」を解明するのもひとつのミッションではないかと思います。

【鈴木】そうですよね。その意味で木村さんの『殺戮するシステム』と，私の『崩壊するシステム』の巻が重要になってきます。

【木村】それぞれの本のタイトルを含めて，シリーズの構成自体が非常に新鮮なはずです。各巻の配列が，生命体の生涯をなぞる形になっていますから。われわれの巻はそれぞれ，いわばその「下降局面」を扱っているわけです。

【今田】そう，「○○するシステム」となっていますからね。今の話に直接関係しないけれども，シリーズ本の各タイトルを動詞形にすることによって鈴木さんのいう「生きているシステム」というイメージが湧き出てきますよね。ただ逆に，よい面ばかりではなくて「秩序が溶けるシステム」という側面をどう理論化するかは大きな問題です。この点に関してはジークムント・バウマンが『リキッド・モダニティー――液状化する社会』という本で議論しています。彼は才気あるポストモダニストですが，現状は，近代が培ってきた原理・原則や秩序等が液状化して形をなさなくなるような方向に進んでいる，そういう中でわれわれはどのように生きていき，かつ社会を運営していくべきかという問いを投げかけています。これはなかなか優れた視点である。「秩序が溶ける」という感じがね。

【黒石】「溶ける」というと，既存の結合がだんだん外されていって，単位が細かくなっていき，ついに拡散してしまう，というイメージでしょうか。

【今田】官僚システムが溶ける。

【木村】官僚システムに対するわれわれの信頼が溶解していくと，それがポジティヴ・フィードバックして全崩壊を招きうる。それをたとえば政治家が党派戦略として選んで，官僚システムへの不信を煽りたてることは，結果としてシステム腐食させるリスクがあるから罪深いことです。

【鈴木】そう，もともとの民主党の戦略がまさにそれですね。

　そこで，僕が思うのはハーバーマスの理論。彼は「システム」と「生活世界」を分けて，生活世界のほうにすごく希望を託しているのだけれども，僕は生活世界のほうが実はどんどん崩壊してきていると思う。家族ももちろんそうだし，地域だってばらばらになってきているし，あるいは職場だって，職場のいじめが今ものすごいんですよ，すごいいじめがあって，学校はもちろんひどい状況になっていますし。そういう集団が，制度的なルール面での崩れというか，システムでさえ疲労すると同時に，それだけでなく，共同体や仲間集団など，もっと自生的な部分でも溶解とか，崩れがひどくなってきている。とてもハーバーマスが希望を託せるような状況にはない。そこまでは僕も分析しているのですけれども。

　実は，ちょっと手前味噌なんですけれども，僕の『崩壊するシステム』の巻で追いかけてみたいのは，そういうふうに崩れていく社会システムのこと。生物でさえそうですよね，ネクローシスつまり不慮の死と，それからアポトーシス。アポトーシスというのはプラスの積極的な死ですよね，次代に引き継いでいくために，あるいは自分の体を形成するために，どんどんどんどん自ら自分の細胞の一部を殺していってしまう，プログラム化されている死。このアポトーシスと同じようなしくみが実は社会の中にもあるのではないかと。ネクローシス，ああいう不慮の死，突然死みたいなものもあるのだけれども，それと同時に生物とのアナロジーでいえば，アポトーシスという生物学的な装置に似たものもどこかに組み込まれているのではないのだろうかと，それをちょっと探ってみたいと思うのですよね。

【木村】僕も割合ペシミストな人間なので，「ああ，だめだだめだ，もう溶解している，もうだめだ!?」となりがちなんですが，必ずしもそれだけでもないんだろうと思うんですよね。それだけではない分が何なんだというのは，何かないですか。

【永田】「いいとこ探し」なんてどうでしょう？　いえ冗談じゃなくて（笑）官僚制も政治もありとあらゆるシステムが「もうダメだ」と言われている。でも，まずは本当にそうなのかということは疑う必要があると思います。一時少年犯罪が激増した，少年がおかしくなった，もうダメだ，ということで少年法が改正されましたが，その後いろんな人がそんな事実はなかったと指摘しましたよね。むしろ犯罪率は団塊の世代の方が高かったと。

政治は汚職だらけ，企業は偽装だらけ。そうかもしれませんが，じゃ昔は違ったんでしょうか？　ひょっとしたらマシになっているのかもしれません。犯罪率よりも犯罪不安が問題であるように，むしろ何を見ても「もうダメだ」とみんなが思ってしまうという社会的心性の方がよほど問題で，私は社会全体がうつ病にかかっているのではないかと思う。そして，むしろそれこそがシステムのネクローシス化を意味しているように思えます。

【鈴木】そうなんですよね。いまは，どちらかいうと実りのないネクローシス的な崩壊，ないし溶解ばかりが目につく状況なんです。でも僕は思うんだけど，もっと社会の自浄装置のように働くアポトーシス的なものが，やはり社会のどこかに組み込まれていて，それがいつか作動し始めるのじゃないかと。社会の再構築に向けてね。これってやや希望的に過ぎるかもしれないですけど。

【永田】いえ，私もそう思います。ネクローシスの予期がアポトーシスを引き起こす可能性は高いと思います。このままでは死んでしまう，だから何とかしなければと。創造的破壊の原動力というのはそういうものかもしれない。先日「もやい」の湯浅さんの本を読んで感動したんですけど。いまの日本は「すべり台社会」で，一度すべりはじめたら行くところまでいってしまう，セーフティネットが全然機能していない社会だと彼はいう。だから，実際に人々を救いながら，より適切な制度を作ったり，提案したり，改悪を阻止したりという運動をしてくれているわけですね。

社会システム学と IT 革命・仮想世界

【今田】話題を変えましょう。仮想世界や IT 革命との関連で，何かありますか。

【中丸】所詮，人は頭の中で考えたことしか知らないのです。このことを前提にして発言しますと，そもそも人間の思考そのものが「バーチャル・リアリティ」です。自分の身の回りの環境，たとえば社会相互作用など，いろいろなものを頭の中で処理して，そして行動を起こすという繰り返しです。そして，IT によってバーチャル・リアリティーは助長されたと思います。IT のおかげで，マンツーマン，フェィストゥフェイスでコミュニケーションしなくてもコミュニケーションしているような錯覚にとらわれてしまうようになっています。コミュニケーションしている相手が目の前にいるわけではないので，人間どうしでコミュニケーションしていた時に従っていた規範が全部取り去られてしまい，コミュニケーション様式が変化してしまうようです。直接，人と話している時と，機械を通じて話している時では，脳が活性する部分も異なるという研究も聞いたことがあります。

【木嶋】うーん，バーチャル・ソサエティという言葉を使おうとしたときの社会システム学というのは，普通の社会を扱っている人とは違ったものとして，理論とかモデルを作っているのでしょうかね。たとえば，匿名性とか，それから逆にレピュテーションとか，そういうものに重点を起き，そこに注視したようなモデルなり理論。そういうのは，普通の社会とは違った形で建てるべきだと思っているのか，それとも同じように説明できると思っているのか。その辺はどうなのでしょうかね。

【鈴木】僕はこのあたり二元的に考えてはいるのですけれども，だけど無関係に存在するのではない。バーチャルの世界は二つの作用をもっていて，要するにネットの世界なんですけれども，一方ではリアルなコミュニティとか，あるいは友達関係とかそういうものを補強する武器になっているのですね。だけどもう一方で，それとはまったく逆方向の作用をもっているわけですね。匿名性の世界への逃避という形で。それに比べて現実のほうは実名性の世界なんですよね，メールなんかそうでしょ，普通のメールのやりとりなんかは。ところが，いわゆるバーチャルな，出会い系とかの話になってくると匿名の世界であって，現実のコミュニティとは全然別の類いの，そういう世界が広がっている。

【木嶋】でも，僕は思うに，一般的な話だけど，前者のほうについても非常に評価しない方向にいっているんではないか。ネットとか携帯とかができたことによって，ネットが軽薄化してどうでもいいメールが流れて，昔農村にあったようなネットワークが完全に崩壊している。その方向にきてると思うんですよ。実際の友達関係も希薄化しているし，IT，後者のほうですね，全然わからない無限のバーチャルソサエティ，そちらのほうですと匿名性とか，今までなかったような，広い範囲で影響を及ぼすようになってきて…

【鈴木】ただ前者のほうで，小さい範囲の友達の間で，ケータイを忘れるとパニックになる，そういう一面もあるんですよ。携帯であればメールもらったあとすぐ返さなければいけない，若い連中ではそうらしいんですね。で，それが関係を希薄化している部分があるかというと，僕はそういう方向ではなくて，やはり強化する方向にはたらいている。補強するような方向ですね。ただ，前にも出た話なんですけれども，それで“部族社会”化するというのか，小さい範囲の仲間でかたまってしまって公共空間からどんどん退いていってしまうという傾向がある。パソコンインターネットと携帯インターネットとではこれがまた違いがあって，パソコンインターネットは公共性，広がりをまだ割合もっているのですけれども，ケータイのネットというのは本当に仲間だけでかたまってしまって，外へ開かれたメールのやりとり，つまり公共空間への広がりというのはどんどん失われている。

【木嶋】なぜなんですかね。キーボードが違うから？（笑）　世代が違うからでしょ？

【鈴木】世代もひとつ違いますね。それとやっぱりケータイはモバイルだから。持ち運んでいいから。ほとんど身体化されているでしょ。だから，本当に普段でも会ってる，そういう友達相手の素早いやりとりなんです，そういう使い方なんです。パソコンの場合は基本的に持ち歩かないでしょ。いったん落ち着いて，さてメールでもしようか，とこういう違いではないかと思うのですけれども。かなり細かい話になってしまいましたけれども。

【木村】匿名というような言葉には，トリッキーな部分があって，たとえば聖書を読んで教会に行くというときに，神様といえばバーチャルな存在ですよね。だけどそういう特定の絶対的他者がいるという中で，信者多数はある意味で見えない神と対話をしながらも自分たちは半分匿名の存在ですよね（笑）。何が言いたいかというと，自分が見えないという匿名性と，相手が見えないという匿名性とがあって，そこで未知との遭遇がある。都市の孤独とか何か昔いわれたような。今はだれも見えない人が見えない人に交信して流れているのが都市だ，というのはたぶん嘘で，フィックスできないけれども，だれかが動いているのですよ。この人と特定できないけれども，たとえば神がいるように，その人にメールを送るだれかというのは存在しているのですよね。だれかわからないその他者性自体が，メディアの発達の装置の中で，実際に言葉を発すれば返してくるかもしれない，何かがあれば起こるかもしれない，というインターアクションを介しながら，定位できない特定の他者が動くことが可能になってて，そこがわくわくするのではないのでしょうか。恋愛もそうですし，迷惑メールもそうですしね。あるいは，最近のツイッターなんかその典型ですね。新しい形の他者との出会い方をもしかしたら可能にしつつあるのではないかと。

【鈴木】そうなんです。そのあたりのことを関西大学の富田英典さんが，「インティメイト・ストレンジャー（親密な他者）」という面白い概念を使って分析しています。実世界を離れてネット上で，お互い匿名だから気楽になんでも話せる，嘘とホントの入り混じった軽いノリの関係が生まれたとね。このしがらみのない匿名の関係だから親密になれるという今までにない新しい関係。そこからさらに，ひところ話題になった「パソ婚」が生まれたり，一昔前の女子高生の「援交」が広がったりとかしたんでしょうね…。

【今田】もう少し広げて言えば，現在，新しい文明の基礎技術が開拓されつつあると思うのです。産業革命以来の新しい技術革命が情報分野とバイオ・テクノロジーの分野で起きている。近代という新しい文明が立ち上がる前に，大航海時代があって新大陸が発見されました。現在は地理的新大陸はもはやなくて，情報によるデジタル新大陸になる。この新大陸を開拓して，かつての西部開拓史ではないですが，それと同じような試みをおこなっている。メモリーやドメインやサーバーなどを作って土地の代わりにもつようになっている。

【木村】土地の代わりにというのは，なるほど，いい比喩ですね。セカンド・ライフなんて，バーチャル上の土地そのものだ。

【今田】それで，いい土地には人が多く集まるでしょ。しかし未開拓領域に入り込んで開拓しているから追い剥ぎが出るのですよ。西部劇にもあるように(笑)。せっかくいい開拓地を拓いたのに，ならず者がやってきて身ぐるみ剥いでいくようなことが頻繁に起きる。こうした無秩序状態がしばらく続くでしょうね。その現代版が，迷惑メールであり，フィッシング詐欺であり，スパイウェアなどです。いろんな「ならず者」がやってくる。多分，仮想世界の秩序ができるまでにさまざまなことが起きると思う。そして仮想世界でのマナーやルール作りがおこなわれる。保安官や警察などに相当するソフトも開発される。無線 LAN パトロールやウィルス隔離・駆除ソフトなどです。そうこうしていく過程で仮想世界の秩序が形成される。それは現実世界とは異なったものになるでしょうね。そして人間はこれら二層の世界に住むようになり，双方を行ったり来たりするようになる。しかし，現状ではこの出入りがうまくできない。仮想世界と現実世界のオン・オフのけじめがつけにくい。たとえば，ある男性がパソコンで匿名のハンドルネームでメールのやりとりしているうちに，相手の女性がたまらなく好きになって，結婚したくなった話がありました（これ実話です)。その男性は女性が住んでいる住所を何とかつきとめて，訪ねていったのです。そして彼は翌日（だったと思う)，彼女の家に放火した。新聞で報道されましたよ。

【鈴木】ネカマ（ネットおかま）だ！（笑)

【今田】そう，相手は男だったわけ。仮想世界では性別に関係ないハンドルネームをもつことが常識になっている。そこでは，男が女性として登場し，女性の言葉づかいをして，男をナンパすることなどいくらでも起こりうるわけです。それを仮想世界に限ってやっている分には問題はなかったが，現実世界にまで持ち込もうとするから問題が起きる。ネット掲示板で特定の相手を誹謗中傷した事例もニュースになりました。こちらはハンドルネームが侵されて，現実の名前で誹謗されたのです。

【鈴木】クレーマーのじゃない？　製品にばーっとクレームつける。

【今田】いえ，そうではありません。名誉毀損の話です。で裁判になって，結局，掲示板を提供しているプロバイダーも裁かれることになりました。それはいいのですが，法律が仮想世界に追いついていないのです。現実世界の法律で名誉毀損の判決が出た。仮想世界では匿名のハンドルネームで登場しているはずなのだから，匿名で匿名の相手を誹謗中傷しても原則的にはどうということはないはずです。不快であればハンドルネームを変えればいいわけです。けれども，誹謗中傷した人物は，何らかの形で相手の現実世界の名前を不正取得したのでしょうね。先ほどの放火事件も，裁判では現実世界での放火という事実を裁くに止まった。仮想世界と現実世界のあいだを行き来する際のルールがまだ出来上がっていないわけで，現実世界での話しに翻訳して裁くしかない状態です。仮想世界と現実世界の二層構造で棲み分ける術を身につける必要があるし，自己の概念も複数の連立する自己をもつことに慣れなくてはいけないでしょうね。仮想世界の私と現実世界の私をうまく切り替えて生活している人は多いはずです。仮想世界では「でくのぼう」のように振舞っているが，現実世界では権力者であったりするわけです。

【鈴木】うん，生活をかかえたリアルな自分と，日常を離れて演じられたバーチャルな自分の二層ね。

【木村】ある意味で，「文壇」なんかもバーチャルワールドだったのでしょうね。そこでは作家が作家を演じている。バーチャルワールドではハンドルネームでの私を生きつつ，リアルワールドでの生活もしている。私小説風になると，二層の世界が交差してきて，どちらが虚像かわからなくなるし，わからないから面白くもあるのですが。それで，私という衣服の着方，脱ぎ方を間違えると，あの人はかなわん人やということになる。そういう意味では，二つの層を移動しながら，どちらが自分にとってリアルな世界かというと，だんだんわからなくなってくる。

【鈴木】そう，わからなくなってくる。

【今田】それを理解するにはボードリヤールのいう「シミュラークル」の議論が有効でしょう。シミュレーションによって生み出された記号の断片としてのシュミラークルがこの世の中を飛び交うようになり，皆がそれに振り回されて，錯乱した狂気の人間（ホモ・デメンス）になるというものです。

【中丸】人は，社会において自分の役割に応じて振舞いを変えます。つまり，社会状況の違いを判断しているわけです。が，異なる社会状況下に自分が置かれているとはいえ，同じ社会に所属していることはわかっています。しかし，IT によってそれとまた別社会ができるということですか。つまり，IT によって別の社会ができあがり，IT を使うときに別社会に居ることを認識し，その結果として新たな役割を演じる，つまり別人格になってしまう，と解釈できるのでしょうか。そうすると，それは社会システムを捉えていく上でどうなるのでしょうか。

【鈴木】それがうまく分離されていたらいいんだけど，問題は両方がお互いに入り込んでくるわけですよ。それが一番きつい形で出ているのが，学校ですよ，学校裏サイトのいじめ。あれは本当にすさまじいね。今までのいじめというのは，顔が見えているわけね，誰がいじめているのか。ところが，学校裏サイトのいじめというのはだれかわからない，匿名でやりあうから。ところが，いじめられる子どもだけは実名でどんどん出てしまう，写真が貼りつけられたりとかね。だから，すみわけ，ものすごく難しいのね。いじめる方も，いじめられる方も，どこまでが実像で，どこまでが演じられた，あるいはレッテル貼りされた像であるかは結局わからないまま，事態はいじめられる側に一方的にどんどん深刻化してしまう。

何かうまい解決策が見つかりませんかね。こうしたいじめ。今のところ，ボランティアによるサイバーパトロールの活動と，学校のメディア・リテラシー教育に頼らざるをえない状況にありますが。

【今田】だから，社会システム学でそのような病理現象をどこまで解明できるかは，大きな課題でしょうね。文理融合的な発想を駆使して，文だけではなく理のアプローチも入れた分析ができるといいですね。

■バーチャルとリアル

【永田】このあたりで話題を変えていいですか。先日国語の勉強をしていた子どもに聞かれたんです。「どうして文節とか文法とか勉強しなければならないんだ，こんなものがわからなくても文の意味がわかればいいじゃないか」と。たしかにその通りで，「生きるべきか死ぬべきか，それが問題だ」という文がわかるというのは，「この文は4つの文節に分かれています」ということがわかるのと何の関係もない（笑）。文を文節やら単語やらに分けるのは，物質を分子や原子やクォークに分解していく作業と似てますね。この文はどのような要素が，どのように組み合わされてできているのか，それが理解できるということが「わかる」ことであると。でももう一方には，ウェーバー的な理解もありますよね。ふつう文がわかるといったらこれですが，その場合認識は最終要素がなんであるかとか，シニフィエとシニフィアンが一対一対応になっているかどうかなんて問わない。要は追体験できればよい。テレビのメカニズムがわからなくても見られればいい。感想が他の人と違っていてもそれが個性であるからかまわない。つまり認識は透明で，客観的で，間主観的である必要はなくなった。

それからもうひとつ起こっているかもしれないことは，従来記号はモノやコトに言及してきたのに，いまは記号が記号にしか言及しなくなったという可能性もありますね。これもよく言われることですが，現実／認識って区別自体が無効化してるのかもしれない。「どうしてセックスレスになるのか」「仮想空間に逃げてるからだよ」と。

【黒石】よく言われますね。

【永田】まあありうることではあると思うんですね。つまり，記号だけで十分生きていける。今までの時代はツールがなかったから，それができなかったけれども。でも人によっては，文学の世界に没頭，没入してしまったとか，あるわけで。

【鈴木】いまはケータイ，ネット，さらにセカンドライフなどね。そっちへ逃げ込めるか。

【永田】そうですね，あと，ゲームの場合はほんとに完璧に世界を作ってくれますね。

【鈴木】ああそうか，セカンドライフも，ゲームの一種やもんね。

【永田】とても秩序だった，自分が主人公で，かなり自分の思うままになるようなそういう世界を提供してくれるので，その中に住むことが非常にたやすい。こういうふうに考えてくると，人々の生活様式がだいぶ変わったので，それに合わせた社会理論というのが当然必要になるだろうと思います。

【今田】そういう社会システムを考えることも必要です。仮想社会システムと現実社会システムの二層構造論ですね。このとき問題になるのは，先に述べましたが二者間の行き来です。この行き来を間違うと，仮想世界でのルール，秩序，マナーと現実世界でのルール，マナーの混同が起きる。

【永田】ちょっとまってください。リアルな社会ってあるんですかね。

【今田】実在をベースにした社会のことですが。

【永田】たとえば株屋さんが生きてる世界ってのはまさしくバーチャルな世界で

すよね。つまりグラフィックに出てくる株価のグラフに反応して彼らは仕事をして，儲けたり損をしたりしてる。

【今田】あれはバーチャルなの？　お金というリアルなものがやり取りされているではないですか。

【永田】でもそれは背景にしかないわけで，それを言ったら，ゲームの世界でも全部プログラムっていうのはあるわけですよね。誰かがプログラムを作ってるわけなんですけど，

【今田】それは半バーチャルですよ。ほんとうのバーチャルって自分がその世界の中に入らないと意味がない。ゴーグルとパワー手袋はめて，私入ったことあるけどすごいよ。

【永田】私も入ったことありますけど。言いたかったことは，至高の現実って言われてたようなものが，だいぶ怪しくなってるんじゃないのかなということなんです。たくさんのリアリティが至高の現実も相対化しちゃった。

【今田】まあ，そういう意味でバーチャル・リアリティっていうのですかね。バーチャルなんだけどリアリティ。仮想なんだけど，現実なのですよ。だから，言いたかったのは仮想だけで成り立つ世界と，仮想ではなくて実在だけで成り立つそれとがあって，その境目，境界で，さまざまな問題が起きる。

【永田】はい，そう思います。だから「世界間摩擦」が起きてると。

【鈴木】ベースにあるのは，結局，実在の人間関係。僕らはリアルな世界の住人で，これがネットになると非常に微妙になってくるんだけれど，実名の人間のやりとりではないんだよね。ネットは，ハンドルネーム使って，別人格になってお互いやりあうわけだから。で，繰り返しになりますが，確かにバーチャルな，架空の世界は大きくなってきてるんだけれども，自分が古い世代なんかわからないけれども，僕はリアルの世界のほうがむしろ気になる。架空の世界によって反作用を受けて変容するリアルの世界。たとえば，出会い系サイトのやり取りから始まって起こる事件とか，先ほども言った学校裏サイトの些細な面白半分の書き込みが引きがねとなって起こる，深刻ないじめとか。リアルの方への反作用が，むしろそっちの方が気になって。こどもだけでなく，われわれ全体としてね。たしかに仮想のほうで動いている力は大きくなってるんだけれども，僕はやっぱりリアルの方もそれなりの力をもってるというね，その感覚の方がすごい強いよね。で，その両者の摩擦いう話になってきたときに，跳ね

返ってくるのは結局リアルの方に跳ね返ってくるんだよね。結果を引き受けるのはやっぱりリアルの世界の方が引き受けることになる。架空の方は逃げられるんだよね，匿名性の世界に。だって，ハンドルネームだし，やばくなればスイッチをオフにすれば隠れることできるもん。先ほども述べた学校裏サイトにはびこるいじめ，あれなんかすごいよ。いじめられる方にすれば，これまでの顔の見えるいじめ，誰にいじめられているのかちゃんとわかってたのが，顔の見えないいじめ，誰にいじめられているのかすらわからない，そんないじめに変わってきてるもん。大体の構図は何となくわかるらしいけど，傍観者も含めた顔のない群衆のトータルな悪意をストレートに感じる，それって圧倒的な恐怖らしいよ。やってる方は，匿名の仮想空間だからみんな気楽，ワイワイ面白半分の軽いノリなんだろうけど。でもこれやられると，リアルの世界の方では良くて転校，悪くすれば自殺ってことになるね。

【今田】それとの関連で，もうひとつ新しい傾向としてあるのは，「公共性ルネッサンス」ともいうべき現象です。公共システムは社会システムの一部ですが，1990年代にネオリベラリズム（新自由主義）の嵐が吹き荒れて公共性の問題が背景に退いていきました。皆が公共性を意識しなくなって，自己中心主義が蔓延すると社会が成り立ち行かなくなります。それは大変だということで，90年代末ころから公共性の再考を試みる運動が起きた。ところが，この運動と並行して親密性の問題も大きく話題にされるようになった。そして，電車の車中で携帯電話を使ってコミュニケーションをするという迷惑行動が見られるようになった。電車の中という公共空間で親密空間のコミュニケーションをやっている。公私が入れ子状態になってしまっている。親密空間が公共空間に入り込んだゆがんだ社会システムが今，あらわれている。

【永田】先生，今ゆがんだっておっしゃったけど，ゆがんだっていう認識はまさしくモダンなんじゃないですか（笑）。

【黒石】永田さんがさっき発言した，「世界間摩擦」はバーチャル世界の固有の問題ではなくて，実は実在世界でも起こっていますよね。あらゆるところで，たとえば飛行機に乗っていても，ある時間になると，ある人がお祈りをはじめるわけですよ。メッカの方向はどっちかを調べる装置もあるし，機内テレビでは定期的にメッカの方向を表示する。そこはたしかに公共空間なんだけど，彼らはイスラム教徒だから宿命的にそれをやるわけですよね。で，「我慢できる／できない」の範囲というのがたぶんあって，それを毎日見せつけられると，いてもたってもいられなくなる。

【永田】まさしく今トルコで問題になってる。フランスでもそうですよね，大学生がスカーフ（ヘジャブ）をつけて学校へ来ていいかどうかっていう…

【黒石】女子大生がね。

【今田】まあそういう「異質なものの共生」をどうはかるかは，社会システム学の大きな課題なんだけれども。

【永田】でもリアルとバーチャルがもう入れ子になってますね。

【黒石】リアルとバーチャルの入れ子，って外部モデルと内部モデルの入れ子とか，機械論と有機体論の入れ子とか，たぶん同じことを言っている。まさに二項対立の無意味ですね。

【今田】この続きでちょうどいい話があります。五感の感覚作用のメディア化です。これまで五感のうちでメディア化されているのは音（聴覚）と映像（視覚）です。近代社会では言説，文字で書いて文章でコミュニケーションし伝達するのがメジャーでした。しかし現在，言説的な社会システムに対して，五感という感覚的な社会システムへ人間の相互作用（関係）が移りつつある。触覚のメディア化はまだ初歩的で，これからの進歩に期待するほかありませんが。匂いのメディア化も一応原理的には可能になっている。その装置を見せてもらいましたが，匂いをメディア化する5つの玉（色の三原色に相当）がある。五種類の匂いの玉を使って，たとえばテレビの料理番組で作られているステーキの匂いが，テレビ装置から出てくるようにするのです。

【永田】すごいけど，方法は意外に素朴ですよね。

【今田】『感覚の美学』という著書を出しているスーザン・ソンタグが，いわゆる「小説」をこきおろしている。映画評論家をもこきおろしている。要するに，言説的に能書きばかり言っても，人の心には響かないという。感覚に直接訴えかけるのでなければ，感動は起きないというのです。人間はほんらい感覚的な身体作用に反応して生きている動物であることを忘れるべきでない。そして，通常のスタイルで書かれている小説は淘汰され，残るのは脚本（シナリオ）風に書かれたものだという。彼女によれば，小説は登場人物の会話が中心で，説明はト書き程度にとどめるべきなのです。だから，TV ゲームやアニメなど図像的（figural）な要因が重要度を増していくことになる。もちろん，言説的

(discursive) な要因も重要です。しかし，これまでのような，言説の図像に対する優位は保てなくなるでしょうね。

社会システムの設計にさいしても図像的な空間作りが重要になる。仮想世界はまさに図像的に作られた世界で，ショッピングモールや集会所などさまざまな空間が作られている。だから，言説的な社会システムと，図像的な社会システムの両者をどう考えるかということはITの進展とともに，とても重要になる。われわれは図像的なコミュニケーションにあまり慣れていないですが，最近の若者や子どもたちは，それが普通になっている。

【黒石】絵文字，顔文字（笑)。

【鈴木】僕だってケータイで使ってるよ（笑)。だって，情緒的なやりとりや親密な結びつきに最適だもん。とくに若い連中とのね。

【今田】絵文字，顔文字でメールを送ってコミュニケーションする。また，携帯電話での会話も用件を伝えるよりは，おしゃべりをしているケースが多い。なぜこのような会話をするのか。それは会話すること自体よりも，相手と「つながって」いることが大事なのだそうです。

【永田】それはそう思いますね。「共在」なんですよね，共に在ること。

【今田】そう。だから携帯電話が故障したり，それをなくしたりするとパニック状態になる。私はそこに健全さを感じます。世界のバーチャル化が進んでも，「つながり」がとても重要になっていて，つながっていたいという心性と親密空間が合体している。ただ，問題はその際，公共空間はどうでもよくなってしまう点です。

■普遍から特殊へ？

【永田】今のお話うかがってると，やっぱり「普遍性の崩壊」っていう気がしてしょうがないんですけど。私自身も近代人なので。たぶんね，近代になったときはものすごく感覚の変容を迫られたと思うんですよ。今まではとにかく目の前にいる人と会話してれば済んだと思うんですよね。

【黒石】前近代から社会の規範もがらっと変わって，統合失調症になる患者が多かったと聞きます。いわゆる「アノミー」的状況でしょうか。

【永田】で，全部の感覚を駆使して，コミュニケーションをすればよかった。ところが近代になって文字ってものがあらわれて，誰でも文章で人に意思を伝えなさいということになった。それはですね，たとえば小説を読むことを考えてもそうなんですが，文字で書かれたものだけであたかも目の前に特定の人がいて，その人と一緒に生きてるがごとく再構成する能力っていうのを新しく必要としたんですよ，…。

【鈴木】うーん，そうなんでしょうね。小説って，文字だけ使って追体験可能な世界を構築しようとする作業でしょ。あるいは作家の側から言ったら，文字だけでもうひとつの生きられたかもしれない可能な世界を作り上げる作業といってもいいけど。で，読者の方には当然，文章を通じてその世界を追体験する能力というものが必要とされる。

【永田】うん。で，それができる人は，ほとんどいなかったと思うんですね。一部の教養人以外にはできなかった。ところが学校教育がその能力を開発すべく一生懸命国語を教え，小説を読ませ，文芸批評を読ませて，その能力を鍛えて，やっとみんながその能力を手に入れたら，時代が変わっちゃったと。

【黒石】なるほど浦島太郎。

【今田】もう変わってる。感覚的なメディア革命が起きて。

【永田】ところがですね，文字メディアにはやっぱりまだいいところがあって，解読能力さえもっていれば時代も場所も超えられるんですね。ものすごいローテクなんだけど，場面や思考をフリーズして，時代を超えて，場所を越えて世界中に届けることができるわけです。ところが携帯電話の画像っていうのは一対一ですよね。だから，狭い空間の中でお互いに共在することを楽しむだけで，逆に私は昔に回帰したんじゃないか。つまり，モダン以前に回帰してしまったんじゃないか，って思ってるんですよ。

【鈴木】そういうことはあるね。源氏物語なんて，1000年の時を超えて届けられるもんね，しかも日本の社会という枠まで超えて届けうる。逆に言えば，ケータイの画像がそうした時空を超えた届けられ方するって，考えられないよね。基本的にもともと親密空間のメディアとして普及してきたわけだから。パソコン経由のインターネットに比べても。

　モダン以前への回帰って，面白い見方だね。

【今田】人間関係がね。

【永田】そうです。

【今田】携帯を中心にして生活している空間はやはり狭いですね。仲間集団を形成して，そのなかで安穏と暮らし，そこからなかなか外へ開いていかない。こうした状況を反映して親密空間が問題にされるようになったのですがね。ただ，パソコン使えばインターネットで世界に開かれるわけだから（携帯もインターネット付きだし），そんなに心配しなくてもよいということになりかねません。しかし，一人の人間がもちうる人間関係の容量には限度があることも事実です。ですから親密空間の密度が濃くなると世界が広がらない。その結果，さまざまな病理現象が起きる可能性が高いでしょうね。

【鈴木】ああ，先ほども出たケータイ・デバイドの問題ですね。ケータイを利用する若者は親密空間の濃い人間関係の内部で固まってしまう傾向が強くて，より広い社会参加や政治参加をしなくなってしまう，つまり，自分と異質な他人への寛容性を減少させてしまう可能性が高いっていう。こういうケータイ・デバイドの問題は，とくにケータイしか使わない最近の若者にハッキリ出てるんだって。これは開かれた民主社会への隠れた脅威なんだって言うのね。

【永田】ですから近代の，普遍化を志向した文字の時代から，五感によりカプセル化した親密性の時代にまた変わっちゃったというか。それが「普遍性の喪失」といいたいものなんです。そうなると，公共空間を再構成するというのは相当難しいでしょうね。みんながそれぞれ別々の世界に住んでいるわけですから。

5.　社会システム学と脱工業社会

——静脈型社会／カスケード——

【今田】社会思想や IT との関連で社会システム学の話をしてきましたが，今度は社会論ないし社会状況との関連でひとしきり議論しておきたいと思います。たとえば，この四半世紀，脱工業社会，脱物質社会や消費社会という社会変化が指摘されてきましたが，これと社会システム学とがどのように関わるのか，また関わっていくべきなのか。

　現在，リサイクル社会の話が大きな社会的関心事となっており，環境問題に配慮しない企業は生き残っていけないと言われます。リサイクルとは再利用のことですが，社会システムがリサイクル型になっているかが問題です。これまでは動脈型社会が中心で，富を生産して分配することに関心が集中するあまり，その廃棄物の処理に関しては無頓着でした。資源を再利用するシステムを組み込んだ社会ではなかった。社会システムの静脈系をどのようにデザインするかという発想が無かった。社会システム学では静脈系の側面を正しく位置づけることが必要でしょう。人間の比喩でいうと，動脈ばかりで静脈がなければ生きていけないわけです。最近では環境問題意識の高まりにより，静脈系の発想が定着するようになってきました。静脈産業や静脈テクノロジーが開発されないと持続可能な社会にはなりません。そのためにも，利益が見込める静脈産業の育成が不可欠です。それには，バイオテクノロジーに期待するところ大です。生態学的な循環を確保して，持続可能な地球社会を実現するための技術として。では鈴木さんからどうぞ。

【鈴木】いや，また弱いなっていう感じ（笑）。あの，ぱっと思ったことなんですけれども，僕はこの社会思想の流れとの関連で一番興味をひかれるのは，「動脈社会から静脈社会への転換」っていう話。これ，なかなか面白いなあ思うんですけども，誰か理論化してますか。

【今田】いや，それほどきちんと理論化されていなくて，リサイクル社会を特徴づけるメタファーとして私が使っている程度ですね。つまりこれまでは，社会の進歩発展に寄与する財や富を作って，これらを社会全体に配分して活力を生み出す，という生産活動体制に焦点を当ててきた。そして，使用済みの資源は，ごみとして廃棄すればよいという発想だった。

けれども，それでは環境破壊がすすんで地球は壊滅状態に陥るので，できるだけ地球という生態系に負担をかけない，つまり生態系がもつ分解能力を超えるような廃棄物を出さないようにして，生態系の循環が狂わないようにすべきだということになった。生態系は閉じた物質代謝系であり，人間の体に例えて言えば，動脈によってエネルギーや養分を含む血液を体全体に行き渡らせて運動をおこない，その後，静脈によって血液を心臓に戻して，肺へと送り込みそこで新たに酸素を補給して浄化し，再び動脈へと送り込む。血液は動脈と静脈によってとじた循環構造をなしている。この循環が動物有機体の大きな特徴だから，社会も地球もこうした再利用の発想で考えるべきではないかという形で出てきたアイデアです。

【鈴木】それを下敷きにして，社会設計したら，なんか面白いもんができるような気がするなあ。あの，生物の体っていうのはものすごくうまくできているでしょう。送り出して，それを再度集めてきて，それで浄化して，再度また利用する。なんかそういう社会像いうのを下敷きにしてデザインできるんじゃないかな。

【今田】閉じた輪としてのシステムは，原則として環境というものを考えることができないわけですから，すべてはリサイクルによる再利用が基本です。ごみのリサイクルだけじゃなくて人間組織のリサイクルもあるわけです。一度，利用されて役立たなくなったものはリサイクルによって再び役立つものに変換される必要がある。さまざまな視点から循環としてのリサイクルの在り方を考えていくべきだと思うのですが，どういうわけで面白いと思われるのですか。

【鈴木】あの，浄化っていうのがすごく面白いと思うんですね。例の「アポトーシス」とも，つまり成体の形成と維持に積極的に役立つ「プログラム化された死」とも，どこかで通じてると思うんです。死と廃棄物，どちらもこれまでマイナスイメージでしか捉えられてこなかったでしょう。いわばお荷物。あるいは忌み嫌われるもの。でもそうじゃないんだ，生命系はそうしたものもうまく取り込んだ機構を作り上げてるんだって。

【今田】静脈社会は有機体アナロジーですね。特にこれぞという理論はなくて，メタファー（隠喩）で言ってるにすぎないんですけど。

【鈴木】そう，メタファーね。社会で言うと，静脈にあたるものは何なんだろうな，とこういう風にアナロジカルに考えて行けばやっぱりもっとイメージがわいてくるでしょう。血液が栄養物と老廃物とどういうふうに結びついて運ばれていって，とか。それに相当する社会の構成要素は何と何なんだろうって。アナロジーで言えば，貨幣なんかはこうした現象とどういうふうに結びつくんかな。

■カスケード理論

【黒石】貨幣については，シリーズの第２巻を読んでください（笑）。

　で，今この文脈で，待ってました，ってところがあるんですけれども（笑）。実は「カスケード」っていうコンセプトがあるんです。

【鈴木】カスケード？

【黒石】カスケード。カスケードっていう言葉を御存知かな，もともとの意味は階段的に落ちるような滝のことなんです。日光の「竜頭の滝」みたいなのがこ

▶カタラクト（瀑布）

▶カスケード（多段の連滝）

れですね。それに対して，同じ日光の「華厳の滝」のようにどかんと落ちる滝のことを，「カタラクト」っていうんですね。

【今田】カタラクト？

【黒石】カタラクト。で「カタラクトとカスケード」っていう概念対があるらしいんです。実は今回，自分の巻の中に貨幣と関連づけてそれを書いたんです。カスケードは，意味が転じて「多段階反応」っていう意味になって，化学の世界で「カスケード反応」と使われてるんです。たとえば植物が光合成で二酸化炭素と水から糖分を作って酸素を出しますよね。その糖分を酸素で燃やしてしまえば一気に二酸化炭素と水に戻っちゃうんだけど，これがいってみれば，一気に落ちる「カタラクト」。でも生命は，そうではなくて，糖と酸素を多段階に分けて少しずつ落としながら反応させ組み合わせることで，そのつど有効に，エネルギーを取り出していくんですね。そういう多段階過程のことを「カスケード」っていうふうに言うんです。

【鈴木】ふーん。それで？

【黒石】カスケードは体の中で代謝として起こっているだけじゃなく，生態系の中でも広く見られるものです。たとえばデンプンを糖分に変えるコウジ菌ってやつらがいて，その糖分をまたアルコールに変える酵母っていう生き物がいますね。酵母にとってアルコールは生きるエネルギーを得るために生産した廃棄物ですが，これは彼らにとって厄介で，何しろ消毒液ですから，あまりアルコールがたまってしまうと，自分が生きられない。彼らにとってすごい環境問題なわけです（笑）。まあこれは人間にとってはお酒として使えるからいいですけどね。ところが今度は，そのアルコールを分解して酢酸を作る酢酸菌っていう生き物がいるんですよ。そうするとアルコールとして濃縮したものが酢酸になって，環境問題を解決した上に，お酢として使える。で今度はその酢酸を分解して最終的に二酸化炭素と水にするという菌もいて，つまり一番最初にデンプンから作った糖を“多段階に”活用しながら，最終的には水と二酸化炭素に戻すという仕組みになってるんですよね。人体の中で起こっている代謝は，「エネルギーを取り出す」っていう意味では似ているけれども，別のカスケード反応をしている。

【鈴木】なるほど，面白い，うまくできてるね。われわれ酒飲みは，アルコールから醸造酢のプロセスを横取りして「酔っ払い天国」を獲得してるわけですね(笑)。で，これを社会に応用するとどういうことになるわけ？

【黒石】社会的文脈で「カスケード」を唱えているケースですが，僕が関わった例だと，奈良県の飛鳥国営公園っていうのがありまして，その国営公園で公園整備の副産物として木材の廃材や刈り取った下草が大量にでるんです。それをどうしたらいいか，っていうことでいろいろ議論をしているところに関わったことがあるんですけれども，そこで「カスケード利用」をしましょう，というコンセプトが出たんです。カスケード利用っていうのはまず，一番最初に出てきた木材をなるたけ加工度の低い状態で使えるようにする。たとえば木材の状態で階段を作る，あるいは手すりを作る。そのときに次の使用のことを考えて，なるたけ防腐処理をしない。防腐処理をして使うと長持ちするんだけど，次の段階では使いにくくなる。結局廃材が大量に出て次の利用法があれば長持ちしなくていい，ってことになるんです。長持ちしなくても一定の間隔で次を作ったり外したりを繰り返すほうがいいんだ，というわけなんですね。

【鈴木】なるほど。

【黒石】で，防腐処理をしていないから次の段階で使うことができて，チップやおがくずにして使うとか炭に焼いて河川の浄化に使うとか，いろんな使い方がその後ひかえてくるわけなんですよ。そうやって最終的に，一番最後に使うのは，ほんとに細かくなった廃材を，土壌改良材とか堆肥にして使うだとか，まとめて圧縮して燃料にするだとか，その間に何段階か使える可能性があるんですよね。そうすると，品物としての採算性を一番最初の段階だけで図らなきゃいけないのではなくなるんです。次の段階での利用可能性も考えて，初期の段階で採算性を設定することができるようになるので，可能性が広がるわけなんですね。まあ，なかなか採算ラインまでいくのは難しい話なんですけれども。

【今田】社会システムにも，そのような利用法が当てはまる施設は結構ありますよね。昔団塊の世代が大量に小学生の年齢になったときは，学校や教室を数多く準備しなければならなかった。私の通った公立の小学校は，1クラス55人で11クラスありました。その後，出生率が次第に低下してゆき少子化が進むと，校舎が遊休設備化することになる。カスケード理論があれば，事前にその次の利用法を考えて設備を作れるわけです。

【鈴木】あの時代に，今の少子高齢化を予測するのは神業やけどね（笑）。

【黒石】ええ，でも最初の段階で，後の見通しがあれば，最初の段階での対処が変わってくるんですよね。最近，天ぷら廃油を再利用してバイオディーゼル車を走らせる運動が起こっています。これは廃油をただ焼却処分するのと比べれば格段にすばらしいことなんだけれども，「食用→動力用」という二段階活用ですから，〈カスケード〉の「多段階活用」というコンセプトから見ると，間にもう一段階くらい欲しい気がするんですね。ただの思いつきですけれども，たとえば天ぷら廃油をまず旋盤加工のための冷却潤滑油として使い，使用後の潤滑油を集めてディーゼル燃料として使う。これだと「食用→潤滑用→動力用」という三段階活用ですから，より〈カスケード〉のコンセプトにそぐわしい。実際には微細な金属片が混入したりして難しいんでしょうけれども。とにかく「燃やす」というのは最終利用ですから，その間にいろいろな活用方法を考える必要があるわけです。

【鈴木】生命系って，そのあたりが実にうまくできてるのね。

【今田】そういう意味では静脈系に近い発想なんで，「一回きり」の使いっきりではなくて，何度も再生利用するというか，多段階利用するということですよね。

【黒石】そうです。「カスケード」ってそういう意味なんですね。

【鈴木】さっきも少し触れたんですが，生物の「アポトーシス」ね，一定の段階でみずから，たとえば人間だったら，発生の過程で，最初は「えら」とか「しっぽ」だとかあるんだけど，ああいうのがどんどんなくなっていくんですよね。そのときにですね，死んだ細胞がどうなるかいうと，「アポトーシス小体」いうちっちゃい吸収されやすいきれいな断片になって，近くの大食細胞が廃材として食べて，それで新たにまた再利用する。そういうシステムがあるんですね。

【今田】生体リサイクルだね（笑）。

【永田】どうやって再利用するんですか，ちなみに。

【鈴木】細胞分裂，増殖のときにその素材・養分としてまた使うんじゃないかな。しかもね，その際に吸収される側の細胞のDNAが変に作用しないように，これが無効化されるんですよ。「核均質化」って言ってね。実によくできてる。で，「アポトーシス」と「ネクローシス」の違いは，「アポトーシス」の場合には，要するに後を濁さないようにきれーいに処理をして，廃材利用やってるんですね。で他方の「ネクローシス」，つまり「不慮の死」の場合にはそうじゃないんですよね。きたないんですよ，ものすごく。この場合には，細胞膜が破れ細胞が破裂して内容物が流れ出したり，飛び散ったりする。要するに，環境汚染を起こしてしまって，生物体自身が外敵に感染する危険があるのね。うまく廃材利用という形にはなかなかならない。まあ，時間はかかるけど最終的には処理されるんだけど。ところがプログラム化されてる死，つまりアポトーシスの場合はほんとにきれいに，残さず再利用されてしまうんですよね。しかもきわめて短時間に。これはやっぱすごいなあ思うんですよね。

【今田】リサイクル社会みたいな話ですね（笑）。でも大丈夫なんですか，計画的にプログラム化されて，無駄や遊びがない社会システムになってしまって。

【永田】今の話は計画的な話ではないんじゃないかな。マクロファージはガン細胞食べるけど，それでも人はガンになりますし。社会だってね，尻尾があると思うんですよ。だけど社会は尻尾をうまく処理できてない。生物体ほどうまくできてないので。だから，カスケード利用すればもっと効率的に使えるのかもしれない。もういらなくなっちゃったような，たとえば天下り財団とかそういう（笑）。

■工学における「静脈系」

【今田】システム工学や経営工学の分野では，こういう「静脈系」の問題は起きてないのでしょうか。

【木嶋】見方が違うんじゃないですかね。静脈は動物とのアナロジーですもんね。もう少し具体的なというか，どうしたらペットボトルを，というのは，個別の話題ではあるかもしれないけれども，示唆できるというか。大きな話ですけれども，そういうのはどうだろうか。

【木村】経営システムで，何かこうやるといいですよといって成功して，そういう時にゴミとかそういうのは出ないんですか。無駄とかいらないもの，廃棄物や排気は出ないんですか。

【木嶋】ですから，今まで無駄が出ないようにというのは，「経済的に」，だったんですよ。必要最小なインプットをして製品を作ると。それで無駄が出ないようなことを考えていたのだけれども，その議論の中で，廃棄物っていうのはあまり視野になかったんでしょうね。しかし，この前提で，物を作るというのは廃棄物が出るにしても，廃棄物というのは無駄ではないですよね，何でしょう（笑）。

【鈴木】生産原則でいえば，費用対効果から見て，その費用対効果からはじきだされる，マイナスの産物。本来はね，でもそれがそうじゃなくなってきてると…。

【木嶋】ペットボトルが安いから，ペットボトルにするわけでしょ，昔のビンに比べて。その部分では，費用対効果のプラスが働いてるわけですね。

【今田】ところで，人間関係のリサイクルは？

【木村】あ，僕のいいたかったのもそれです（笑）。先程から出てる「いじめ」とか「人の悪口」というのは，静脈系の機能かもしれないと思うわけですよ。つまり，何かを求めれば足りないものに対してマイナスの評価が発生するわけだけど，それを封印しておくと生き物としてだんだん変になってくる。それが悪口とか「2ちゃんねる」に溢れ出てばーっと流れる。学校でいじめてはいけないと言われるから，帰ってからこっそりとさんざん書き込む。昔は廊下やなんかで殴りあったわけですよ。今のメディア社会で，「メンタルな意味での廃棄物」というのは果たして何なのか。「殺戮論」からいっても，「あいつを許さない」とか，殺戮までいかないレベルでいわばゴミとして回収して，それを燃やすとか流すことでシステムを維持する。そういう機能を，もしかしたら悪口や中傷などの負の廃棄物処理によって補完しているのかもしれませんね。

【黒石】「王様の耳はロバの耳！」と叫んで吐き出したいわけですよね（笑）。

【永田】AGIL の L を思い出しました。

【今田】ただ，静脈系には，生産的な活動をしてエネルギーを消費した後のカスが送り込まれてくるので，それを元に戻してきれいにして，再利用するというイメージですよね。

【木村】でも疲弊したものとか，害毒になるものを掃除するということもやっているのですよね。毒を排除したりするのは，リンパのほうでしょうか。建設的な人々はポジティヴでないものには価値はない，というふうに考えるけれども，実は価値でないところの反価値を，もうひとつの局面で回流させることは，システムの存続において結構重要ではないかと思う。われわれは表ではへつらい，良い子のふりをし，愛の言葉で語って，腹の立ったことは，裏で一杯飲んでわいわい悪口を言って洗い流す。大人はそれぞれのルールの中でできますけれども，子どもはまだそれがわからないので，いわば自分の毒まであびてしまう。先ほどの学校裏サイトのいじめのようにね。それは良き人々が悪意とか憎しみとかそういうもののファンクションを，システム論的に洞察できていなかったためではないだろうか。表面だけ見て，裏が見えないわけです。

【今田】表面は静脈系で，裏ではリサイクル（笑）。そういう解釈も可能だと思うのですが。ここはこのあたりにしておきましょう。

6.　社会システム学との交流

――生物学／建築学――

生　物　学

【今田】社会システム論と生物学との交流は古くからありました。昔はダーウィンの生物進化論とイギリスの社会学者スペンサーの社会進化論の交流，それから，戦後のパーソンズはキャノンのホメオスタシス（恒常性維持）の原理を社会システム論に取り入れました。ルーマンは，初期にはサイバネティクスを基礎にし，後期にはヴァレラのオートポイエーシス論を基礎にした社会システム論を展開しました。問題は今後のことですが，生物学との蜜月関係はどうなるのか。生物学や有機体の発想にとらわれずに，物理学や工学の機械論との相互作用が強くなりはしないかという予感めいたものがあるのですが，どうでしょう。

【木嶋】特に先程のバーチャル・ソサエティの展開を考えると，「設計」が視野に入ってきます。設計となると，やはり，工学とか物理との交流に期待がかかります。

【今田】具体的にそういうことで進んでいる社会システム論はないのですか。

【中井】オークションのシステムの設計は良い例だと思います。ただし，「社会システム学」には物理学ではなく生物学の方が，多くのインスピレーションを与え続けるのではないでしょうか。

【中丸】システム生物学と社会システム学との対比，という観点からではなく，進化生態学的観点から社会システム学へ寄与することについて，今の私の考えを説明したいと思います。人間はタブラ・ラサ（白紙説）ではなく，何か傾向があって，意思決定しています。生物学者は人の意思決定は遺伝子の影響はある程度受けていると考えています。どの程度，どの遺伝子が影響しているのかはこれから徐々に解明されると思います。そういったことを念頭において，社会を見ると，違った見方から社会システム学への寄与ができると思います。たとえば先ほど話題に上ったバーチャルリアリティ，バーチャルネットについて考えていく際の助けになるのではないかと思います。

【今田】しかし最近のカオス理論，散逸構造論やシナジェティックス，ゆらぎ理論などは物理化学分野の理論です。こうした分野でいわゆる近代の伝統的な科学の枠を越え出ようとしている。ゆらぎやカオスは生命の証しであり，これらにこそ新たな構造や秩序の源泉がふくまれるのだという。これらはかつて誤差や攪乱やゆらぎとみなされて，制御したり無視したりすればよいとされてきたのに対し，逆にそれらの情報の中にこそ秩序の種や価値ある情報が入っているという方向に物理化学がシフトしてきています。

　個別でマイナーな要因は近代の法則科学観からすると，はみだしの余計ものですが，新たな物理化学の流れから判断すると，一般的でもなく普遍的でもない個別で特殊な要因の中に，普遍性ないし一般性に通じるものが潜んでいるということです。これまではそれらを切り捨ててきたが，現在ではこれとメジャーな要因との間の相互作用を扱うようになってきている。

【黒石】そうです。さらに言えば，「複雑なものを複雑なままに」というのが，日本の複雑系研究のスローガンですからね。

【今田】ということで，私は最初，誤差の統計分析を本格的にやりたかったのです。というのも，正統派の統計学では誤差を扱う際に，誤差は平均０，分散１の正規分布をするという乱暴な仮定を設けています。こうしないとパラメータの推定がおこなえなくなるからです。で一度試みてみたことがあるのです。所得を学歴と職業的地位に回帰する方程式のパラメータを推定した後，すべてのサンプルについて学歴と職業的地位の実測値を方程式に代入して所得の推定値を計算し，これと実際の所得の差を取って，各サンプルごとの誤差（ズレ）を測った。そしたら誤差は平均0，分散1などには決してならない（もちろん有効サンプル数が数千程度なのでという理由もありますが）。そしてこの誤差と学歴の関係を相関係数でみると無相関ではなかった。つまり，誤差がパラメータに影響してその値を変える可能性がゼロではないことです。

■死の意味

【永田】生物との比喩でいうと，さっきからずっと気になってたんですけど，「死ぬ」っていうことを，どう捉えるのか。もし恒常性を維持しているんだったら死なないわけですよね。どうして死ぬんだろうか。それからもうひとつ。カオスの縁が常に進化させているんだったら，たとえばガン細胞が体を全部乗っ取ってしまったと。人間の場合。そしたら，もう本人死んでるけど，ガン細胞だけ生きてるってことがあるんだろうか。

【黒石】あります。「ヒーラ細胞（HeLa cells）」ってのが有名ですね。悪性のガンで死んだアメリカ女性 Henrietta Lax のイニシャルがつけられたものですが，彼女のガン細胞は今も生き続けて，世界中の研究室で研究されてます。ガンは悪性のものほど生命力が強いそうで，人間には死があるわけだけれど，栄養さえ与えられればこういうガン細胞に死はないんですね。実際，生前の彼女の全身にあった正常細胞の数よりも，世界中で培養された彼女のガン細胞の数の方が多いそうです。彼女は死んだけれど，ある意味，彼女はガン細胞として世界中に不死身の命を得たとも解釈できる。いつか生物学が進歩して，この細胞から彼女が蘇るってことも…。

【永田】でも社会の比喩に戻していうと，ガン細胞に乗っ取られた社会は死んだんですか，それとも生きてるのか。社会システムは死ぬのか。

【黒石】免疫学的には，他者を排斥できず他者に乗っ取られたシステムは死んだことになるでしょうね。しかし器官レベル，細胞レベルでの「死」はそれぞれ違う。まして社会システムが死ぬのかっていうのは微妙ですね。機能主義で，機能的要件を満たさなかったら社会は死ぬのか，という議論があったと思うんですけど。でも僕が重要だと思うのは，単細胞生物に死はあるのか，という点です。単細胞生物は分裂して生きていますよね。そうすると死ぬことはもちろんあるけれども，その死っていうのは餓死・事故死とか病死（つまり不慮の死）しかありえなくて，寿命が来て死ぬとかアポトーシスで死ぬことはない。だから，30億年間もずっと生きてるわけです，単細胞生物っていうやつらは。じゃあ進化しないかというとちゃんと進化してる。昔の大腸菌とは違う性質をちゃんともってるし，大腸菌だけでも種類がものすごくいっぱいあるわけですよ。だから社会と生物を比べるにしても，どういう生物と比べるか，っていうのがかなり致命的な準拠点の取り方であって，ひょっとすると単細胞生物みたいな死なないものと比べる方がいいのかもしれないんですね。死の宿命があるのは多細胞生物の特徴です。死が存在するのは多細胞生物だけですよね。

【鈴木】そう。多細胞生物になってはじめて，生殖細胞と体細胞との分化が起こる。そして，体細胞には分裂限界（ヘイフリック限界）があって生物個体としての寿命があるんやけど，もう一方の分裂限界のない生殖細胞が有性生殖を経てDNAやRNAなどの遺伝機構をつうじて，新しい次世代の個体に育って行く。つまり体細胞と生殖細胞の分化が生じてはじめて，世代交代という現象が生まれ，新しい形で恒常性の問題が解決される。と同時に，自死や進化の問題が登場する。つまり「死ぬ」というのは生命体が新しく獲得した能力なんやね。多細胞生物だけがもつ「死ぬことができる」という能力。さきほどの「ヒーラ細胞」って悪性のガン細胞は，この「死ぬ」能力を失って単細胞に先祖帰りした異常体ということになるのかな。でねこれ，社会にあてはめるとどういうことになるのだろうか。まさに，僕が担当巻でやろうとしていることなんだけれどもね…。

うーんそうか，社会を単細胞生物に準拠して考えるってねえ，今まで考えたこともなかったなあ。でも，ありうるかもなあ，社会それ自体の世代交代って考えにくいし。構成メンバーの世代交代はあっても。

【永田】でも，社会を単細胞生物に見立てるっていうのはちょっと無理があるんじゃないですか。

【黒石】しかしね，単細胞生物すらものすごい複雑性をもつものですから，これをそう簡単にはばかにできないと思いますけどね。

【鈴木】うーん，まさに僕の巻のテーマそのものやなあ。なんか言わんとまずいなあ（笑）。これまで準拠点としては，多細胞生物ベースで考えてきたんでねえ。で，こうした生殖細胞系列と体細胞系列との分化に似た現象を社会に探すとすれば，やはり道徳規範とか法規範をコアとする広い意味での「文化」の成立ということになるんかな。さらにそれを伝える機構と。いま，そういう意味で少し古いけどデュルケームの理論ではどうなってるんかな，というのが気になるわけ。『社会分業論』なんかの中でね。「集合意識」という面白い概念もあるし。そもそもデュルケームの社会理論のベースには，当時の生物学理論があるわけでしょう。でも，いまの生物学の進歩って半端じゃないから，そのベースの部分でのギャップをどう埋めるか，苦労するわけよ。金子邦彦さんの最新の「複雑系生命論」なんかとの，生物学ベースでのギャップね。今田さんからは「執筆までに10年はかかるから止めてくれ」って言われてるんだけど…(笑)。まあ，僕はもともとウェーバリアンだから，そう言われても仕方ないけどね…（笑)。

【木村】前の議論で永田さんが，「死をどう捉えるかと」いうのが非常に大きいとおっしゃった。たしかに死というのは，個体的には絶望的で，個人主義でなくシステム論的にしか捉えられない非常に大きな出来事です。同じように集団や文明の死というのは何なのかということが，この中で議論しながら手がかりがみえてくる。社会，人間，生物の理解に対する新しい視点が。

【黒石】死の問題は「生きたシステム」を論じる上で避けて通れないですよね。また人文学にとっての大問題でもある。死は単細胞でなく多細胞で，また個人主義でなくシステム論的に，はじめて意味をもってくる，というこの指摘は新鮮です。

【鈴木】でも単なる無為な死でなくて，次につながる死というのが絶対組み込まれているはず。

【木村】そう，本来，生と死というのはつながっている。だから僕は『殺戮するシステム』の巻で（笑)，むしろ能動的にあるものを殺戮する，抹殺するということは何かを生み出すための「イケニエ」だろうということも考えたいのです。

【黒石】スケープゴート，って言われてるやつですかね。

【永田】創造的破壊？

【木村】文明の転換点ですね。それは反革命の粛清であり，たとえばアルカイダの文明に対する呪いであり…。呪いが意味システムに媒介された時に殺戮へと変質する。その呪いをコントロールできるかどうかという瀬戸際にわれわれの文明はいる。テロリストが核兵器をもつ。あるいは，タンソ菌か何かの細菌で感染した人間がアメリカを１週間歩いたら700万ほど死ぬだろうという説があります。オウムのように決意した，呪いを祈りと勘違いした人間が武装すると文明は崩壊する，とアメリカは気がついた。日本はそうした恐ろしい可能的未来の世界で最初の発信源でありながら，その事実にすら気がついていない。そういう意味では，日本の社会思想の崩壊と展開というようなことを考えると，やはりオウム真理教事件というのは非常に決定的なターニングポイントで，世界史を変えたと思いますね。

＊　＊　＊

【今田】「死」のことをいうのと逆に，「生きる」ことを考えてみたときに，生物学の知見によれば，その真髄は「自分自身を自分で正確にコピーできること」と「進化ができること」です。自身のコピーを作り出しながら，しかも変わっていくことができる自己再生産。これが生きていることのポイントになるわけです。すると，さっきの「カオスの縁」のようなものが，生物にとっては決定的に大事になる。

【永田】はい。でも，「死んでる秩序」ってあるのですか。

【鈴木】うん。もう変わらない秩序。

【黒石】結晶みたいな秩序。

【今田】秩序とカオスの境目，つまりカオスの縁で何が起きてるかというと，ここはシステムがとてもハイな（励起）状態になっているところです。で，ハイになると何が起きるかというと，突然変異が頻繁に起きるのです。

【永田】今，冷戦後の世界では民族問題とか宗教問題でそこらじゅうハイテンションですけど。

【今田】そう，民族紛争とか宗教紛争の場では突然変異，つまり社会システム論的にいうと新しい，今までにないような情報が創発しているわけですよ。社会はこうあるべきだ，こう組み立てたらいい，こういう価値観がいい，っていう形でね。しかし，その内実は血みどろの対立であるわけです。人間って興奮状態になると結構いろんなことを考えるものです。

【永田】そうなるとひとつは，「今の紛争を肯定するのか？」って話になりかねないような気がするんです。つまり紛争っていうのはもう人間社会に必然で，それがあるからこそ人間の世界は進化していける，っていう結論になるのかどうかがひとつ。

【今田】カオスの縁のようにハイになってる境界があるということが，これから生きながらえていくために不可欠であるとすれば，かつそれを現実社会での紛争にたとえるとすれば，紛争を肯定することになるのかという質問でしたが，それはちょっと短絡的です。何でもかでも「カオスの縁」が重要とは言っていません。紛争がすべて社会のカオスの縁で起きてる現象だと考えているわけではなく，秩序が崩れ去ろうとしているときに，カオス要因が入り込もうとすることです。で，システムが励起状態になり，私流の社会システム論でいうと，拙著『意味の文明学序説――その先の近代』で論じた「変則革命論」が成立します。予言者や道化師とか魔術師など“変なよそ者”が，社会システムの境界領域にやってくる。そして，おどけたことやったり，変な噂をたてたり，危機の予測をまくし立てたりする。システムが安定状態にあるときには，「変人が来た，追っ払え」といってシステムから排除する。すると彼らはすたこらさっさと逃げてゆく。殺されたら困るから。しかしまた，懲りずにやってくる。ずっとこうしたことを繰り返すのです。

【鈴木】うーん，ウェーバーの『古代ユダヤ教』なんかを少し連想させる話ですね。どちらかいうと，「幸福の預言者」と「幸福の神義論」，および「禍いの預言者」と「苦難の神義論」というあの有名な予言と預言者の二類型のうち，迫りくる禍いを予言して民衆の迫害を受けつづけた後者の「禍いの預言者」を。古代ユダヤ教では，ミカやエレミヤが有名ですけど。

【今田】そうです。

ところが，あるとき，当該のシステムがおかしくなってどう対処すればよいのかわからなくなる場合がある。秩序が崩れて，システムの中で，もめる状態が続く。その際にも，彼らがまたやってくる。手詰まりなので「駄目もとでいいから，彼らのいう話をちょっと聞いてみるか」という雰囲気になる。そして，システムと変則者の間に同盟が成立し，システムの変革が起きたりする。こういう“変則入力”をシステムがもっていないと，自身変わりようがないでしょう。ということで，上から押さえつけて計画的に変える変動ではなくて，変則革命とでも呼んでいいんだけど，異質なもの違和感のあるものがシステムの境界にやってきて，なんだかんだとやることにいつしか反応するようになる。そしてシステムの境界を新しく創造することになる。だから「境界維持」ではなく「境界創造」であり，こういう境界創造的なシステムが自己組織システムで，社会というのはそういうものだと思っている。あるシステムが，それまで順調に推移していたのにそれが思うようにいかなくなって，今まで排除していた変則的な「攪乱要因」に対して関心をもつようになったときに，カオスの縁ができると思うのです。

【鈴木】うーん，待てよ，よくよく聞いてるとなんだか木村さんの「笑い」の理論を思い出しちゃった。木村さん，「笑い」って，状況をリセットするボタンなんだって言ってるでしょ。深刻になった状況をリセットする。それともなんか似てるなあ。木村さんどうなの？

【木村】25年以上前に公表した「笑いの統一理論」で，意味世界を成り立たせている表象図式の負荷を瞬間的に吹き飛ばす現象が笑いであることを示しました。ジョークや滑稽な場面に遭遇したとき，パターン認識の図式がズレて感覚一運動系に発振が起こる。このとき行き場を失った余剰エネルギーが溢れ出すと笑いが発生し，図式のリアリティが一挙に失われる。いわば，愉快な空無が出現するのですよ。最近は，これをわかりやすく，「ズレて，ハズれて，ヌケて，アフレる」と言ってます。重厚長大な論文を書くよりも，ひとことでいったほうがわかりやすいみたいなので（笑）。

【鈴木】うーん，こちらは変則革命といっても底抜けに明るいね（笑）。でも，それがいいのかもね。

【木村】大事なのは，間主観的に構成された意味世界の図式が，笑いによっていったんキャンセルされるということです。笑いには，世界をリセットし，ゼロ化する機能がある。特定の意味世界の図式を唯一のリアリティと信じて疑わない硬直した精神を文字通り一笑に付し，吹き飛ばすものが笑いなのであって，真理のきまじめさや人生の不条理こそ，可笑しげなものとして笑い飛ばせる。

【鈴木】なるほどね。好きやなあ，そういうの（笑）。

【木村】で，負荷をゼロにする笑いは，ニュートラルギアみたいなもので，たとえば現代社会はローギアでアクセルを踏み続けているような，きわめて負荷の高い状態になっている。このままいけば，いずれ崩壊する際どい局面を迎えているのだけど，まじめな精神は，社会が機能不全なのはまだアクセルを踏み足りないからだと考えて，ますます負荷を高めようとする。かつて活動家たちが，革命が実現しないのは共産主義化が徹底されていないからだ，と信じて山岳キャンプで血を流したのと同じ理屈です。意味世界が危機に陥ったとき，ついまじめな人たちは意味世界を救済するために負荷を高めてしまうけど，それこそが文明を崩壊に導いてしまう。エイプリルフールの嘘は，騙されたとわかった瞬間にプッと吹き出しますが，騙されていることに気づかないあいだは，驚きや怒りの負荷が高まっているわけです。

【鈴木】うん，そうだよね。そう言えば，日本では最近あまりエイプリルフールに，かついで楽しむってことが少なくなったなあ。欧米はまだ新聞記事を使って，もっともらしいアホなニュースを流して，読者と一緒に「騙した，騙された」って喜んでるけど。

【木村】そうなんです。今はイデオロギーにとらわれて身動きが取れなくなっている状態だとすると，プッと吹き出したときが歴史の新しい局面になる。人類の最後の進化は，意味の充実によってではなく，笑いによって出現する愉快な無の実現にかかっているのかもしれません。イデオロギーからユーモアへ，これが現代社会の課題なんじゃないか。世界を笑うトリックスターや，秩序が反転するカーニバル的なもののもつ意義ですね。

＊　＊　＊

【永田】なるほど。カオスの縁は紛争ではなく笑いの中にあるんですね（笑）。

確認すると，構造の固定はシステムの死である。ならば生き続ける社会システムとは，つねに構造改革可能な社会ということになりますね。攪乱が社会内部にビルトインされていないといけない。都合よくよそ者が来てくれるとは限らないし，よそ者を追い出し続けていたら来てくれなくなっちゃいますしね（笑）。とくにグローバリズムが行き着いて，世界がひとつのシステムになってしまったらもう外がない。さて，どうやって構造の変更可能来を担保するか。そもそも近代とは作為の契機を埋め込んだもので，構造の変化を前提とした社会ではなかったのか。この構造が変更できるという構造にも遊びがないといけないんでしょうか。

【黒石】前にも出た，遊びや無駄，中立進化の効用ですね。

【永田】本来自由主義的な教育の考え方は，まさしくそういうもんだったと思うんですよ。それぞれ親の良心の自由にまかせて，子どもは自分たちのテキストに従って育てなさいと。で，いろんな子どもが育つ。いろんな能力をもった子どもが育つけれども，その中で，今はたとえば官僚に向いたタイプが必要かもしれないけど，そのうちそうじゃない人達が必要になるかもしれない。そういうときの必要になるだろう才能っていうのを伸ばして，とっておく。

大学そのものがそうですね。全然役にも立たない研究を税金で維持してるのはそのためで，そのうち役に立つかもしれない。そのうち新しい何かが生まれるかもしれない。環境が変わったときに役に立つかもしれない。そういう無駄な貯蔵庫っていうのは社会に必要だと思うんですけど，でも今の社会の現状認識ってまったく逆ですね。やたらと効率的でなくてはならない，「有用な研究」をしなくてはならない，安倍首相時の教育再生会議なんて，みんな一律に「早寝早起き朝ごはん」。みんな同じになれ。だからいい意味でのバッファですよね，そういうものを捨てたがってる気がします。

【今田】社会がね，切り捨ててね。

【鈴木】でも，本当はそういう官製の動きよりも，民間企業を通じた同様の作用の方がむしろ気になりますね。特に，このサブプライムローン問題以降の金融危機の中でおこなわれている，大学生に対する企業の採用活動！

100年に一度と言われる厳しい経済状況の中で，買い手市場だから，企業は採用を絞ってしかもやりたい放題。企業の採用の基準は，「即戦力」と「コミュニケーション力」なんだって。で，面接のときに聞かれるのは，部活とバイトのことだけなんですね。「そこで君は何を努力し，どんな貢献をしたのか」って。間違っても，大学で学んだ学問や教養，あるいは学業のことではない。これは大学にとって，由々しき事態ですよ（笑）。本当に。

リクルート専門の会社だったかな，自社で営業力のある社員を調べたら活発な部活とバイト歴という結果が出て，その調査票をもとにしたマニュアルがどうもあるらしくって，それが企業に出回っているんだって。

でも，そんなに営業に強い人間だけ採ってどうするんだろう？　会社って，営業だけじゃないはずでしょう。もっと長期的な経営戦略とか，長期的に育つ潜在能力だって必要だろうに。学生だってバカじゃないから，当然，「傾向と対策」を立ててそういう方面にだけ注力するわけね。これじゃ，日本の企業に未来はない，って思いましたね。実に，単細胞的なのね。企業幹部に聞くと，そんなことないのにね。大学生には真の教養を求めるって。

【永田】ええ。

【鈴木】ああ，大学人としての日ごろの鬱憤がつい噴き出してしまいました

(笑)。

話を戻しますと，実はね，この話は先の単細胞生物から多細胞生物への進化と，ストレートにつながるのです。あるいは進化の過程で，有性生殖が生じた話と。どういうことかというと，単細胞生物の原核細胞は遺伝子を一組しかもってなくて，一組のままの状態で無限に分裂していって増殖する。このやりかたで行くと，分裂の過程でコピーミス，つまり突然変異が生じると大体滅亡に直結してしまう。だって遺伝子のスペアをもってないわけだし，突然変異というのは生存にとってマイナスであるばあいがほとんどだからね。ところが多細胞生物に代表される真核細胞になると，二組の遺伝子をもつようになり一組はスペアとして貯蔵される形で増殖するようになる。これによって，コピーミスによる滅亡の危機を回避するわけね。さらに言えば，この真核細胞はいったん減数分裂によって遺伝子を一組しかもたない半数体に戻って，同様の過程にある他の細胞の半数体と有性生殖をおこなうようになる。このことによって，貯蔵された突然変異ないしコピーミスの中にごく稀に含まれる，プラスの方向への変化の可能性を試す機会も担保するのね（劣性遺伝子のトライアル)。うまく行けば，いわゆる「進化」がもたらされるわけです。実によくできた自然のメカニズムです。

いまの話，これとよく似てますね。いまの社会状況は，生物学で言えばいわば単細胞生物時代のメカニズムへの先祖がえりっていうことになるのかな…。

＊　＊　＊

【今田】そう，話を戻せば，いろんな意味で人間関係のバッファが削り取られています。それは個人化のせいなのか，それとも別に原因があるのか定かではないのですが，おそらくネオリベラリズム（新自由主義）のいう市場競争主義を推進した結果，そういう面が際立って出てきたと思います。近代社会には，個人化の力学がほんらい含まれているのに，ネオリベがこれを加速させたのです。無節操に自己決定・自己責任論をふりまいて，規制緩和や小さな政府を称揚し，勝ち組と負け組の分断および格差化を合理化した。失業や生活苦は本人の責任であるという議論が大手をふってまかり通るような自己決定・自己責任論により，ほんらい国が負わなければいけない責任までをも個人に転嫁する論理としてかなり使われた。リベラリズムはそのようなことは言わず民主派ですが，ネオリベラルは粗野な市場理論を掲げており，特に帰責の論理に関して鈍感極まりない。

【永田】そうですよね，だからむしろポストモダンの時代はまだましだったと思うんですよ。何でもありというか，多様性を大事にしましょうというか。

【今田】遊び性も残して。

【永田】そう，そういう時代だったと思うんですけど，逆にモダンに戻っちゃったからポストモダン的な発想がなくなったんでしょうか。でもそれはとにかく，今おっしゃったことはまったく，資本主義の初期の理論ですよね。古典主義。だから，思想的にはまったく成熟してないどころか，戻っちゃってるんですね。私はしばらく前から古典的自由主義とか，市場主義とか，リバータニアニズムとか，そういう考え方はまったく間違っていると思って，一生懸命叩いているつもりなんですが（笑），その基本的前提というのは個人単位の封建主義なんですね。人はそれぞれ縄張りをもっていて，その縄張りの内部で完結してる。だから互いに縄張りを侵さなければよいのだと。要は“Leave me alone”。関係切断的なんですね。すごく。

【今田】まあ小泉＝ブッシュの時代には，イデオロギー化した市場競争主義が世界を席巻したから，徹底した効率化を推進して競争力の強い者が勝ち組になり，そうでない者が負け組になるという論理がまかりとおりましたよね。でも，自己決定と自己責任という一見もっともらしいスローガンで，帰責の論理を明確にしないまま，個人に責任を押しつけるという論理をごり押しした。これは無駄を省く素朴な近代主義の論理であって，こういう圧力をかけたら，無駄を省くことが困難になった場合に「偽装」をやってしまうのですよ。効率化も限界に来ているのに，成果，成果と圧力かけられたら，安易な方向を選択する人が増えて当たり前です。

【黒石】進路も退路もなく八方塞がりで，しかも品質向上・価格低下の圧力だけは増すから，悪い誘惑が商品に紛れ込んでしまう（笑）。しかも正規のルートで出荷するしか道がない。

【今田】悪いことだとわかっていてもそれしか手がないのです。そこをわからない為政者は社会音痴なのでしょうね（笑）。建築設計の強度や商品の消費期限や産地名で偽装事件が過剰におきたのは，過当な競争を強いたからですよ。もう効率化は限界に来ているのに，それでもやらなきゃ負ける，となったら偽装するしかないという心性を反映しています。ポストモダンは近代を駆逐するのではなくて，それを抱え込んでその先に進むという形になると考えます。つまり，近代を包摂する形で進む。

建築学との交流は可能か？

【今田】文理融合との関係で，さきほど桂離宮や金閣寺の話が出たのですが，交流の相手としては建築学がけっこう面白いと思います。建築物は「人間生活の器」なんですよね。なのに，これまで，社会学，特に社会システム論もそうだけれども，建築学のアイディアと相互作用してこなかった。建築学には二大分野，つまり「意匠論」と「造形論」があって，前者はソフト面のデザイン論で後者はハード面の構造学です。ポストモダン論の発祥は建築学にあるわけです。近代主義的な造形，社会の組み立て方に対して NO を突きつけた。そのようなやり方では人間味が損なわれるとした。

【木嶋】機能的といっていいんですか。

【今田】そう，機能的です。近代主義建築イコール機能主義建築と言われるくらいだから，無駄がなく効率的な建築をめざすのが近代建築でした。そうした論理に人間が合わせてきたわけです。たとえば，この部屋のように四角い部屋で，四角いテーブルに腰掛けて議論するように。しかし，それでは人間味がないということで，単純化していえば曲線による造形を中心にするようになった。ソリッドな直線による意匠よりは，柔らか味のある曲線のほうが人間に優しいということでね。実際，最近は，企業でロゴマークを変えたところはほとんど曲線を使っていますね。NTT やサッポロビールなど，楕円や曲線が基調ですよ。三菱だけは菱形を崩すわけにはいかないのでそのままだけれども，そのうち変わるかもしれない（笑）。

【鈴木】うわー，ぐにゃぐにゃになったスリー・ダイヤか，いただけないなあ（笑）。

【木嶋】でもポストモダンに関して，建築分野では揺り戻しがあるじゃないですか。つまり，曲線とか無駄とかで一時変わったでしょ，打ちっぱなしはどうなのか知らないけど，そういう従来の機能性とかソリッド性とかを否定して。

【今田】否定はしてないんだけど，それに加えて。

【木嶋】加えてか。呼び戻して，あんなばかみたいにコストもかかってとか，議論は戻していませんか。僕はもうそっちのほうに動いていると思うんだけどな。

【今田】でも，いわゆる単純に近代主義建築に回帰しているようには，私は思えないのですが。やや込み入った話になるのですが，風水思想とくっつくようになっている。

【木嶋】なるほど。

【今田】香港に高層ビルが建っているけれども，風水思想では，建物は風を遮ってはいけないわけです。風や水はその自然の流れを尊重して，これを遮るのではなく，その流れに任せる通り道を用意するのが自然との調和に繋がるということです。ソリッドな建物はこうした自然のリズムや流れを遮る論理です。

【木嶋】車のデザインなんかだと，やっぱり流線形の曲線面のやつと直線的なデザインが行ったり来たりするわけですよ。建物がそういうふうに動くってことはないですかね。それは単純すぎる？

【中丸】建築物と社会とは似ていて似ていないもの，という感じもします。質問があるのですが，建築学などいろいろな学問のアナロジーを通して，社会システム学を考えるべきなのでしょうか。アナロジーにとらわれすぎると，社会システム学で議論するべき本質を見逃してしまう気もします。

【今田】「アナロジー（類推）」という場合，2つの姿勢を区別すべきでしょう。批判されるべきは論理を使わずに「レトリック（修辞）」だけを使う比喩。でもこれでは科学としてだめで，理論と理論の間の「アイソモルフィー（同型性）」がきちんと確保できるかどうかを確認して使用すべきなのです。そうせずに面白さだけで使用するのはだめですね。でも類推というのは物事を認識するひとつの重要な手段として認められています。ただ，理解し納得するために使うのはかまわないが，それをメインにしてしまうのはまずいでしょうね。

それはともかく，私はまだ建築学にこだわりたいのです。これからは，物理学はさておき，建築学を取り入れた社会システム学が構築されるべきだと考えます。建築学の発想は「人間が暮らす器づくり」なのだから。それは社会も同じでしょ。

【木嶋】建築学をアナロジーから考えると，それこそサイバネティックな，設計とかマネージメントとかコントロールとかいう話，社会も器を作ってうまく運営して，とかいう発想ではないですか。今まできた下からの話，個から始まって湧き上がっていくという話は扱いにくいものですからね。

【今田】だから，それは顧客とデザイナーが相互作用しながら作っていく。

【木嶋】やはり社会が作り上げるものなんですか，湧き上がってくるものじゃない？

【今田】ボトムアップ式なので，顧客はこういう家をつくりたいという意見をもっていて，それをデザイナーが聞いて形にしてゆくわけです。

【木嶋】でもその家に入る人は家族だけではなくて，いろいろな人が入ってくるでしょ。

【今田】社会の場合ね。

【木嶋】だから，社会と建築学をアナロジーで考えると，社会というのはコントロールできて設計できるものだとみえる。

【今田】いいえ，コントロールできて設計できる，というふうには考えていないのです。さまざまな人の意見を聞きながら，それぞれの思いを形にしてゆく助言者（メンター）がいるわけですよ。

【木嶋】でも，設計者がいるわけでしょ，作る人が。

■設計か編集か

【永田】それは，「計画・設計」でなくて今田先生のおっしゃってる「編集」ではないでしょうか。社会をうまく編集することはできないんですか？

【今田】編集は私の自己組織性論にとっても最大のテーマのひとつなんです。「編集力」（エディターシップ）が，「統率力」（リーダーシップ）にとって代わるべきだと考えています。

従来の社会システム論でいうと，さまざまな異質な要素が「統合されること」がシステムを成り立たせるための条件とされてきました。そして，統合するために「合意形成」が求められる。その合意形成はどういうものかというと，「小異は捨てて，大同を形成する」という諺にあるように，個性的な違いを削り落としたり，最大公約数を見つけたりして，皆がまとまりましょうという論理です。それは典型的に近代的な社会統合の手法ですよね。この手法は，米ソの冷戦構造のように巨大な力をもった集団が存在して，その対立と恐怖の均衡がメンバーの死活問題になるような場合，双方の傘下にあるメンバーは統合しなければ生き残っていけないので，有効性があると思われたのです。が，この恐怖の均衡が崩れたら，統合意義も弱まって，各メンバーが勝手な振舞いをするようになってしまった。

冷戦終結後の社会の特徴は，民族主義の嵐が起きたことです。旧東欧圏などは統合を強要された歴史があるわけで，その反動として民族紛争が多発しました。いろんな文化的アイデンティティ，個性ある差異を維持して生活をやってきた民族が権力で押さえ込まれて，恐怖の下に我慢していたが，恐怖の均衡が崩れると，押さえ込まれてきたことに対する不満が一気に噴き出してアイデンティティを主張しだした。

【鈴木】なるほどね。国家レベルで考えても，アメリカやブラジルなどの移民国家を除けば，いまだに多民族を単一国家として強権的に統制しているのは，中国くらいですね。ソ連やユーゴなど，多くの多民族国家は冷戦終結とともに，一挙に崩壊してしまいましたから。中国もこの先どうなるかわかりませんね。

【今田】で，このときに，社会をどうまとめるかなのですよ。システムとして。その際に，「また合意形成して統合しましょうよ」と言ったって，おそらく無理だと思う。また，先進国では，もう豊かさの下支えができているから，「差異を認め合って共生しましょうなどと言っていたら，飢えて死ぬよ」という脅しの論理も通用しなくなっている。このように考えると，やはり個性的な差異は削らずに，認めて，尊重して，それぞれの差異のあいだに関係をつけることが必要になる。つながりをつけること。そのために求められるのがエディターシップ（編集力）です。

【永田】いや，カスケードだと思いましたよ，今のは。つまり，違う使い道をうまく考えるっていうことですよね。殺さずに。

【今田】そうそう，殺さずにつながりをどう発見するかです。それがうまくいって，つながりが維持できるようになると，次には連帯感が湧いてくるようになる。あの人とわれわれは無関係じゃないよ。意見違ってなんだかだと小競り合いはするけれど，彼らとはつながっているんだから，というふうになったら，ソーシャル・エディターはそこに新しい意味を生成してみせないとだめなのです。ただ，つなげる（関係づける）だけではなくて，新しい社会的な意味が生成するような介助を試みる，いわゆる「秩序パラメータ」となるような意味の素を示してみせることです。機能でもなく，構造でもなく。そういう役割を担う人がこれからのエリートになっていくと思うのです。

【永田】私，今田先生のお作りになった概念の中で一番好きなのがこの「編集」なんですけれども，それでカスケードとの関係ですが，カスケードっていうのは時間軸にそって縦なんですよね。だけど，社会編集の場合は横なんですよね。ほっとくと意味なかったものを意味づけ合う作業だと思うんですよ。廃材として捨てられたようなものを，チップとして有効利用するってことはまさに意味づけてやるってことですし。

【今田】一般に「編集者」というと書籍の編集者を思い描きますが，書籍の編集者は何をしているかというと，いい書き手を集めて，独特の組み合わせを考えて，こうすればいい本ができるに違いない，と組み合わせを工夫する作業です。この作業を人間関係でやるのです。文章でやると本になるが，人間関係の場合には組織編成になる。

【黒石】まさしくそれ，昔広告会社にいたときに，お前たちはそういう立場になれ，って言われてたことです。スポンサーがいて，メディアがいて，演技者がいて，物書きがいて。そういうのをつないで，お金もうまく流れてみんなハッピーである，と。で，できあがった作品も高く評価される。そういうのがお前たちの仕事なんだと。

【今田】僕の言い分によると，日本人は編集が上手な民族である。西欧の文明・文化を取り入れて，ものまねにすぎないとか折衷主義だとか，自己卑下するような言い方をされてきましたが，実は，さきほどの桂離宮や金閣寺の話もそうだけど，異質なものを組み合わせたり関係づけたりして，新たな意味のあるものを作っている。日本人はそういう能力に長けているのです。

■明石康氏のエディターシップ

【今田】私はかつて国連事務次長を務めた明石康さんの行動を高く評価しています。まずもって，泥沼のカンボジア和平を軍事力の介入なしで実現させた。対立していたもの同士を，対話の方法で調停をやりとげてみせた。あの能力なのですよ，日本に求められるのは。で，カンボジアが一応落ち着いて，その後，

【黒石】ボスニアに行ったんですね。

【今田】ボスニア紛争の際，空爆の権限を付与されたのだけれど，彼は空爆を回避して何とか解決を図ろうとした。でもそれが評価されず，旧ユーゴ問題担当・事務総長特別代表を解任された。欧米の主導で軍事力による鎮圧へ体制がなびいてしまった。

【黒石】あそこは歴史的に欧米露が介入しますからね。

【今田】で結局，彼は国連を退任したでしょう。このような状態では，武力によらないワールド・エディター（世界編集者）としての役割が果たせないと。武力で鎮圧しても，紛争は根底的には収まりっこないのです。特にイスラム教徒はキリスト教圏に絶対屈しない。聖戦をいとわないのだから，死んだってキリスト教文化に屈しない。となるとどうするのか。イスラム教文明とキリスト教文明の両者は，放置すれば血を見る争いしか残されていないわけです。ここで知恵を出すべきなのがエディターシップの問題だと思う。両者が歩み寄れる関係を発見することです。

【永田】両者が歩み寄るって言うのも，イスラム圏を意味づけて尊厳あるものとしておいてあげないといけないと思うんですよね。

【黒石】ほんとに尊厳を傷つけてますからね。

【永田】そうです。社会編集ってのは，いままで意味を見いだせなかったところに意味を見出すってことで，これ〈ケア〉だと思うんですよね。私は「尊厳の生産がケアだ」と定義してるんですけれども。だからケアの論理と編集の論理っていうのは同じものだろうと思いますし，大変にいいことだと思います。

【黒石】これはまさに永田さんの巻（第6巻『納得するシステム』）で扱っている問題ですよね。

【永田】ええ。私は今さらなんですが，マザー・テレサに感動したんです。彼女は道端で死にかけて，体にウジが湧いているような人を「死にゆく人たちの家」に運び入れて，その死を看取るんですね。昔はわからなかったんです。治療するわけでもない，ただ死を看取ることにどういう意味があるのか。でも，それはまさしくケア，つまり尊厳の生産だったんですね。

道端で誰かが死んでいても誰も気にとめない。それこそハエやネズミが死んでいるのと同じように無視される。マザーがいた当時のカルカッタにはまだそういうことが日常茶飯事だったそうです。その無視ということがもっともひどい尊厳の剥奪だとマザーは考える。だから，丁重に運び入れ，大事にして，その死を悼む。つまり，その人の死は尊厳ある人間の死として新たに意味付け直される。死に尊厳を付与することで，その人の生もまた虫けら以下の生ではなく，誇り高く意義あるものとして編集される。文字通り死臭漂うネクローシスとしての死が，アポトーシスに変わる。死がカスケードされて社会にその人という価値が追加される。すごいことだと思ったんです。

だから，社会にマザー・テレサがビルトインされていてほしい。無駄死にや無駄な命，無駄な文明などないのだと。もしもシステムが死ぬとしても，その死が意味あるものとして位置づけられる，そういうシステムが持てるなら，逆にそのシステムは長らえる。そういう気がしますね。

【今田】そこ，とっても大事で，システムにビルトインされた自己編集能力がなくて上からトップダウン的に社会編集するのでは意味がないわけ。「管理」と同じになってしまうから。そこが難しいところで，社会システム自身が異質なものを編集して関係付けているような仕組みをどうデザインできるかです。

【黒石】具体的には？

【今田】もうひとつ例を挙げると，ポストモダンのアメリカの建築家であるクリストファー・アレクサンダーが，埼玉県の入間市にある東野高校の校舎を設計した。彼がどのように校舎を造形したかというと，まず最初に（三年かかっていますがね，校舎をつくるのに）関係者に徹底してヒアリングをおこなった。先生，生徒，用務員，PTA の会員らに聞き取り調査をして，彼が開発したパターン・ランゲージに翻訳しながら形を合成していったのです。依頼した校長も，わざわざ彼をアメリカから呼び寄せたくらいだから斬新な人物で，管理教育が強化された1980年代に校則を廃止している。で，なんと，できあがった校舎は木造で，かつ教室は一軒ごとの離れ屋になっている。数学の授業が終われば，雨の日には傘をさして，英語の授業がおこなわれる建物に移動する。そのほか，縁側の発想を取り入れた出窓やホームルーム通りを真ん中に配置して道行く生徒と出窓から会話ができたり，生徒会室は池の中に茶室のような佇まいをした家屋にしている。まだほかにもさまざまな工夫がありますが，要するに，関係者の意見を集約して解釈して，それをもとに造形した結果，当該の校舎になった。だから，トップダウン的に設計するのではない。日本人が思っている理想的な建物がこの校舎となった。皆の意見や思いを「編集する」能力が問われており，下手にやるとコントロールになる可能性があるが，どれだけ異質な個性ある差異を紡いで編み上げることができるかがポイントなのです。人間関係をうまく編集できる人物がこれからの有能なマネージャー，経営者になると考えます。人間関係もまた個性を削らずにそれを活かすように編集する。上から押さえつけるやり方では，人はやる気をなくします。

【木嶋】でも，一点だけいいですかね。その時，そこにいる実際の顧客，生徒とか何かというのは，自分たちの要望をしっかり把握しているという前提ですか。というのは，普通の人は自分が「どうやったらうれしいか」をあまり知らないと思うんですね。

【今田】それは臨床医師と同じで，それを聞き出していくのが腕なのですよ。問診のような方法で聞き出していくのです。

【木嶋】それをインプリメントするんですね。何が言いたいかというと，建物として，そこに専門家としての知識を何か使っているのかなと。彼らの言うとおりに受動的に作っているような気がしてね。

【今田】いや，違います。アレクザンダーは『パターン・ランゲージ』という本を書いている。いろんな思いや意見を形にするためのパターンを事典形式で作成しています。そして，彼の博士論文は『形の合成に関するノート』と題して，いかにしてパターン・ランゲージをもとに形を合成していくかの方法を論じている。こうした方法は社会システムの制度設計をする際に，とても参考になると思う。みんなの思いを聞いて，いかに制度としての形に組み立てるか。その能力は社会統合力でなくて社会編集力である。だから私は「リーダーシップ」でなくて「エディターシップ」を言いたい。リーダーシップというと，俺についてこい，というニュアンスがあって，あまりいいイメージではないので。

■オルフェウスとイ・ムジチの「自己編集」

【今田】「編集」が「管理」や「制御」とどう違うのか，なかなか難しい問題です。以前に編集のひとつの例として出したものに，オルフェウス楽団がある。27人からなるとても有名な楽団で，結成以来「指揮者のいないオーケストラ」として手腕を発揮し，世界で名声を博してきました。では「指揮者のいないオーケストラ」がどうして見事な音楽を奏でられるのか。その秘密が「リーダーシップの合奏」にある。この楽団では，演奏する楽曲ごとに「コア」集団を作ってリーダーシップを発揮し，演奏会が終わるまですべての責任を負います。楽曲の解釈，演奏法，リハーサル，演奏後の反省会など，従来，指揮者が全権を握ってきた作業を皆で分担し合うのです。そしてリーダーシップを固定させないために，楽曲が変われば「コア」集団を交代する。こうしたプロセスを経ることで，権力が分散したフラットな組織と相互エンパワーメントの仕組みが実現する。その結果，各人の持つ才能が最大限に発揮され，組織への関与・忠誠心や職務への献身度・責任感・満足感が高まって，演奏の成果が向上するというのです。こうした運営方法で，30年近く演奏活動して，有名な楽団として名をはせています。

【鈴木】イ・ムジチ合奏団が弾くヴィヴァルディの「四季」なんかもね，似たような。

【永田】あれ，お互いに反応を見ながらやってますよね。こうやって目を合わせながら。

【今田】相互編集をやっているのかな。

【永田】そう思いますね。ええ。私はこの年でバイオリンを始めたんですけど(笑)。比喩として音楽は使えそうだと思いますね。たとえば編集の概念を活かすなら，社会システムは「統合」よりも「調和」(ハーモニー) するかどうかに主眼を置くべきだと思う。異文化にせよ，小宇宙にせよ，それらがうまく調和して，共鳴しているならいい。あるいは少々不協和音があっても，それが音楽全体をかえって美しくしたり，ドラマチックにしたりしますし。つまり分業ではなく，互いが互いを引き立て合う関係ですね。相互エンパワーメントとでもいうか。

ただ，全体社会は大きすぎるから，お互いに反応見ながらの相互編集だけでは，目配せだけでオーケストラやるよりも無理がある。それとも一人ひとりが十分有能なら，それでも大丈夫なんでしょうか。カラヤンなら一人ひとりがどんなにヘタでもうまく編集できるのか。それとも楽団員すべてが上手くないとできないのか。つまり「エンパワーメント」なのか，「トレーニング」なのか，それをちょっと聞きたいですね。

【木村】指揮者が全体をコントロールしているように見えても，じつは演奏者どうしの協調や因果ループがうまくいっているからこそ，指揮者の表現が全体にフィードバックし調和した演奏が生まれるのでしょう。演奏者間の局所的なループがまずあって。

【今田】そうね，演奏者はすでにトレーニングを積んでしまっているからほんらい的にレベルが高い。しかし，庶民はそのようなものばかり求めているのではなくて，われわれのような低いレベルの者でも，それぞれの個性が発揮できるようにうまく編集できるのではないか。

【永田】じゃあ，この８人で楽団作りますか (笑)。相互編集ができる範囲で組織を作りましょう，とそういうことですね。

【今田】そうそう。結論的に言えば，おっしゃるとおりです。

【永田】比較的小規模で，相互編集可能な組織をたくさん作る。しかして今度はそれらの組織の集まりが勝手に相互編集する。こうした過程を続ければ全世界が「自己編集システム」として成立しますね。フォーマルにいえば，相互編集関係の「推移的閉包」がとれる。

これはたいへんめでたいことですね。

＊　＊　＊

【鈴木】先程の「アナロジー」を社会に適用できないんじゃないかという疑問なんだけれども。建築学の所で疑問符をつけられましたね。その辺は僕もクエスチョンなんだけれども，ただ，それに対して二つの答がありうる。ひとつはコンピュータ・シミュレーションをやる時に普通，構成的手法を使いますよね。ごく簡単な規則ルールで走らせて，ごく簡単なモデルを作って，その「同定」をする。この場合，「アナロジー」で本当に対象に迫っているかを確かめていくことになる。その面がひとつある。もうひとつは，生命系を論理的につきつめていけば，本当にはたらいている論理というのは案外と共通のものなのではないかという側面。生物はもちろんそうだし，社会もそうだし，経済もそうだし，それから脳なんかもそうじゃないかと思う。まあ，複雑系科学というものは，まさにその前提で出発しているところがある。「その論理がこれだ」というのはまだ見つかっていないのですけれどもね。何かあるのではないかという感覚はみんなもっている。ということは，アナロジカルな方法は用いていかざるをえない，という感じがするのですよね。アナロジーの通用する範囲については，このばあい生命をもっている系ということになりますけど。そういうシステムというのは，やっぱりアナロジーで攻めざるをえない。そのアナロジーの先に統一した見解がある，そういう感覚はもっているのですけれどもね。

【中井】でも科学たろうとするからには，表面的なアナロジーだけだとやっぱりきつい。素朴に考えて，「納得がゆく」とか「腑に落ちる」というのは科学にすごく必要な気がします。

【永田】科学だけじゃなく，社会も納得しなければスッキリ動きませんよ。だから『納得するシステム』(笑)。

【中井】シミュレーションで言えば，表面的に似ているだけではだめで，現象を駆動しているメカニズム自体が似ているのであれば，アナロジーも有効だと思います。私はこのようなアナロジーも同型性と思っています。

【鈴木】やっぱりアナロジーは使うでしょ。

【中井】私はいつも歴史とのアナロジー，同型性を意識してシミュレーションを解釈していますが，同型性だけでは迫力に欠けます。

【黒石】中井さん，いま解釈とおっしゃったけれども，シミュレーションを走らせて結果が出たとき，その結果を「解釈」するわけですよね。そのとき解釈するのは研究者であって，エージェントではない。エージェントにとって，そんなことは関知してないわけですよね。いえ，何が言いたいのかというと，そのとき解釈によって生み出される意味，これこそが「発見」であり「創発」なんだと思うんです。で，ここに文理の融合が求められるのじゃないかと。シミュレーションは理系のセンス，解釈は文系のセンス。しかしどちらも重要だ。

【中井】実際，歴史や社会的事実の事例をたくさんご存知の文系の人がシミュレーション結果を解釈したら，即座に「これは△△事件の事例にそっくりだ」ということがあるかもしれません。そういうケースが増えれば，社会の納得が得られるかもしれない。

【今田】シミュレーションごときで何がわかるんだ，という批判があることは承知しています。かつてローマ・クラブが『成長の限界』という，社会的警鐘を鳴らす書物で用いた手続き指向の外挿法的なシミュレーションは素朴で，しかも結果ありきのようなもので，モデル的にはつまらないものでした。しかし，現在はオブジェクト指向への転換が進み，エージェントベースのシミュレーションが中心になっている。エージェントに自律性をもたせてコンピュータ空間という人工社会で相互作用をやらせるわけです。エージェントに与えられえる自律性は現実の人間に比べればきわめて制限されていますが，何百単位の主体が実際にそこで相互作用をおこなうのです。その結果どうなるかを見てみるわけで，より社会現象に近づいたものになっており，一種の実験社会科学とでも呼べる意義をもっている。その辺りについて，シミュレーションをやっている立場からどう思われますか？

【中井】中井研に在籍した小池君が卒業研究で地域通貨のシミュレーション研究をやりました。地域通貨という現象に関してはフィールドワーク研究が沢山行われていますが，地域通貨の普及しない原因がよくわかっていません。理解が進まない理由は何かというと，人間関係だとか，地域通貨導入の経緯だとか，その地域の歴史だとか複雑な要素がからみ合っていて，同定が難しいからです。小池君と考えていたのは，リアリティは欲しいのだけれども今の技術水準ではとても無理なので，徹底的にシンプルなモデルを作ることでした。結局，地域通貨の原理的な部分だけをモデル化して，それ以外のディテール（リアリティ）を一切無視したモデルを作りました。つまり，このモデルは現実の地域通貨とはかけ離れていますが，このモデルにより地域通貨が原理的に流通するのかしないのか，思考実験することが可能になりました。原理性だけを確認するような地域通貨プロジェクトは地球上にはないわけですから，そういう意味ではコンピュータの中でのみ原理性の確認ができます。そして実際，地域通貨が原理的に流通し得ることを確認することが出来ました。この成果は，フィールドワーク研究の進展に貢献すると思います。フィールドワーク研究者の頭の中で複雑にからみ合った諸要因の中で，少なくとも原理的には地域通貨が流通することが確認できたわけですから。このように，エージェントシミュレーションは現象を理解するための補助手段だと思っています。

【今田】もう少し詳しく具体的に言ってもらうとわかりやすいのですが。

【中井】はい，話が細かくなりますけれども，交換というのは何かをもらったら何かを返すわけですけれども，地域通貨が貨幣と違うのは，対価ではなくありがとうの意思を返すという点です。そうすると，地域通貨を沢山持っている人はどういうふうに解釈されるかというと，先程のレピュテーションの話につながりますが，コミュニティに対して沢山の貢献をした人だということになります。

【今田】地域通貨の貯蓄は，コミュニティに対する貢献度の証しであるということですね。

【中井】ええ。そうすると，「貢献度の高い人に対しては親切にする」という人が進化的にあらわれてきます。

【今田】で，また，その地域通貨を払うんでしょ。

【中井】はい。あるきっかけでポジティブフィードバックが起こって，皆が不親切な状態から皆が親切にし合う状態に移るのではないかという仮説を作ったのですが，それをコンピュータシュミレーションで検証してみると，皆が親切にし合う状態が実現しました。もちろん，この状態が壊れてしまう別のシナリオもあるのですけれども。

【今田】つまり，だめになる場合とうまくいく場合の境界条件がわかるということですか。

【中井】はい，そうです。

【今田】そこが大事なところですよね。

【中井】原理的なシナリオが抽出できますので，それをフィールドワーカーの先生にお渡しすることによってフィールドワークの質が高まり現象への理解が深まる，と。そういう補助線として有効ではないかと思います。

【今田】なるほど。

【木嶋】貯蓄力はどのようにみることができるのですか。レピュテーション……。

【中井】その点はモデルのディテールな部分になります。このモデルでは，地域通貨は貯金通帳型と仮定しており，取り引きする際に，お互い残高を見せ合うと想定しています。

【木嶋】あ，取り引きしないと見せられない，ぶらさげて歩いているわけじゃないんだね？

【中井】システムによっては，中央のコンピュータに各人の地域通貨の取引が集計されるというシステムもあるそうです。

【今田】さまざまな形で結構やられているのですか。

【中井】全世界的に沢山のプロジェクトが進められていますが，残念ながら，ほとんど成功していません。

【今田】いや，でも失敗の上に成功があるのだから，とてもいい試みであると思う。まあ，これぞというシミュレーションがひとつでもできれば，一気に普及すると思いますが。最近，「実験社会科学」がずいぶん話題になっています。シミュレーションやコンピュータネットを使って経済的オークションや信頼関係の構築といった実験が試みられており，ようやく文系でも理系の実験に近い作業がやれるようになりつつあります。こうした傾向を見ていると，社会科学も実験科学としての強力な武器を手にしたという感じがします。

【中丸】中井先生がおっしゃっていたシミュレーションの役割に付け加えますと，議論の整理に非常に便利です。別の現象が実は同一のメカニズムではたらいていたりする時に，言葉での議論はなかなか難しいですけれども，ポイントを抽出してくるので，本質が掴めます。

【鈴木】確かに，議論の整理ができますよね。

【中丸】鈴木先生も先ほどおっしゃっておられましたが，建築学やシステム生物学のアナロジーを通して，共通点とか共通メカニズムを探ることができますが，シミュレーションはそれをまとめるために良い道具（ツール）と思います。

【今田】さらに，第三者が同じ条件設定をして追試ができるという利点もある。社会現象は再現性がないから理系のようにはいかない，と主張する研究者がいますが，次第にそのようなことを言ってられなくなるのでしょうね。エージェントベースのシミュレーションが発展すれば，社会現象においても再現性が重要な問題になってくるでしょう。ということもあって，社会システム学は，シミュレーションや実験という，科学として強力なツールを手にすることになる。

【鈴木】うん，まちがいない。ウェーバーの「理念型」のように，これまでは「思考実験」という手作業的なものに頼っていた部分が，コンピュータ・シミュレーションに置き換わることによって，効率的でより論理的な「仮想実験」に変身して行くでしょうね。これは強力なツールです。ただ，どのようにモデル化するかについては，これまでと同様，やはり研究者のインスピレーションが重要なことは変わりがないでしょうけど。

【今田】ですから，社会システム学はこのようなツールを充分活用しなければならない。社会科学で目の覚めるようなシミュレーションの結果が出てくるには，まだ時間がかかるでしょうが，そう遠からずして多くの若手研究者がそちらの方向になだれ込むと思います。個人情報保護法などプライバシー問題が声高に叫ばれる昨今，社会調査は受難の時代をむかえていますよね。回収率50パーセントに満たない調査が多くなっており，そうしたデータを用いて分析した結果はあまり信用できないということになりかねない。

【鈴木】最近，本当に回収率悪いね。あれで，本当に調査が成り立つんだろうか。

【今田】個人情報保護法が制定されたことが大きいですね。国民のプライバシー意識も高まって，調査拒否が多くなっている。いくら正確なサンプリングをしても，回収率50パーセントでの分析結果をどこまで信頼してよいのやら不安になります。実証研究も従来の調査法だけでなく，RDD（Random Digital Dialing）法と呼ばれる電話調査やインターネットを利用したデジタル調査など，従来はバイアスが大きすぎるということで敬遠された方法も，改めて検討しなければならなくなってきつつある。現状のままだとデッドロックに陥ってしまう。だから社会システム学でシミュレーションや実験を彫琢していけば，パワーアップになる。コンピュータが扱えて，シミュレーションや実験ができれば，就職も鬼に金棒です。(笑)

【鈴木】そう。いま日本の社会学が雪崩を打って傾きつつある「社会調査士」の方向よりも，コンピュータ・シミュレーションの技法を身に付ける方が，その意味で，よほど未来性があるんじゃないかなあ。就活の友，シミュレーション！　ということで，社会システム学の未来は明るい（笑)。

7.　エピローグ

【今田】そろそろ締めくくりの議論をする段階になりました。「社会システム学」シリーズの刊行に際して，「社会システム学」を世に問う意義ないし効果についてみなさん一言ずつ話していただいて，終わりにしたいと思います。では，順番に。

【鈴木】もう，最初から最後までこれひとつしか言っていないんですが，要するにこのシリーズでは生命体の「生きる論理」みたいなものを，ということはもちろん「死ぬ論理」も含めてということですが，社会にも，生物だけじゃなくて，社会にも通用する論理として，浮かび上がらせたい。これがうまく行ったらなあ，そういう思いがあります。このシリーズが，すべて動詞の「○○するシステム」というタイトルになっとるのも，狙いはそこにあったと思うんです。

で，それにうまく成功すれば，どういえばいいのかな，そう，従来の「社会システム論」とか「社会システム科学」の理論が結局失敗してきた，生命の持ついろんな性格をうまくとりこんだような，理論構成ができるんじゃないかと，僕は思ってるんです。自分の巻（第８巻『崩壊するシステム』）がそれだけのことをやれるかどうかというと，これはあくまでクエスチョンですけれども。

【黒石】「社会をシステムする，ソシオ・システミックス」，というコンセプトの，「社会システム学」シリーズ企画に，正直なところ僕はかなりの期待をもっています。ひとつはネガティブな意味でなんですけども，既存の社会システム科学なり社会システム論が生き生きとした面白さ，エキサイティングさを失ってしまっているということですね。かつて僕自身は，たとえば吉田民人先生の理論だとか今田先生の理論ももちろんですし，あるいはちょっと古いところだと，小室直樹さんの構造－機能分析への野心的かつ創造的な試みだとか，ああいうものにエキサイティングな興奮を感じたものなんですね。論争も活発だった。

【今田】昔はね。

【黒石】ええ。ところがそれが一段落して，みんなの常識になったといういい面もあるかもしれませんが，逆に新しい発展をもたらせなかったというネガティブな状況にある，とも思います。そういう点で一方においてネガティブな現状を打開するという期待をもちたいなと思ってる。

もう一方はやはり，カオスだとか，シミュレーションとか，新しい学問が出てきて，そういった新たなエキサイティングな分野がこの分野に入ってくるのではないかという期待です。こういう新しい流れ，新しい息吹っていうようなものを取り込むために，やはり今までの区分ではだめではないかな，という気がします。

【今田】今までの区分って何？

【黒石】たとえば法システムとか，経済システムだとか，言語システム，親族システムだとかですね。まあそれできちんとした成果を上げている方もいらっしゃると思うけれども，しかし，新しいこのエキサイティングな分野を取り込もうとすると，ちょっと違うものを構想する必要があると思っているということです。

【鈴木】そう，そういう個別分野を一貫してつらぬく「生きる論理」といったものだね。カオスとかシミュレーションとか新しく拓けつつある学問がめざしているものも，まさにそういうところにあるんじゃないかな。

【黒石】それから，さっき社会システム学の社会的背景っていうところで発言するべきだったのかもしれないんですけれども，戦後これまで，たとえば東西冷戦だとか，核抑止だとか勢力均衡とか，均衡理論の言葉で納得できるような世界情勢が長い間続いたと思うんですけれども，それがあれよあれよという間に変貌を遂げてですね，東西の冷戦も倒壊してしまったわけですし，米ソで核抑止なんて言われたものも，北朝鮮とかイラクとかで不穏な動きを見せている，というような時代になって，いいか悪いかは別として，均衡理論の言葉でなかなか世の中を説明できにくくなってきた。世の中は流動的に流れている。そういう状態を社会状態として肌で感じるような時代ですから，それをなんとか取り込んで理論化できるような視点が，こういった試みの企ての中からひとつでも出てくればいいという気がするんですね。いくつもなされる試みの多くは何年か後には消えてなくなるのかもしれないけれども，今の時点で，他の人のイマジネーションを触発するような，コンセプトひとつだけでもいいと思うんですよ。そういったものがこういったところから出てくるっていうようなことが，かなり僕として今の時点で期待しているところなんです。はい。

【永田】はい。ええと，今日議論しているのは面白かったんですけれども，結論としてはなんていうのかな，社会や世界が死に向かっているような，死に至る病にかかっているような気になりました。

【皆】(笑)

【永田】新しい病。で，まあ皆さんが批判なさっているとおり，アメリカン・グローバリズムであったり，日本でいうとバックラッシュですね。で，なぜそういうものが蔓延しているかと考えると，これらの傾向に共通して見られるものは，秩序への渇望なんですね。みんな同じになるべきだ，みんな特定の構想どおりに動くべきだ。これは今日の結論でいえば死への渇望ですね。社会が自殺したがっている。社会システム学はこの自殺を止めなくちゃならない。少なくともこのままだと死ぬぞという，炭鉱のカナリア的な役割はまずあると思いますね。さらに欲を言えば，じゃどういう方向に行けばよいのか，可能な未来を構想することもできるだろう。そのときに期待しているのが編集であったり，尊厳やケアという概念です。管理から編集へ，均衡から共鳴へ，自由から尊厳へ。とくにこの３番目の点をいま考えています。

【中井】今田先生がおっしゃる，「システム＝悪者」は本当かという主張にとても触発されました。たとえばイラク戦争はどうかと考えてみた時に，複雑な経緯をたどりましたが，今はアメリカ及び親米政権とイスラム過激派の戦いという構図がはっきり浮き彫りになりました。これを解釈すると，アメリカがシステムでイスラム過激派がレジスタンスという図式に解釈できるかもしれません。これは今田先生の言う「正義と正義の戦い」の話になっていて，アメリカはアメリカの正義を振り回し，レジスタンス側はイスラムの正義を振り回しているわけで，今をがんばって生きようとする一般の大衆が２つの正義に挟まれて大変な迷惑をこうむっているという情けない状態だと思います。この構図はお互いを到底理解できないウイルスだというくらいにしか認識していなくて，かたや爆撃，かたや自爆攻撃，という外科手術によって相手を排除しようとしますが，ウイルスはメスでは取り除けないわけで，一般市民という正常細胞まで巻き添えにしてしまっています。ところで，ここでいうレジスタンスですけれども，もともとは生活世界に根を下ろしているわけです。

【鈴木】あ，そうですね。もともとはそのはずです。だから，生活世界＝善という，あまりにも単純な発想はどうかと思いますね。そもそも，先進国においては生活世界そのものが自壊しつつあって，頼りにならないという逆の状況もあるわけですし…。私などは，むしろ生活世界の方こそが多くの問題を抱えているという認識をもっています。

【中井】そう考えると，システムばかりが問題を生むのではなくて，生活世界だって問題を生む可能性はあるのだなと，ボタンの掛け違いによって。そこで，じゃあ両者を善くするのは何かが問題ですが，悲劇の本質は正義と正義のぶつかりあいですから，きっと正義の論理は有効ではない。そうすると，また受け売りで恐縮ですけれども，たぶんケアの論理しかないのではないかと思います。そうすると，システムを悪者扱いしないようにするには，ケアの論理によってシステムをリニューアルするしかないのではないかと思いました。

【永田】コメントありがとうございます（笑)。ケアの続きは，第6巻（『納得するシステム』）で。

【木嶋】「○○するシステム」でなければならないのか，ということですね。僕のタイトルは，『共生するシステム』（第5巻）なんですけれども，システムというと親族とかゲームとか法というよりもやっぱり分野横断的に，共生する主体，共生する行動，アクション，…，それに焦点があたるわけで，その主体はだれか。個人であるとか組織であるとかはあまり関係なくね。共生というアクションに対したシステムの中心に，昔からやってきた相互作用というか，そのアクション自身に注目したアプローチはできるだろう。僕の場合は，共生するシステムとして，学問も入れちゃおうかなと思っている。つまり，いろいろな学問が共存並立しているような，そういう状況も共生する学問かなと思ったりしているわけで。なぜかというと，対象を経済とかに固定するのではなくて，共生という視点，共生の反対側に紛争があるのですが，その行為に非常に注目したアプローチができるだろうと。あわせて，僕はモデルを作ることが性分なんで，数理的なモデル，シミュレーションモデル，内部モデル，三通りくらいのモデルで状況にあわせて適応的にモデルを作って解説すると。そういう意味で，このタイトルは非常にいいかなと思っております。付録として，現状の地図，それとか，ちょっとした歴史的背景，そういうのも入れていこうと。

【中丸】私は『進化するシステム』（第4巻）というタイトル担当です。今まで主に，進化ゲームを用いて社会の研究してきたのですけれども，進化ゲーム理論によっておおまかに分けて二通りの研究ができます。ひとつは生物進化そのものに関する研究です。この場合は，人間の生物学的進化と社会との関係を扱う事になります。もうひとつは生物進化のアナロジーを使って実際に人間の意思決定や行動に応用して，どこまで人間社会を説明できるかという研究です。本書では，進化ゲーム理論がどのように／どのくらい人間社会に関する研究に寄与することができるのか，紹介してきたいと思っています。進化生態学者として世に問うべきことですけれども，人間はタブラ・ラサ（白紙説）ではないので，その事を念頭において人間を捉え直したり，社会制度などを検討していく事も必要であるというメッセージも書こうと思っています。

【今田】進化するとか，進化するシステムというイメージは，主体的な感じになるんですよね。という面があるんで，ぜひ，そういう方向でおやりいただければと思います。

【木村】システムは基本的に，プラスとマイナスの要素が連関してシステムを組む。とりあえず人間の場合には，愛することと殺すことがプラスとマイナスで。私は『殺戮するシステム』（第7巻）の担当ですが，副テーマは「愛と暴力のネットワーク」としています。ネットワークの関係性の中で，愛が憎しみにかわったり，憎しみから愛が発生したり，あるいは，祈りが呪いに転化するメカニズムを解いて，われわれの世代の，あるいは世界史的なスターリニズムからポル＝ポトまでを含む歴史を解明しなければならない。そしてそれをクリアな論理で次の世代にしっかりと届けなければならない。アタマが変だったとか，毛沢東がいかれていたとかいって説明した気になっているのは思考停止で，にせの物語りを作っているに過ぎない。そこに対して明晰なシステム論で語る，語るだけで終わりではないのですけれども，やっぱりともかく語り，語りうるものが少しでもあればそれは語りきりたいと思っています。

もうひとつ，システムが崩壊する時にはたぶん一挙に崩壊するのだと思うんですよね。そういう危機感というのも，この企画の中でもちたいなと感じています。システム理論の中に，死と再生の論理をシステム内在的なノーマルなプロセスに組み込んだ論理とか，モデルが今後組んでいければ，それこそ20年後，30年後に向けていくつかの新しい視点を示していける。その中にひとつの内緒の玉としてユーモアも入っている（笑）。笑いは死にさきがけることであって，意味システムが老廃し衰退していくことに先がけて死を経験すること。その跳躍から生まれるのがたぶんユーモアなので，意外と意味システムの再生のメカニズムとしてちょこっと語れたらいいなと。笑いから出てくるゼロの希望を論理的に語ってみたいと思っているところです。

【今田】どうもありがとうございました。私はもうほとんど言うことはないのですが，心配しているのは，「システム」という言葉が無機質になりつつあることです。最初は，熱気のある言葉でした。1950年代，「一般システム理論」運動が起きたときには，生き生きとした新鮮味があった。なのに，いつのまにか，システムという言葉が無機質になって，ネガティブなもの，よくないもの，個を抹殺するものというイメージに変質してしまいました。「システム化された」という表現にあらわれているように，人間にとってあってもらいたくないものという雰囲気が形成されるようになりました。多くの人にとってシステムという言葉はよそよそしい感じになりつつあると思うのです。社会学でそのようなイメージ形成をおこなった先導者はハーバーマスです。彼は批判社会学者として，私が唯一認める存在ですが，ただシステムを悪者扱いにするのはやめてもらいたい。

【皆】（笑）

【今田】彼のせいで，システムというと，「権力と貨幣を使って人々を制御する装置」だとするイメージ連合ができあがってしまった。生活世界こそは人間らしい関係が取り持てる場なのだという偏見を皆に植え付けたために，システムはあたかも悪者であるかのような雰囲気が蔓延しつつある。こうした憂うべき状態を元へ戻したい。元へ戻すというのは変だけど，生き返らせたいと願っている。こうした状況にいたったのは，システム研究者の責任でもあるわけです。傍観者的な視点でシステムを考え，当事者的な視点でシステムを扱ってこなかった。必要なことは内的な視点をもってシステムを考え，身近な等身大のシステム概念によみがえらせることでしょう。その意味で，今度のシリーズである『社会システム学』は，各巻が「○○するシステム」という書名になっており，これまでと違う印象を持ってもらえるのではないかと思う。

【黒石】動詞がついてることで，生き生きした感じがする。

【鈴木】本当に，そうですね。

【今田】ええ，躍動感が出てくるような効果をもつシリーズになってほしいと思っています。このシリーズは，「生成する」や「共生する」といったいわゆる前向きな「ポジティブ」ものだけでなく，「殺戮する」や「崩壊する」といった，従来の講座ものにはない「ネガティブ」ものをも含んでいて，読者の意表をつく形態をとっています。愛と憎しみもあれば，生成と崩壊もあり，共生と殺戮もある。そういう意味では，話題性のある問題提起になるのではと，一同秘かに期待していることを再確認して，ログアウトしたいと思います。どうもありがとうございました。

（座談会終了）

▶ロボット・ブレイン
(R. Shepard, 1983)

制御する者が上位者に制御され，その制御者がまた上位者に制御される，いわゆる「高次制御」の寓意。そしてその上位者が次第にちっぽけな存在になってゆく皮肉。

8.　座談会を終えて

今田 高俊・鈴木 正仁・黒石　晋

【今田】お疲れさまでした。座談会ということで，論文には書きにくいような本音が聞けたように思います。終わってみて，感想などいかがですか。

【黒石】まだまだ先は長いですし，メンバーごとに同床異夢みたいなところもあります。でも全体としてはやはりシステム科学やシステム論の現状に照らして「情報」をどう捉えるかが「社会システム学」のひとつのポイントだという気がしました。アトミスティックな因果的決定論だと，選択の余地がないから，情報現象が介在する余地はない。といって，マクロな高次制御の発想だと神の決定論になってしまう。この「どこか中間に」システムの真実があるに違いないんだけれど…。

【鈴木】私はシステム科学の現状で，やはり金子邦彦さんたちの複雑系シミュレーションによる理論生物学アプローチにこだわりたいんです。直観的なものですが。分子生物学は視点をどんどんミクロにして，生物現象を物理／化学的法則に還元しようとしています。究極的には，遺伝子決定論にたどり着いてしまいますよね。でも金子さんたちが強調しているのは，そうした遺伝子だけでなく，諸分子のマクロな相互連関が生命に不可欠な情報や動的秩序を創発すること，そしてその重要性でしょう。これはひとつの「情報創発機構」ですよ。金子さんのあれは，ミクロ・レベルでもなくマクロ・レベルでもなく，まさに「システム・レベルでの，システム自身による，システム作動のための情報創発機構」を解明する試みなんですよね。

【今田】トップダウンのサイバネティックスとボトムアップのシナジェティックスと，どちらともからみながら，しかもどちらにも還元できない第三の層がある。それをこれまで「相互作用」とか「リゾーム」とか「ミクロ - マクロ・ループ」などと呼んでなんとか解明しようとしてきたわけだけれど。

【黒石】まさにサイバネティックスとシナジェティックスに続く第三の「-ics」が「システミックス」である，というのがわれわれ責任編集者にとって上出来なシナリオなんですが（笑）。

【今田】自己組織性の本質は，マクロの高次制御やミクロのゆらぎよりも，むしろシステムの自己言及にあるわけですよ[5]。私はサイバネティックな高次制御とかシナジェティックなゆらぎよりも，システムの〈自省作用 self-reflexion〉が重要なんだと思っています。

【黒石】そしてその自己言及は，マクロでもミクロでもなく，メソ（中間）のスケールにある。それがシステミックス。

【鈴木】でもそこが難しいところなんやね。要素還元によるミクロの単純化でなく，かといって神のマクロの傘に身をゆだねるのでもなく，何か等身大の普通の世界の中に無限に複雑な「入れ子」がありそうですよね。相互作用にもとづくところの。

【黒石】そう，自己言及にしろ，要素間の相互作用はたぶん無限に複雑な「入れ子」をなしている。「フラクタル構造」に似ているけれども自己相似にはなっていないような形で。そこには情報が無限に折り畳まれて，その情報はシステムの階層ごとに固有の意味をもっている。そして発現しない限り，あるいはこちらが働きかけない限り表に出ることはない，寡黙なものです。

【今田】そういう無限の「入れ子」に含まれる複雑な情報が，自己組織化の過程でそのつど発現してくるのでしょう。そういうことなら，「ゆらぎ」はその情報が発火するきっかけに過ぎなくて，それを包んでいる情報の重層的入れ子構造の方が本質的ということになる。

【黒石】入れ子構造の方を前提とするのなら，ゆらぎは必ずしも偶然とはいえなくなりますね。

【鈴木】どちらが先でどちらが後か，ということでもなくて，それこそが相互作用でそのつど決まっていくのではないかな。

ひとつ，金子さんの言葉で印象的だったのは次の一節です。「振舞いが堅く決められている論理的なシステムとして生命を捉えるのではなく，まず複雑で『やわらかな』ダイナミクスがあり，そこから再帰的なタイプが形成され，ついで遺伝子のような堅い系へ固定化される[6]」と述べた部分。「生命」のもつしなやかさとしたたかさが見てとれますね。

社会に話を戻せば，まったく制約のない自由な個人主義でもなく，秩序をひたすら追求する全体主義でもなく。そこそこ自由でそこそこ不自由なエージェントたちが相互作用を繰り広げる社会システムですね。そこに確信ばかりでなく不安だのでっちあげだの，神頼みだの，さまざまな行為からさまざまな情報が創発して，システムを動かしていく。

【黒石】「迷うヒト」(笑)。それと「そこそこ自由」というのは面白いですね。「入れ子の中での自由」，というところかな。その入れ子も，たぶん「もともとある」のではなくて，自分の行為が巡り巡って自分をからめこむんですよ。アトラクタのように。ただ本人がそれと気づいてないだけで。

【今田】内部モデル原理，セオリー・オブ・マインド（TOM），現象学的還元，間主観性という概念も何度となく出てきましたが，ベクトルとして共通の方向を指し示しているように思いました。

【鈴木】内部世界と外部世界，という排反的対立ではなく，ここでも内外の分節化が相互作用で入れ子になっているに違いない。部分には全体が，内部には外部が。

【今田】個体発生には系統発生が，現在には過去が（笑)。

＊　＊　＊

【鈴木】経済学者の金子勝さんと血管生物学者の児玉龍彦さんが「逆システム学」と呼んでいるのは[(7)]，全体論でもなく要素還元論でもなく，ということで，論の位置づけとしてはわれわれのめざしている方向に近い気がしますね。そして「多重フィードバック」に着目すべきだという，彼らの主張も，注目すべきだと思います。ただこれを「逆システム学」と呼ぶのはどうか（笑)。むしろこれこそが本来の「システム学」だと思いますがね。

【今田】「逆システム学」という，あのネーミングはまいったなあ（笑)。

【黒石】「逆システム学」の真意は，いわゆる「セントラルドグマ」，つまり「DNA→RNA→タンパク」という一方通行を批判することにあるようです。彼らによればむしろ「タンパクが遺伝子，つまり DNA の特定個所を活性化させるから，DNA が発現する」のであって，それこそが重要だ。遺伝子はそれ自体「データ」にすぎず，タンパクなしには機能できない，というのです。だから，セントラルドグマのもとで無視されてきた「タンパク→DNA」という逆向きの作動関係を重視する。これが旧来の「順システム学」に対して逆だから「逆システム学」だ，と言いたいんですね。

【今田】そうであるなら，「逆システム学」とはつまり「システム学」なわけね。「順」と「逆」をひっくるめてしまえば。

【黒石】そう思います（笑）。でも「逆」の語に何となくラマルキズムの匂いを感じてしまうのは僕だけでしょうか（笑）。

【鈴木】例の「獲得形質は遺伝するか」っていうやつですか。大きくは，いわゆる「遺伝子系」と「表現系」の相互関係の問題ですね。

【黒石】ええ。「タンパクから遺伝子へ」という逆向きの作用はどうも「獲得形質の遺伝」っぽい感じ（笑）。

児玉さんは血管生物学のうちでも動脈硬化の専門家だそうですけれど，血管網形成の生物学は，神経系形成の生物学と並んでシステム学的にエキサイティングな分野だと思います。リゾーム的な自己組織化の実例として僕もずいぶん参照しました。その結果として，僕の巻（シリーズ第2巻『欲望するシステム』）では「誘導 guidance」と「探索 search」という二つの機序を抽出し，理論的に一般化して，社会の事例（商人による販路網の形成）に適用を試みています。

【鈴木】血管網の形成は，生命体に対し動脈系と静脈系の両方をうまくカバーさせる点も注目できそうですね。もちろん，広く生物と社会の双方を含めての話ですけれども。

【今田】座談会で何度となく指摘されましたが，生物の中には主流の行動に反する行動をとる連中が必ずいる。こういうのは「逆」システム（笑）。

【鈴木】天邪鬼，天邪鬼（笑）。

【黒石】近代思想の中では誤差とか撹乱とか，排除の対象と考えられてきた部分ですね。

【今田】しかし社会がほんとうに変動するときには，主流に属さない，こういうグループがいつの間にか変動の流れを作っていくのです。近代初頭に，異端と思われていたプロテスタントたちが，その特異な勤労の精神で資本主義の社会を築いていったように。

【黒石】想定される環境変化の中にすべての未来が収まるのなら，主流だけで運営できるのですよね。でも想定できなかったような大変化が起こると，主流は総倒れになってしまう。異端とか天邪鬼とかというのは，こういう時に社会を救うんですね。

【鈴木】生物の世界の「したたかさ」いうのは，そういう多様性を抱え込んでいるところにあるんですよね。結果的に，それが危機を救うことになる。

【今田】想定の中にすべてが収まると信じる，あるいはすべてを収めようとする。これはコントロール思想の危険な部分ですね。

【黒石】社会主義は「科学的」という錦の御旗のもとに，収まると信じて収めようとしました。その結果，1989年には総倒れ（笑）。

【鈴木】だからわれわれは「社会システム科学」でなく「社会システム学」（笑）。

＊　＊　＊

【今田】文理融合の方はどんな印象でしたか。特にどのような「未来」を展望するか。

【鈴木】人文学は人間の人間性（＝“人間らしさ”）そのものを扱う学問ですよね。何しろ「humanities」ですから。これは「人間」という，進化論的に最高位の階層に位置している特性ですね。対して，社会科学も「人間の社会」を扱う学問ですが，これまで，「科学的」でありたい一心から下位原理の方にすりより過ぎたように思います。永田さんが指摘していたようにね。これでは，社会科学は処世術になってしまう。

【今田】いってみれば，「人間性を生み出す下位原理」に関心を集中させてきたわけですね。でもそろそろ，「人間性が生み出す上位原理」をも視野に入れるべき時期です。

【黒石】これはうまい表現ですね（笑）。

僕の印象では，「パタン形成→解釈」という関係が重要なカギを握っていると思う。マイケル・ポラニーが『暗黙知の次元』で〈shaping〉と呼んだものです。この〈形成〉（下位原理）が理系的な，そして〈解釈〉（上位原理）が文系的な色彩を強く帯びる。

【鈴木】たとえば？

【黒石】たとえば，「刺繍」の技法で，ハンカチに「H」というパタンが形成されている。このイニシャルは西欧では〔h〕だけど，ロシアなら同じ綴りが〔n〕に解釈される。さて，このハンカチの持ち主は Mrs. Hubbard か，Princess Natalia Dragomiroff か…。

【鈴木】『オリエント急行殺人事件』やね（笑）。

【今田】「H」はパタンとして同じでも，その意味や解釈は文化によって異なる。

【黒石】そうです。刺繍する側にとって，「H」が〔hubbard〕か〔natalia〕か，そんなこと関知するところではない。技術的に，美しい「H」になりさえすればよい。でもそれを使って成り立っている文化の側からすれば，その「意味」や「解釈」が重要になる。これは記号学でいう「シニフィアン」と「シニフィエ」であって，その「恣意性」と呼ばれている現象そのものです。隔絶しつつ接しあう，この関係がまさに，システムの下位論理と上位論理の関係にも相当するんだと思います。

【鈴木】たとえば，「生きるため」にやむなくパンを盗んだ極貧の男は，脱獄を試みる度に刑を延ばされ，服役19年。それに対する社会の解釈は…。

【黒石】それも「バタフライ効果」ですね。微罪がどんどん増幅されて大罪に。

【鈴木】…その19年ゆえ，釈放後に彼は世間から「本当の悪人」と解釈されて受け入れられず，やっとベッドを与えてくれた司教のところからは銀の食器を盗んだ。

【今田】その行為を司教がどう解釈するかが山場になるのですね。

【黒石】同じ行為でも，それへのさまざまな解釈が葛藤し交錯する。大きなシステムの中でどんな意味づけをするのか。それは究極には恣意なんだけれど，それが重なったら，大きな構造になる。

【鈴木】事実として同じ行為であっても別の体系になりうる，意味的には。

【黒石】同じ行為でも。

【鈴木】解釈のターニングポイントとその妙，ってのが，いかにも文学の醍醐味やね。

【今田】小泉さんは首相時代に強硬に靖国参拝を続けたけれど，あの同じ映像が日本と中国のそれぞれの文化で別々に解釈されまったく別の意味を帯びていたことは間違いないね。

【鈴木】文理融合のために，社会システム学は生老病死，喜怒哀楽，愛憎，…といった人間の等身大の感覚を忘れず，その意味を人間のレベルで率直に問わねばなりません。そしてそういったものへのひとびとの解釈が歴史的に生み出してきた，上位の巨大な構築物を，見えない構築物を，解明する必要がある。ウェーバーをはじめとして，伝統的な社会学は実際それを積み重ねて来たと思う。こうした「意味」の世界をネグレクトして，社会学が「処世術」に矮小化されてしまってはつまらないと思います。それこそ，社会と歴史の大きなダイナミズムを捉えそこなった，安っぽい俗流の「科学」に堕してしまうと思います。

【今田】社会システムは見えない建築物なんだよね。そこに独裁的な設計者はいないんだけど。

【鈴木】意味の建築物ですね。

【黒石】その建築物を，木村さんのアイディアによる三者関係で組み上げてみると面白そうですね。ソシオンからトリオンへ，トリオンからソシオスへ。

【鈴木】そう。あれは新しい可能性をはらんだ理論ですね。けっして，私が想像してた「恋愛をめぐる三角関係の法則」といったレベルのものではない（笑）。

【黒石】木村さんの理論は，人間関係の〈形成〉をつかさどる「科学」だと思います。よい文学作品は，それが自然に提示されている。そしてそこに，作者や読者の〈解釈〉の視線が注がれる。この双方の全体を見るのが「学」なんだと思います。

＊　＊　＊

【黒石】最初の鼎談で，遺伝情報だけでは高等動物の生体構築のために必要な情報より格段に少ないという話が出ましたよね。情報処理技術の用語でたとえるなら，高等動物の身体データは，遺伝子の中ではかなり強く「圧縮」されている。つまりは情報が大幅にそぎ落とされている（笑）。だから遺伝子のファイルはこんなにコンパクトになっているわけです。きちんと正確にコードされてるのはタンパク質のレベルまでじゃないかな（笑）。逆に，こういう遺伝情報から高等動物の全体構造を復元構築するには，遺伝情報だけではまるで足りないので，システム自身の「情報創発機構」を使って情報を付加・補完しなければならない。それはどんな機序で働くのか。JPEG 圧縮されたデータから画像を復元するにはそれ固有の信号補完方式があって簡単なんですけれど，遺伝情報の場合はそう単純じゃない（笑）。何か，発生段階で分子間・小器官間・細胞間・…の相互作用が情報を作りだしているに違いない。そこには DNA とタンパクとの相互作用（逆システム学）も含まれると思います。で，ヒトゲノム計画が一段落した今日では，「遺伝情報」自体の解明よりもこの「情報創発機構」の解明の方が重要になってきてるんだと思いますね。これこそが，「自己組織化」や「カオスの縁」の発生学的意義なんだと考えています。

【鈴木】吉田（民人）さんが異を唱えそうな発言だなあ（笑）。吉田さんは現代の科学を「プログラム科学」と捉えて情報プログラムの解明こそが本質だとおっしゃってるからね（笑）。いつもDNA を構成するアデニン，グアニン，シトシン，チミンの話から始まるでしょ（笑）。

【黒石】それこそ，セントラルドグマなんですよ（笑）。

それにしても，少ない遺伝情報から生体を復元構築するさいに情報が補完されるとして，その情報の“精度的誤差”は，人間の場合“一卵性双生児の個体間差異”くらい，ということになるのでしょうね。これは「すごいこと」なのか，「そんなもの」なのか。

【今田】正確には，「個体間差異の半分」ですな，それぞれの個体が発生上の誤差を抱えているから（笑）。でもこれはすごいことですよ。

【鈴木】ソメイヨシノは純粋種としてのタネができないから，全部さし木で増えたクローンなんだそうですね。クローンだから遺伝子は合同なんだが，それでもあれだけの個体差ができる（笑）。このあたりのアバウトさと，だけど大きくはハズレないという，「生命」の強靭さ。それもこれも，「相互作用」のなせるわざですね。この場合は環境との。

【今田】それにしても，生体構築のために必要な情報よりも遺伝子の情報の方が大幅に少ないという事実は，遺伝子は生命体を上から制御する「メタ」制御者ではない，ということを意味する。「最小多様度の法則」からの皮肉な帰結です。ここが不思議なところなんですよね。生体の遺伝は制御の「メタ化」の困難を回避してることになるわけですから。

【鈴木】それで遺伝情報の「入れ子化」は，制御の「メタ化」にならないわけやね。実によくできている。あるいは，これを要素間の「相互作用」「相互性」を使ってうまく言い換えたいところなんやけど。

【黒石】だからなおさら，上下・水平的なあらゆる情報創発機構の解明が求められるわけです。これがゆらぎにも高次制御にも還元されない〈システミックス〉かな。

【今田】そうだとすると遺伝子は「コントローラー」ではなくいわば「エディター」だよね。そこらじゅうの分子の相互作用から創発してくる情報を使って自分の基本構想を補完し，編集して，全体をまとめあげる（笑）。

【鈴木】うまい（笑）。それで思い浮かんだけど，「アフォーダンス」ってのも，情報補完機構の一種じゃないかな。

【黒石】ギブソン＝佐々木正人氏の，あれですね。こちらは遺伝機構ではなく認知機構の範疇になりますけれど。

【今田】アフォーダンス，解説してください（笑）。

【黒石】認知心理学や人工知能学で注目されている考え方です。主体が認知や判断のための情報やプログラムを最初にあらかじめもってなきゃいけないとすると，処理すべき情報量が大きくなりすぎて認知や判断の最初の過程がそもそも始まらない（笑）。フレーム問題とかベルンシュタイン問題とか言われている困難があるわけです。だから，主体はそういう重たい情報をもってはいないはずだ。で，どうするかと言えば，その情報は対象（環境）の側に振り分けていると考えざるをえない。こうして対象の側が主体に働きかけて情報を提供し，認知や判断を促す…と考えるとき，「その働きかけ」のことをギブソンの造語で〈アフォーダンス〉と呼んでいます。主体が環境に情報を振り分けて（圧縮して）コンパクトになり，必要なときそのつどアフォーダンスによって情報を補完する。これは認知情報の水平的補完機構と言えますね。

【今田】「主体が判断のための情報を環境側の対象に振り分ける」というのは，「遺伝子が生体構築のための情報を諸分子の挙動に振り分ける」というのとパラレルなわけだ。

【黒石】とにかく，「主体は最初から応分の情報を抱え込んでなきゃいけない」，という「メタ制御」の古典的発想がうまくいかない領域です。環境は無限の情報を含みますから，それを制御する主体も無限の情報をもたねばならない，という無茶苦茶な事態になる（笑）。実際の主体は，そんな情報をもってはいなくて，シンプルであるはずなんです。そして必要な情報だけを，事後的に，増やしていく。その必要な情報とは，環境から与えられるんですね。

【今田】生物の免疫系も，排除すべき「他者」の内部イメージ（内部モデル）をあらかじめもっているわけではありません。感染源が侵入しても，最初は知らない相手だから，感染を許してしまう。でも一度接触すると，その記憶をもち続け，次回からは他者と認識し排除する。これは他者による情報の創発とその記憶ということですね。

【鈴木】〈他者〉との相互作用で，かえって豊かな免疫的〈自己〉が形成されていく。他者との相互作用がなければ，自己は形成されないか，または著しく貧相なものになるわけですよ。そこそこ病原体がいる環境で暮らさないと，十分な免疫力は育たない。だから「清潔はビョーキだ」となるわけです（笑）。僕なんか人間と自然にもまれて，花粉アレルギーとは無縁の時代に育ったタフな

「汚れ世代」なんで，家では「原始人」なんて呼ばれてるんですけどね（笑）。

【黒石】免疫的自己の形成だけでなく，さらにはヒトの精神的「自我の形成」においても，他者の関与が不可欠ですよ。ジャック・ラカンの立場です。

【今田】自分は他人の関与で成長し，そうした他人の関与の記憶の全体が自分である。自他の分節化が相互作用で入れ子になってますね。G. H. ミードの社会学にも似たところがあります。

【黒石】アメリカの精神科医で脳科学者の A. ダマシオは，〈ソマティック・マーカー〉というコンセプトでデカルトの「心身二元論」を批判しています。彼によれば，「脳が判断能力を独占し，それによって身体を制御している」のではない，というのです。「脳と身体」の関係はもっと相互的なもので，後天的に獲得された身体感覚がむしろ脳の判断に重大な貢献をおこなっている，というのが彼の立場です。で，脳の判断に重大な貢献をなすこういう身体感覚を彼は “somatic marker” と呼んでいるのです。逆に脳がすべてを指令するのだとすると，選択の可能性が多すぎて決定不能の状況に陥ってしまうんですね。

〈ソマティック・マーカー〉を簡単に説明するのは難しいのですが，私が解釈するに，それは日本語固有の擬態語で「どきっとする」とか「ぞっとする」「ひやっとする」「ぴんとくる」…[(8)]，と表現されるような「身体感覚」です。これ，日本人には簡単に理解できますが他言語ではどうか（笑）。で，これらの身体感覚が無意識裡に脳に働きかけ，情報を与えて，行為の可能性を大幅に絞り込むというわけです。この隠れたメカニズムこそ，推論なしに問題の解決にたどり着く不思議なメカニズム，いわゆる「直感」の源泉だというのです。

【鈴木】脳が判断するための情報を身体に振り分けているんだね。

【今田】社会主義国家の計画経済だって，計画者が全知全能でないから，破綻せざるをえなかった。

【鈴木】「社会主義経済計算論争」のときのハイエクの指摘ですね。

【今田】知識は分有される。そこに「自生的秩序」が生まれる。

【黒石】情報は振り分けられるわけです（笑）。

【今田】しかもその情報は「あらかじめ与えられている（preset）」のではなく，相互作用によって常に「生成される（generated）」。こういう情報の生成があるから，システムは，「ずっとある（be）」のではなく，「のべつ生成する（become）」ことになる。

【鈴木】これが「存在から生成へ（from being to becoming）」の情報論的機序なんだということですね。

【今田】当面の結論として，生体は，情報の補完機構を活用して生きているとしておきましょう。それはミクロの因果でもマクロの制御でもなく，要素間の相互作用そのものに由来するものである。この辺の認識は，ミクロに向かおうとする分子生物学やマクロに向かおうとする制御理論に対する挑戦になるのかもしれませんね。

ここから先は，「学」の未来に期待しましょう。

（終）

注

(1)　ペトリネットのモデル；非同期的で並列的にふるまうシステムにおいて，その中の情報の流れや制御の方法を記述し解析するために提案されたモデル化手法のひとつ。

(2)　Hobbesian Problem of Order.「バラバラの人間の集合からいかにして社会的秩序が形成されるか」を問う理論社会学の基本問題。ホッブズの『リヴァイアサン』に由来する。

(3)　構造主義を代表するレヴィ＝ストロース，ラカン，フーコー，アルチュセールの4人を指す。

(4)　実際には，日本の五重塔は落雷や人災等で焼けることはあっても，倒れたことはないのだという。この点が建築学上も謎で，今日なお探究されている。上田篤編『五重塔はなぜ倒れないか』新潮社，1996年。

(5)　今田高俊『自己組織性と社会』東京大学出版会，2005年，35頁。

(6)　金子邦彦『生命とは何か』東京大学出版会，2003年，382頁。

(7)　金子勝・児玉龍彦『逆システム学』岩波新書，2004年。

(8)　こんな「擬態語的」身体感覚が，それに属する：どきっとする，ぞっとする，ひやっとする，ぴんとくる，ぼんやりする，じんとくる，はっとする，ほっとする，ぎょっとする，すっきりする，さっぱりする，じりじりする，きょとんとする，がっかりする，ざわっとする，ぴりぴりする，いらいらする，しょんぼりする，むっとする，ぷんぷんする，けろっとする，げんなりする…。

第Ⅱ部
社会システム学の未来に向けて

第3章

〈社会システム論〉再考

――歴史変動を理論化する〈社会システム論〉のための覚え書き

遠藤　薫

1．〈社会システム論〉の現状

〈社会システム論〉は，理論社会学の大きな柱として考えられてきた。

だが，その現状は，必ずしも盛んとは言い難い。「社会システム論て何？」という社会学研究者もいる。数土（2006）は，「社会システム理論が社会理論においてかつて占めていた役割を考えれば（必ずしも数理社会学研究に限られたことではないけれども），社会システムについて議論されることがめっきり減少した」と指摘している。

なぜ社会システムについて議論されることが減ってしまったのだろう。

それは一方では，これまでの〈社会システム論〉（パーソンズの行為論など）の理論的不備によるものであり，またひとつには，〈社会システム〉という観念のリアリティが希薄化したことによるのではないか。

前者の理由については後で述べるとして，後者はそもそも，冒頭に述べた「社会理論」の生産性の衰弱と期を一にしていると考えられる。(1)

すなわち，今日，〈社会〉というものに思いを致す機会は少なくなっているように観察される。

たとえば，大きな社会を語るための情報ソースとして機能していた新聞を取り上げてみよう。かつてそれは，人が一人前の大人（世帯をもった大人）の象徴であり，家族内秩序の象徴であり，社会の命運を決定する重大事として（暗黙に）位置づけられる事柄が一面トップを飾った。文字通り「新聞は社会の縮図」であるとの自負があり，またそうであることが期待されていたのである。

しかし近年，全国紙の一面の構成は何度も刷新され，必ずしも社会全体にとってその日の最重要事項が載るとは限らなくなった。たとえば，2007年5月13日（日）の朝刊を見ると，一面トップは「自転車道造り方指南」の大見出しのもと，「警視庁と国土交通省は自転車の通行ゾーンの整備方針を共同でまとめる方針を固めた」旨の記事で半分以上が埋められている。

そこに見えるのは，日常生活を構成する多種多様な個別事実であるが，それらを俯瞰することから〈社会〉の全体像を想起することは難しい。ましてや〈全体社会〉の変化を一般的なモデルとして考えようとする指向性は生まれにくいのかもしれない。その結果，社会の一般理論に対する関心が薄れ，同時に「理論的知識の生産」力が低下しているとも考えられる。とくに抽象性，一般性を高めようとする方向性をもつ〈社会システム論〉においてはなおさらである。

2．〈社会システム論〉とは何か
——脱主体化と脱規範性——

では改めて〈社会システム論〉とは何だろうか？

そもそも「システム」とは，きわめて広い指示対象をもつ言葉である。

アカデミックな用法に限っても，1940年代にベルタランフィが「一般システム理論」を提唱して以来，生物学，その他の自然科学，社会科学と，あらゆる領域で「システム」は「発見」されてきた。

ベルタランフィ（1973：51）によれば，「システムとは相互に作用する要素の複合体と規定できる。相互作用とは要素 p が関係 R において存在すること，したがって R の中での一つの要素 p のふるまいが別の関係 R' の中でのそのふるまいと異なることを意味する」。そして彼は，「交互作用しあう要素の複合体」としての「一般化されたシステムあるいはその部分クラスのシステムに，それらシステムの特殊な種類や成分要素の性質や，要素間の関係や「力」の如何にかかわらず適用できるモデルと原理と法則が存在する」と考え，この「システム一般に対して使える原理を定式化し，導き出す」ことを一般システム理論の目的とした。この考えを支えているのは，異なる領域，異なるレベルにおいて観察されるシステムの「同型性」である。[2]

このような「システム」観は〈社会〉に対しても適用できる。

新（2006）は，「社会システム」という概念のイメージを，デュルケムの「社会的事実」，ジンメルの「社会化」，ウェーバーの「社会形象」などと対応させている。

そうしてみれば，（社会システム論）とは，社会学が観察・分析の対象とするべき事柄を「相互作用し合う諸要素の総体」としてとらえようとする立場，と言いかえることができるかもしれない。そして，そのようなスタンスにおいては，システム，サブシステムおよびその構成要素は，いずれも，脱主体化され，規範的な意味づけを与えられないことが前提となる。

ベルタランフィの一般システム理論は，数々のアポリアを内部に含みつつも，アシュビーの自己組織化論から，オートポイエーシス・システム（再帰的自己創出システム）論へと接続する。

オートポイエーシス・システムとは，生物学者であるマトゥラナとヴァレラが有機体システムを理解するために提示したシステム構造のモデルである。要約すれば，オートポイエティックなシステムとは，そのサブシステムがそれぞれに外部とのコミュニケーションによって絶え間なく自己自身や他との関係性を変化させ，同時にサブシステムのネットワークの総体としての全体を絶えず状況適合的に変化させていくような性質をもったシステムのことである。

3. 機能論から変動論へ，行為論からコミュニケーション論へ
――ルーマンの〈社会システム論〉――

ベルタランフィの一般システム理論の社会学への導入を図った嚆矢は，パーソンズを始めとする機能 - 構造主義と称される研究者たちだった。しかしながら，機能 - 構造主義はその後徹底的な批判を受けることとなる。

当時の機能 - 構造主義批判は過剰な様相さえ呈していたのではないかと疑われるが，その点について深入りはしない。ここでは，内田による次の二点だけを引用しておこう：「パーソンズの場合，社会システムとは，具体的な社会集団をそのまま指すのではなく，『行為』という分析的な要素の連関として想定されるものである。つまり，個人であれ集団であれ，『行為者』という実体的な要素ではなく，『行為』という分析的な要素が社会システムの単位とみなされる。社会システムは行為のシステムであり，行為はさらに分析的な要素＝局面（A＝適応，G＝目標達成，I＝統合，L＝潜在的な型の維持）に分節される。社会システム論はこのような行為の意味連関を明らかにすることを基本的な課題としている」(内田，2005：154-155)。「しかしながら，パーソンズの分析的な『行為』の概念には，『行為者』に属す主体性や人間学的な要素が復元可能なように投射されている。それは社会的な秩序形成を説明するときに遭遇する困難（「二重の偶発性」という問題）を解決する重要な局面にも現れ，結局のところ，規範的なコンセンサスを外挿するような結果を招いていた」(内田，2005：155)。

筆者自身がパーソンズ理論について最も問題とするのは，それが一般均衡を前提としたスタティックな理論であるという点である。その

結果，システムには一定の安定状態が想定され，そこからの逸脱もいずれは解消される（べき）ものと考えられている点である。このようなシステム・モデルでは，大きな社会変動を記述することはできない。それは，モデルの内部にイデオロギカルな規範性をあらかじめ埋め込んでしまっているということでもある。機能 - 構造主義に分類される議論のなかでも，スメルサーはまさに社会変動を問題にしており，極めて示唆的な議論を展開しているにもかかわらず，結局は，一時的な集合現象しか射程に入れられていないことが惜しまれるのである。

これに対して，ルーマンは，マトゥラナ＝ヴァレラのオートポイエーシスを下敷きにした〈社会システム論〉を構想する。

ルーマンにおいては，少なくとも 2 つの点で，パーソンズの問題点を解消する努力がなされている。

一つは，パーソンズがシステムを「行為」の連関としてとらえようとしたのに対して，ルーマンの〈社会システム論〉の特徴は，「コミュニケーション」を基本要素とした点にある。それは，ルーマンが依拠した原典が，マトゥラナ＝ヴァレラのオートポイエーシス論であることによる。

4. 〈システム〉は実在するか？

ルーマンの議論に対しても，いくつもの批判点が存在する。筆者自身も，ルーマンの〈社会システム論〉には多くの疑問を抱いている。しかしここでは，〈社会システム論〉一般，あるいは現代の社会理論一般に対してしばしば（お約束のように）投げかけられる批判の一つについて考えておこう。

この種の批判の代表的なものとして，佐藤（2000）を取り上げる。「『社会システム』は何でありうるのか――N・ルーマンの相互作用システム論から」と題されたこの評論の主旨は，この世界において，特定のシステム - サブシステムを他から切り取って，論じることは可能なのか，という批判である。

しかし，この批判は必ずしも目新しいものではない。すでにジンメルがこの点について，「全体システムとサブシステムとの関係は相対的なものである。世界はいくつものシステムから構成されており，それらは何層にも重なるサブシステムを包含している。したがって，それらの全体を包括的に論じることはできない。われわれは，われわれが着目する，相対的に他から分別されるシステム－サブシステムについて分析を行う」との回答を与えている。

5. 〈社会システム論〉と歴史性

一方で，ルーマン理論は，知識社会学，歴史社会学，構築主義などの系譜とも接続する。

高橋（2002）は，ともすれば忘れられがちな，ルーマンの歴史社会学的業績に光をあてている。

彼の言葉を借りるなら，「ルーマンは，みずからのゼマンティク研究をその方法論的な視点から知識社会学と呼んでいる。この名称は，マンハイムやロバート・K・マートン，ピーター・L・バーガー，トーマス・ルックマンなどを想起させるややクラシカルな表現だが，ルーマンはこれに独自の定式化を与えている。ルーマンは，知識 Wissen を，パラドックスの顕在化を首尾よく回避しえた区別として捉えている。そのうえで，知識社会学の課題を，『特定の区別が他のものよりいっそう納得がゆくものになる条件を研究すること』としている［GS4：176］。この場合，パラドックスは，真かつ偽とか，合法かつ不法とか，美かつ醜といったような両立しない二つの規定が同時に成立するという意味（いわゆる，矛盾）に限られない。ルーマンは，パラドックスに関する議論の中で，ギリシア語のニュアンスを引き合いに出して『パラドクサ，すなわち併存する見解 Nebenmeinung』という表現をしている［GS4：170］。そのニュアンスを活かせば，パラ

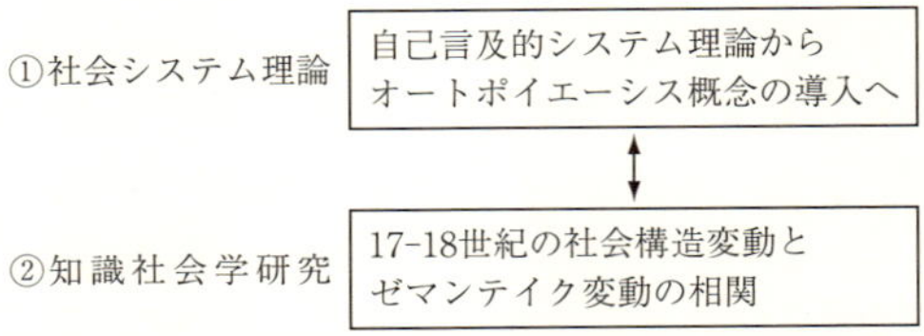

図３－１　ルーマンにおける２つの軸（高橋，2002：12）

ドックスを，ある事柄に関して相異なるいくつかの意味規定が併存する状態と広く捉えることができる。そうした広がりをふまえていえば，ルーマンの知識社会学は，相異なるいくつかの意味規定が併存しうる事柄において，ある区別が他の区別よりもいっそう説得力をもって立ち現れる条件を研究することであると定式化できる。よりルーマン的なタームでいえば，意味規定のコンティンジェンシーを潜勢化させる条件の探求だといえる」（高橋，2002：10-11）。

6.〈社会システム論〉と自己記述

「知識社会学」という設定には，「観察者であるみずからへのリフレクティビティを不可欠の要素として孕んでいる」（高橋，2002：11）。

すなわち，「自己記述」のアポリアである。

ルーマン（1984＝1995）は，マスメディアについて，「カントの用語で言えば，マスメディアは先験的仮象を生産するのである。この理解によれば，マスメディアの仕事は，単に一連のオペレーションとしてだけではなく，一連の諸観察として捉えられる。もっと正確に言うならば，観察しているオペレーションである」（訳書：11-12）と述べている。

この視座からするならば，先に述べたようなマスメディアの変容は，マスメディアのオペレーションの変容であると同時に，マスメディアによって観察された〈社会〉の変容であるともいえる。そして，既存の社会理論が力を失ったのは，この二重性を埋め込んだ〈社会〉の動態を記述することに成功していないからであるともいえるのである。

7. モランの社会システム論

〈社会〉のゼマンティク変動（社会構造変動）を〈社会システム〉の再帰的自己創出のメカニズムから説明しようとする議論は，ルーマン以外にも数多く存在する。たとえば，モラン，エリアス，ギデンス，バウマンなど，現代社会学をリードする理論家たちは，それぞれの〈社会システム〉論を構築している。それらは必ずしも，（高坂が主張するような）狭い意味での自然科学的定式化を目指しているわけではない。

いやむしろ，「自然科学」という言葉が表現してきた，ある種の時代制約的認識枠組を反省的に問題にしているのが，今日の社会システム論であるともいえる。

たとえば，モランはその著書『方法　3. 認識の認識』（1986）で，次のようにいう：

> われわれの科学は，認識の巨大な進歩を達成してきたが，しかし，物理学のように最先端を走る科学の進歩それ自体がわれわれの概念や論理や知性に挑戦する道へわれわれを接近させ，認識しえないものにかんする問題をわれわれに突きつけている。……われわれの認識を位置づけること，反省すること，再度問うことがどうしてもわれわれには必要だ。つまり，認識の目標である真理に到達するために，認識能力の条件・可能性・限界を知ることが是が非でも必要なのである。（p. 9）

この言明は，先に挙げたルーマンの問題意識と重なるものであると同時に，近代における自然科学と人文社会科学との分離――さらには個別専門分野間の相互不理解を問題化するものでもある。モランはいう：

> 認識は孤島ではなく半島であり，それを認識するには，それの本体に認識を再び結びつけることが必要である。認識行為は，生物学・脳髄・精神・論理学・言語学・文化・社会・歴史に関係しているので，人間生活と社会関係から切り離すことはできない。認識現象は，下部＝認識過程に依存し，メタ認識効果・影響を及ぼす。したがって，精神は，その作用の非精神的帰結と同じく，精神の実存における非精神的条件についても自覚しなければならない。認識の介入・影響領域と同じく，認識の形成と出現の生命＝人類＝社会＝文化的条件を思い浮かべる必要があるとするなら，いったいどうすれば認識領域を孤立化できるのかわからない。最終的には，人間・社会・生命・世界の関係全体が認識の認識のなかで・それによって，関係づけられ，再び問題とされるのである。
> それゆえ，認識の認識を厳重な国境線のなかに閉じこめるわけにはいかない。しかし，そうだからといって，人類＝宇宙論的関係を照らし出しうる無数の認識のなかへ，それを押し広げていくわけにもいかないし，そのなかへ分散させるわけにもいかない。したがって，認識の認識に対しては，開放と閉鎖という正反対の二重命令が存在するのだ（pp. 22-23）。

8.　エリアスの文明化過程論

社会システム論を考えるにあたって，エリアスの『文明化の過程』も重要な業績である。

エリアス自身の言葉によれば，「目下のところ，社会学が主として関心を寄せているのは，比較的短期的な過程であり，また一般には，社会のある特定状態に関係する問題にすぎない。社会構造の長期的変形と，それに伴って生じる個人構造の長期的変形に関しては，全般的には現在のところ，ほとんど無視されてしまっている」(Elias, 1969 = 1977：2) が，彼の『文明化の過程』が扱うのは，まさにこのような問題である。

エリアスがめざす「社会の長期的ダイナミックスのモデル」(Elias, 1969 = 1977：5) と類似の問題に取り組んだ。しかし，と，エリアスはパーソンズを批判する：

> パーソンズの理論的立場の特色は，かれ自身述べているように，かれの観察領域のさまざまな社会類型を分析的にその基本的構成要素に分解する試みである。これらの基本的構成要素のひとつの型をかれは「パターン・ヴァリアブル」と命名している。この「パターン・ヴァリアブル」に属するのは，なかんずく「情感性対情感の中立」という二分法である。社会をパーソンズは，トランプ遊びをしている人の手の中にある一組のカードのようなものと考えていると言えば，おそらくかれの考え方を最も適切に表現したことになるであろう。(p. 7)

> この種の理論構成によっては，現実に観察できるような，より明確で調和のとれた情感制御に向けてのニュアンスに富む歴然とした構造変化は見失われてしまう。生成しつつあるものと生成を完了したものとしてしか現実には観察できないという理由で，分析を二つの対立状態に限定するような対概念でもって分類しようとすることは，経験的研究にとっても理論的研究にとっても，社会学的認識の不必要な貧困化を意味するものである。(p. 9)

> パーソンズによって選ばれた基本範疇は，私には至極恣意的なものに思われる。その背後には，変化するもの一切を変化しないものに概念的に還元すること，また，個々の構成要素への分解に

よってあらゆる複合現象を単純化することが，すべての学術理論の課題であるという往々にして自明と思われがちな観念が，暗黙のうちに，かつ不用意に潜んでいるのである。(p. 9)

9.〈社会システム論〉と規範性
――「メディア」という観点――

かつて，パーソンズやスメルサーは，その議論が，無条件の現状肯定を前提としている，と批判された。

それと同様の文脈において，現代の社会システム論についても，「ハバーマスらにとってはルーマンの社会システム論は，テクノクラート的な現状維持への関心との関連で説明され批判されるべき対象」(馬場) とされ，「テクノクラートのイデオロギー」(馬場) と批判されることがある。

しかし，それは明らかに間違いである。なぜなら，すでにここまで述べてきたように，パーソンズらの議論は，社会システム論とは似てまったく非なるものだからである。

馬場は，「ルーマンが行ってきたのはもっとささやかなこと，つまりは「違いを創り出す」ということであろう」(馬場，2001：iv) と述べ，

その違いがいかなる意味をもつかは，当の違いそのものに即して検討されねばならない。少なくともその違いを，あらかじめ存在している自己同一的な基準 (たとえば，「よりよい分析枠組」，「新しい社会像」など) によって回収しようとすべきではないだろう。ルーマン自身，自分の立場を「差異理論的アプローチ (ein differenztheoretischer Ansatz)」と呼んだうえで，こう指摘している。「学がめざすのは，……差異を差異へと変換することであり，したがって統一性は差異が誤認されたものとしてのみ扱われ

るべきである」(Luhmann, 1987d：319 = 1993：120)。

(馬場，2001：iv)

と論じている。

この地平においては，システムが属している「イデオロギー」は，自明視（同一化）されるのではなく，まさに差異化され，露呈させられるのである。

10. 〈社会システム論〉はどこへ向かうべきか

以上を踏まえた上で，あらためて，問おう。

〈社会システム論〉はいかにして可能か？

現代社会学において，むしろ〈社会システム〉概念は，〈コミュニケーション〉や〈情報〉の概念との関わりから論じられる必要がある。

馬場（2001）は，ルーマンの「違いを創り出す」行いについて，「スペンサー＝ブラウン流にいえば，それはすなわち「区別する」(draw a distinction) ということだし，さらにまた「違い」をグレゴリー・ベイトソンにならって「違いを生む違い」(a difference which makes a difference) と敷衍すれば (Bateson, 1972 = 1990：602)，それはすなわち「『情報』の定義」(iv) であると述べており，また，ルーマンが「権力」や「信頼」といった社会的概念を「コミュニケーション・メディア」としてとらえなおしたことはいうまでもない。

もっとも，これだけではいかにも舌足らずであり，「違い」＝「情報」とのみ断じるのはミスリーディングであろう。むしろ，いまだ十分に論じ尽くされてはいない，「情報」「コミュニケーション」「メディア」の概念を，生命現象との関わりを含めて，再検討するところからはじめる必要がある。

以上，本稿では，現代における社会システム論の可能性とその含意について論じてきた。

筆者にとって，社会システム論は，エリアスと同様，長期的社会変動のダイナミックス・モデルであり，その性能は，具体的歴史過程によって検証されるべきものである。

そのこれまでの成果の一部は，「社会変動をどうとらえるか」シリーズなどによって世に問うている。しかしまだ道は遠い。今後も，多くの先達の後を追いつつ，シミュレーション・モデルとしての構成も含めて，研究を深めていきたい。

注

(1)　日本社会学会の学会誌である『社会学評論』2006年6月号（Vol. 57, No. 1）は，「理論形成はいかにして可能か」という特集を組んだ。学問にとってその存立基盤ともいえる「理論」についてあえて「可能か？」という問いをたてたのは，同じ号で盛山が喝破しているように，「今日の社会学の問題は…，発信すべき理論的知識を生産していない」という問題意識が，ある程度共有されているからだろう。

では，社会学理論とは何か？

高坂（2006）は，社会学理論を，一般理論，歴史理論，規範理論に分類する。高坂の分類によれば，「歴史理論」が「時間的・空間的に特定された範域に視点を限定し，記述ないし因果説明を行うもの」であり，「規範理論」が「一定の価値や目的を所与としたときの社会システムの制御論」その他の理論を指すのに対して，「一般理論」は「時間や空間の観点からみて特定の歴史的個体を前提とせずに，社会現象を規定していると思われる構造やメカニズムを明示的かつ一般的に解明する」ものであるとされる。高坂はそのような「一般理論」には様々な水準がありうるとしながらも，「理想的には」「数理モデルとして表現」されるべきであると主張している。そしてその一つの理念形を，（マートンによって「時期尚早」と退けられた，パーソンズの社会システム論――社会科学を自然科学と接合し得るものとしての――に求めている）。

また，社会理論を批判理論と社会システム論に二分する観点（例えば，内田(2005)）もある。この分類によれば，批判理論とは，ハバーマスなどのフランクフルト学派やカルチュラル・スタディーズなどマルクスの流れをくむ歴史的・規範的社会理論である。そして，後者は，通時的に成立する一般理論をめざすものであり，かつ，脱主体的に開かれる相互作用の空間を対象とする。

(2)　今田高俊は，これを一つの足がかりとして，彼の「自己組織性論」を構築した。

しかしながら，今田も指摘しているように，ベルタランフィは必ずしもこれらの言挙げの実現に成功したとはいえない。特に社会学への適用においては，一般システム理論の社会学導入を試みている Weidlich らが自ら認めているように，社会学的システムの定量化はきわめて困難であること，社会システムにおいては相転移や分岐が物理・科学システムよりもずっと高い頻度で起こるなどの問題がある。

それでもなお，ベルタランフィの，システムの開放性の重視は，閑却してはならない論点であると考えられる。ベルタランフィは，「生命をもつ」システムは開放系であることを述べた上で，（彼以前に提起された）閉鎖系としての「生命機械」の可能性について疑問を呈する。彼の疑問は，1）生命機械の発生の起源はどのように説明されるか，2）過度の複雑性に対して機械的な調節は可能か，3）環境との「交換」（代謝）のない「生命」は可能か，という3点に要約される。こうして彼は，「第1義的に重要な秩序は過程そのものの中にある」と結論する。すなわち，開放システムにおける定常状態（動的平衡）は，初期状態に依存しない「等結果性」によって特徴づけられるとするのである。

参考文献

新睦人編（2006）『新しい社会学のあゆみ』有斐閣.

馬場靖雄（2001）『ルーマンの社会理論』勁草書房.

Bertalanffy, Ludwig von (1945) *General System Theory: Foundations, Development, Applications.*（＝長野敬・太田邦昌訳（1973）『一般システム理論——その基礎・発展・応用』みすず書房）

Elias, Norbert [1969] UBER DEN PROZESS DER ZIBILISATION, Francke Verlag.（＝赤井慧爾・他訳（1977）『文明化の過程（上）——ヨーロッパ上流階級の風俗の変遷』法政大学出版局）

遠藤　薫（2009）『聖なる消費とグローバリゼーション——社会変動をどうとらえるか　1』勁草書房.

遠藤　薫（2009）『メタ複製技術時代の文化と政治——社会変動をどうとらえるか　2』勁草書房.

遠藤　薫（2010）『三層モラルコンフリクトとオルトエリート——社会変動をどうとらえるか　3』勁草書房.

遠藤　薫（2010）『日本近世における聖なる情動と社会変動——社会変動をどうとらえるか　4』勁草書房.

船橋晴俊（2006）「『理論形成はいかにして可能か』を問う諸視点」『社会学評論』第57巻第1号：4-24.

今田高俊（1986）『自己組織性——社会理論の復活』創文社.

高坂健次（2006）「社会学における理論形成：いま，何が必要か」『社会学評論』第57巻第1号：25-40.

Luhmann, Niklas (1981) "Wie ist soziale Ordnung moglich?", Gesellschaftsstruktur und Semantik, Bd. 2. 195-285, Suhrkamp, Frankfurt am Main.（＝佐藤勉訳（1985）『社会システム理論の視座——その歴史的背景と現代的展開』木鐸社）

Luhmann, Niklas (1984) SOZIALE SYSTEME, Suhrkamp Verlag, Frankfurt am Main.（＝佐藤勉監訳（1995）『社会システム理論（下）』恒星社厚生閣）

Luhmann, Niklas (1996) Realitat der Massenmedien, 2. erweiterte Auflage, Westdeutsche Verlag.（＝林香里訳（2005）『マスメディアのリアリティ』木鐸社）

Morin, Edger (1986) LA METHODE 3. La Connaissance de la Connaissance/1, Edition du Seui, Paris.（＝大津真作訳（2000）『方法　3. 認識の認識』法政大学出版局）

Parsons, Talcott (1951) *The Social System*, The Free Press.（＝佐藤勉訳（1974）『社会体系論』青木書店）

佐藤俊樹（2000）「『社会システム』は何でありうるのか——N. ルーマンの相互作用システム論から」『理論と方法』第15巻第1号：37-48.

盛山和夫（2006）「理論社会学としての公共社会学にむけて」『社会学評論』第57巻第1号：92-108.

Smelser, Neil J. (1963) *Theory of Collective Behavior*, The Macmillan Company, New York.（＝会田彰・木原孝訳（1973）『集合行動の理論』誠信書房）

数土直紀（2006）「分野別研究動向（数理）＞日本における数理社会学の展開」『社会学評論』第57巻第2号：436-453.

高橋　徹（2002）『意味の歴史社会学——ルーマンの近代ゼマンティク論』世界思想社.

内田隆三（2005）『社会学を学ぶ』ちくま新書.

第4章

複雑社会の衰退と危機を考える

柴山 桂太

1. はじめに

社会の発展や成長について，これまで多くのことが語られてきた。だが，衰退や崩壊については，そうではない。発展した社会が，衰退し崩壊に至ったケースは，人類の歴史に無数にあるにもかかわらず，そのプロセスを科学的な方法によって明らかにした研究は，ほとんどないのである。

実際，経済成長や経済発展について研究する分野はあるが，その逆はあまり聞いたことがない。GDP の成長メカニズムや，途上国の経済発展のプロセスについては，多くの研究が存在する。経済発展のプロセスはケースによってさまざまだが，共通しているのは産業の主軸が農業から工業へと移行している点だ。その典型がイギリスの産業革命である。農業の生産性が向上することで，都市に資本や労働力が移動したこと，大規模な固定資本投資を必要とする近代工業が発達したこと，それをファイナンスする近代的な金融制度が整備されたことなどが，近代成長を説明する一般的なやり方だろう。経済成長をもたらすのは，技術革新や，生産要素を適切に配分する市場や制度，あるいは政府の働きであり，そのメカニズムを解明するのが経済成長論の課題だと言える。

だが，今日の先進国が共通して抱えているのは，かつてのような経済成長が必ずしも見られなくなったという現象である。日本はその典型だ。1960年代の高度成長，1970年代から80年代にかけての安定成長を経て，1990年代以降は低成長の時代に突入している。出生率は減少し，固定資本投資の増加率も減少する傾向にある。これは日本だけの現象ではない。低成長化は先進国にどこも共通して見られる傾向であり，旺盛な活力を伴って成長する一部の途上国とは大きな違いが見られる。これが一時的な現象なのか，それとも長期的なトレンドを示しているのかは今の段階では不明である。だが低成長化という現実は，過去，多くの繁栄した国家が直面してきた衰退という問題のリアリティを高めているのは間違いない。経済成長論だけではなく，経済衰退論——いかに衰退を先延ばしし，成熟した経済社会へと着地させていくか——が求められているのである。

衰退の問題は，社会学においても明白な主題とはなっていない。社会学では，デュルケーム（Durkheim, Émile）以来，単純社会から複雑社会への進歩を，役割や機能の高度な分化，すなわち社会的分業の進化として捉えるのが一般的である。デュルケームは，人口の増加や，彼の言う「動的密度」（人々の接触機会）の増大という環境変化が，必然的に社会的分業をもたらすと考えた（デュルケーム，2005）。人口が増え，人々の動きが活発になるということは，その分，社会全体の動きが複雑に絡みあうということでもある。デュルケームは，それを「有機的連帯」の形成という視点から捉えたが，このアイデアは後の社会学的思考に大きな影響を与えたと言える。現代における社会システム論もまた，局所的に行われるさまざまな行動が，総体として秩序やまとまりを形成するという前提に立つという点で，デュルケーム的な発想の延長線上に位置づけることができるだろう。

確かに，近代社会の現実は，社会的分業の拡大という形で推移してきたと言える。経済に話を限れば，近代化が進むにつれて職業の数は膨大に増え，扱われる商品やサービスの種類も増加の一途を辿っている。社会はそれだけ複雑になっているのであり，全体を整序するシステムの働きもより精妙になっていると言えよう。今までのところ，社会的分業の拡大や，有機的な連帯の形成という理論的な前提を根底から覆す現実は見られない。

しかし，人類史的な視点に立つと話は変わってくる。人類の歴史は，文明の盛衰の歴史でもあるからだ。メソポタミア，エジプト，ギリシアやローマといった歴史で学ぶ代表的な古代文明がどのような経緯を辿ったのか，思い起こす必要がある。トインビー（Toynbee, A. J.）によれば，古代の人類社会には21個の文明が現れたが，そのほとんどが崩壊による途絶を余儀なくされた（トインビー，1975）。私たちの文明も，そのようなプロセスを辿らないとは言えない。長期的なスケールで見れば，近代のこれまでの成長や発展は，後に続く停滞や衰退の前史である可能性もあるからだ。

もちろん，そのような気宇壮大なストーリーは，今の段階ではあくまで空想の域を出ない。人類社会には，まだ発展や成長の余地がたくさん残されているからである。だが，文明という規模で考えなくても，もう少し小さい規模で考えればどうだろう。例えば国家の衰退だ。多くの歴史家が指摘するように，どんな国家も成長と繁栄の後には，必ず停滞や衰退の危機に直面する。具体例には事欠かない。中国の歴史は秦から清に至るまで，王朝の盛衰の歴史であった。西欧の歴史は，近代以降に話を限っても，ヴェネチアやオランダ，イギリスなど大国が繁栄の後に衰退するというケースに溢れている。なぜ発展した国家は，その地位を保つことができないのか。なぜある時点から停滞や衰退のプロセスに入るのかという問題は，先進国から途上国へのパワーシフトが盛んに言われている現代から見て，きわめてアクチュアルな問題なのである。

スケールをさらに小さくして，衰退の問題を考えることもできる。企業組織の衰退がそれである。競争がシビアな資本主義社会では，成功した企業も，その地位を保持し続けるのはきわめて難しい。企業のライフサイクルは，30年とも40年とも言われるが，これはおよそ一世代と考えることができよう。力を失った企業は，倒産や併合を余儀なくされる。かつてシュンペーター（Schumpeter, J. A.）が述べたように，資本主義は企業家の冒険的なイノベーションなしには存続できないが，成功はすぐに模倣されるため，冒険の報酬はすぐに目減りしてしまうのである。

文明という巨視的な社会体から，国家や企業組織に至るまで，過去の観察から得られるのは成長や発展だけではなく，停滞や衰退，崩壊でもある。この二つは切り離して捉えることはできない。もちろん，衰退は単純な現象ではない。国家の衰退ひとつとっても，理由はさまざまである。多くは軍事的な敗北が直接の原因となって衰退や崩壊に至ったが，なぜ軍事的に敗北したのかという原因をさらに探れば，政治的，経済的，財政的，文化的，地政学的要因など，ケースによって様々に思い浮かぶ。だが複雑なのは，成長や発展も同じことだ。成長や発展も，決して単純な理由で説明されるものではないからである。

本来，システム論的な思考が要求されるのは，こうした社会の複合的な現実に対してであろう。これまで文明の盛衰は，歴史学や歴史哲学の分野で語られてきた。科学的な知見というより，歴史観や思想・哲学の知見で語るべき問題だと見なされてきたのである。だが，複雑現象のトータルな解明を目指すシステム論の知見を用いれば，こうした問題にも科学的な見地からアプローチできるかもしれない。事実，『一般システム理論』でベルタランフィ（Bertalanffy, L. v.）は，文明の長期的な衰退トレンドを解明する上で，システム論が貢献できる余地は大きい，と述べている（ベルタランフィ，1973：107-117）。今の段階では，これは単なる希望的な観測に過ぎない。だが，まったく空疎な希望というわけでもなかろう。システム論は，単に社会の「有機的な連帯」を追認するためだけの理論ではない。むしろその限界を明らかにするための理論としても応用できるのではないか。以下に記すのは，そのための予備的な考察である。

2.「有機的連帯」の限界

社会の停滞や衰退を本格的に議論するためには，いくつもの乗り越えるべき壁がある。何をもって停滞や衰退と見なすのか，その言葉の定義を何に求めるのか，などの基礎的な問題からして，まだ学術的な合意がないからである。

企業の衰退はわかりやすい。企業業績が顕著に低迷するといった目に見える事実が存在するためである。だが，国家や，まして文明ともなると，何をもって衰退と見なすのかが途端に曖昧になる。例えば歴史学では，イギリスの衰退が長い間議論されてきた。19世紀に強大な勢力を誇ったイギリスは，第二次世界大戦後には植民地の大半を失い，大国の地位をアメリカに引き渡すなど，衰退の典型的な事例であるように見えるからだ。だが，論者によって衰退の定義はさまざまであり，何を衰退の指標と見なすべきかさえ，さまざまな議論が存在する（イングリッシュ他，2008）。相対的な国力の低下を衰退の指標と考えるべきか，それともエリート階層の固定化や文化的な保守化，あるいは金融と産業の遊離などといった社会の内的な要因に衰退の指標を見いだすべきか。それに対する反論として，今でもイギリスは金融を中心に世界経済で強い存在感を示しており，衰退論はまやかしであるという議論まで存在する。企業のように一世代でライフサイクルが完結する組織（もちろんすべての企業がそうではない）とは違い，国家のように何世代にもわたって存続する社会体の場合には，衰退の指標を何に見るべきか，そもそも何をもって衰退と見なすべきかという基本的な事実さえ，確定が容易ではない。

したがって，衰退を論じる場合には，まず視線を過去に向ける必要がある。歴史には，発展や成長の後に，停滞や崩壊を余儀なくされたケースがいくつも存在するからである。もっとも劇的なケースとしてしばしば注目されるのが，巨像で有名なイースター島だ。

イースター島は，一番近い陸地で約3600キロ，近い島でも2000キロ離れた，文字通りの絶海の孤島であり，10世紀頃にポリネシア人の家族が入植して以降は，外部との接触がなかった可能性が濃厚だ。わずか数人で始まったと思われる人口は次第に増え続け，15世紀頃，最盛期には１万人を超えるまでになったと推測されている。島は12の氏族によって統治され，宗教的な儀礼に用いる巨像を競うように作り出していった。だが，もともと脆弱だった島の自然環境は，増えすぎた人口を許容することができなかった。燃料やカヌーの建造，巨像の運搬に用いるヤシの木は完全に切り倒され，土壌流出による食料生産の低下が，内乱を生んだ。18世紀初頭にオランダ人探検家ロッヘフェーンによって「発見」された時——その日が復活祭日だったためにイースター島の名前がつけられた——には，人口は3000人以下に減少しており，高さ10メートルにも及ぶ巨像群をどのように建立したのか，記憶され失われた状態だったと言う（ダイヤモンド，2005）。

文字による記録がないため，入植時期や人口など，細かな事実は不明確な部分が多い。だが，人口が増加した後に，内乱や疫病によって減少したことは間違いないようだ。巨像の建立は，この土地に，余剰生産が存在したことを物語る。農業生産力の低い社会は，非食料生産者の存在を不可能にするからだ。現代の重機を用いても困難な巨像の建立や運搬には，高度な知識や分業が必要である。現代社会に比べればごく小さな規模ではあるが，ここには人口の増加と経済成長があり，高度な社会的分業もまた存在したと言える。そしてこの小さな文明は，ある段階を超えると衰退に向かったのであり，今度は人口減少や経済衰退，社会的分業の解消というプロセスを歩んだものと思われる。

J・ダイヤモンド（Diamond, J. M.）は，主な原因を降雨量の少なさなどによる，生態学的な要因に見ている（Diamond, 2010）。森林の再生スピードが遅いために，増え続ける人口をまかなうことができなかったというのがその理由だ。他の文明についても近年，環境史の研究から同種の原因が衰退をもたらしたと指摘されている（柴山，

2009)。興味深い論点ではあるが，今は措こう。重要なのは，こうした自然環境の劣化が，社会の存続を直ちに不可能にしたわけではない，という事実だ。ダイヤモンドは，他の同様の環境にあったポリネシアの島々で，イースター島のような崩壊を免れたケースがあると指摘している。あるいは，江戸期の日本のように，人口増加と自然破壊による生存環境の劣悪化という，どの文明も直面する危機を，人口の定常化や自然環境の再生によって乗り切った例があるとも指摘している。もちろん，降雨量などの生態学的条件が違うために，日本とイースター島を同列に論じることはできない。だが，自然環境の劣化は，社会崩壊の決定的な要因であるというわけではない，とは言えるだろう。決定的な原因は，こうした危機に対して社会が適切な対処を取れなかったことにある。ある段階で生態学的な危機の発生を予知し，人口の定常化や森林再生，資源配分の効率化などの対策を採ることができなかった。それが崩壊につながったと言えるのである。

この事例が興味深いのは，小さい規模ながら文明の発展と衰退，崩壊をはっきりと示しているからである。他の文明の場合，文明の衰退がいつ頃始まったのかが必ずしも明白ではない。というのも，イースター島のような閉鎖システムとは違い，他の社会と隣接している場合には，交易や戦争，人口移動などが生じるために，盛衰のサイクルがこれほどはっきり浮かび上がらないためである。かつてマルサス (Malthus, T. R.) は，等比級数的に増加する人口と，等差級数的にしか増えない食料とのギャップが，社会を危機に陥れるという仮説を提出した。イースター島はまさに「マルサスの悪魔」が現れた典型的なケースである。

だが，「マルサスの悪魔」は，それだけで社会の崩壊を導くわけではない。人口抑制や，食料生産の拡大，自然再生の試み，生活スタイルの転換，交易や戦争などといったさまざまな手段で危機を緩和することが可能だからであり，現にそのようなかたちで危機を乗り切ったケースがあるからである（柴山，2009)。危機の発生と，社会崩壊は一直線でつながらない。危機の発生は，社会的な対応によって乗り越えることが可能だ。イースター島の場合，ダイヤモンドが指摘するように，それがきわめて難しかったのは事実であるが，崩壊が必然的であったわけではないのである。

トインビーは文明の盛衰を「挑戦と応答」という有名な図式で解釈しようとした。社会の発展は，人口の増加や社会の複雑化を生み出すが，同時にさまざまな危機を作り出す。そうした「挑戦」に対して適切な「応答」を生み出した文明のみが，存続することができたというのである。これは言いかえれば，発展した社会のさまざまな危機（この場合は人口増加による食料不足）に対して，問題解決に成功したか否かが，発展と衰退の分かれ目になるということだ。トインビーは，衰退する文明は，課題に対して応答する創造力の働きが失われた事によって起こると述べ，それを「自己決定能力」の欠如と呼ぶ。だが，これはきわめて曖昧な表現だ。なぜある社会は問題解決に成功し，別の社会は成功しないのか。危機を認知し，それに適切に応答する社会システムの働きは，どのようなメカニズムの下で行われているのか。探求すべきはそのような問題であろう。

3.　複雑社会のアポリア

ここでわれわれは，根本的な疑問に直面する。複雑な社会の存続が，単純な社会よりも難しいのは当たり前ではないか，という疑問である。人口が増加するということは，それだけ食料や燃料が必要になるということである。その生産と配分について，精妙な経済システムを必要とするのは言うまでもない。社会的分業が広がれば，その分，全体社会を維持するための行政システムが必要になるということであり，他の社会との軍事的な対立を乗り切る微妙な軍事・外交上の智恵が必要になるということでもある。社会にさまざまな利害が存在するということは，その政治的な調整が難しくなるということでもある。顔の見える小さな社会から，顔の見えない巨大な社会に移行するということは，社会的に処理すべき問題が次第に増えていくということでもある。むしろそれに成功し続ける方が特殊なのであり，イースター島や他の文明がそうであったように，どこかの段階でそれに失敗する方が，むしろ自然なことのように思えてくる。

J・A・ティンター（Tainter, J. A.）は，文明の存続が難しくなる理由を，社会がある段階を過ぎると複雑性の増大に対処できなくなるためだとしている（Tainter, 1988）。複雑性を処理するための「限界生産性 marginal productivity」は逓減する傾向にある。したがって，人口が一定規模を超えて増大し，社会システムの複雑性が閾値を超えた段階で，社会は崩壊に向かう，というのがティンターの仮説である。ティンターはこの仮説を，過去のさまざまな文明崩壊に当てはめている。直感的には分かりやすいが，複雑性を処理する「限界生産性」がどのように決まるのか，理論的には明白ではない。ただし，複雑性を処理する社会的能力に限界がある，というのは誰もが賛成できるものであろう。

ここには，成功した近代社会に住むわれわれが鈍感になっている問題がある。われわれは，複雑性を処理する社会的システムの働きを，さほど意識することなく生活している。なるほどこの20年余り，日本では経済危機が繰り返されており，政治的にも混乱が続いている。だが，それによってただちに恐慌や内乱が起こるとは考えにくい。失業率の増加や自殺率の増加，家族や地域の人間関係が喪失していること，道徳的な荒廃など，社会問題は枚挙にいとまがないが，それがただちに深刻な社会崩壊を生み出すとは考えていない。局所的な個々の努力が全体社会の改善をもたらすという社会システムの作動——デュルケームのいう「有機的連帯」の働き——について，まだ十分な信頼を置くことができているためである。

だがそうした恵まれた社会は歴史的にみてきわめて稀である。現在でも，途上国では経済危機への耐性を持たない地域があり，政権基盤の不安定さから国家破綻のリスクを常に抱えている。なぜある国が有機的連帯を生み出すことができ，別の国ができないのかは，まだ十分には解明されていない問題である。少なくとも，人口が増えれば自動的に生成されるという性質のものではないことは確かである。歴史的に見れば，その成立は例外的なケースなのだ。

思想史をたどれば明らかなように，社会の発展を自明なものと見なす発想は，人類の長い歴史からみれば，比較的最近になって登場したものである。とりわけ中世や近世においては，社会の発展はまったく自明ではなく，むしろ数世代で崩壊することのほうがリアリティがあった。例えば，13世紀の歴史家イブン＝ハルドゥーン（Ibun Khaldun）は，王朝や社会の盛衰について独自の考察を加えているが，平和や繁栄は四世代しか続かないと述べている。最初期には存在した「アサビーヤ（連帯意識）」が，都市生活における富裕の進展によって次第に失われるのが，その理由である。誰もが権利を主張するようになり，相互扶助や防衛の義務が見失われるため，外敵の脅威に対抗できなくなり，いずれ滅ぼされる。だから繁栄は続かない，というのが中世のアラブ世界を観察したイブン＝ハルドゥーンの仮説であった。

同様の考察は，近世期のヨーロッパにおいても広く見られる。例えば近代政治学の始祖となったN・マキャヴェッリ（Machiavelli, Niccolo）は，国家の盛衰を「ヴィルトゥ（徳，力量）」という観点から考察した。国家はつねに外敵の脅威や，内部の結束の崩壊という危機にさらされるので，存続がきわめて難しい。「フォルトゥーナ（運命）」はつねに国家を翻弄する。それに対抗するための政治的な「力量」の源泉は，共和主義的な尚武の精神の他にない。マキャベリは商業を嫌い，商業が生み出す金銭勘定の精神は「ヴィルトゥ」を損なうものと捉えたが，これは当時としては普通の考え方であった。

変化が生じたのは，近代の啓蒙主義以降である。D・ヒューム（Hume, David）やA・スミス（Smith, Adam）が示したように，商業の発展は必ずしも国家の衰退を導くものではない。奢侈は否定すべきものではないばかりか，産業を発展させ，国力の増加を導く原動力になるというのがヒュームの考察であった。分業の進展は社会全体の利益になるという今日に繋がる考え方を，はじめて体系的に展開したのがスミスである。現代までつながる経済学や社会学の理論的な前提は，こうした18世紀の啓蒙主義を継承することから来ている。人口の増加，商工業の発展，生活スタイルの多様化は進歩の指標であるという考えは，歴史的には新しいものなのだ。こうした価値観は，社会が軍事社会から産業社会へと転換していく中で，次第に社会的に定着していった。

ここには明白なパラダイムの違いがある。イブン＝ハルドゥーンやマキャヴェッリの時代までは，社会的な複雑性の増加は，それに見合う社会の処理能力の増加を意味しなかった。商業による奢侈の気風を問題視していたことからも明らかなように，社会的分業の発展は必ずしも「有機的連帯」の成立を意味しなかったのである。まったく逆に，複雑性の処理能力は発展とともに減少すると考えていた。

だが，啓蒙主義以降のパラダイムでは，この関係が逆転している。デュルケームが力説したように，社会的分業の進展は決して社会的結合の弱体化を意味しないし，危機に対して応答する能力の喪失をも意味しない。人口の増加や「動的密度」の増大による複雑性の上昇は，それを処理する社会システムの有機的な高度化を生み出すはずである。そのようにパラダイムが転換しているのである。

もちろん，近代の思想家がまったく楽天的だったわけではない。むしろ事態は逆だ。ヒュームは知識や道徳（とりわけ正義）の脆弱性に対して敏感であり，スミスは分業の進展がもたらす専門化の弊害や，商業の発展が尚武の精神の喪失を招くというマキャヴェッリ的な問題関心を共有していた。デュルケームは，社会状態の「正常」と「異常」を区別することに熱心だったことからも明らかなように，社会的分業の進展がもたらす道徳的な欠陥に意識を尖らせていた。だが，イブン＝ハルドゥーンやマキャベリと比較した時，理論の前提にある社会観の違いは明らかだろう。人口の増加や商業の発展，分業の進展などによる複雑性の増大は，必ずしも社会の結合を弱体化するものではない。現代的な術語を用いれば，複雑性を処理する「社会的能力 social capacity」もまた，増大するというのが近代の基本的な社会観となっているのである。

ここで重要なのは，こうした社会的能力が，人々の主観的な意識とは別の平面で捉えられているということだろう。スミスの「見えざる手」に代表されるように，個々人は，社会全体の作動についての知識を持たなくても，局所的な改善を行うことが結果的に社会全体の改善につながる。デュルケームがいう「有機的連帯」は，個々人の主観的な意識には必ずしも還元されない，社会的事実として成立している。言いかえると，分業によってもたらされる社会的諸力の働きは，「集合的意識」のレベルで作用するのである。個人の行動や意識とは異なる「社会」に固有の力学に焦点を当てたところに，近代の社会科学のスタートがあった。

だが，こうした近代的な社会観が，理論的に正しいという保障は実はない。ティンターが示唆するように，複雑性を処理する社会的能力には，限界があると考えることもできるからである。事実，近代の歴史も細かく見れば，その時々で危機的な局面を何度か体験してきたと言える。20世紀の二度の大戦や，その後の冷戦における核戦争の恐怖は，この世紀がかつてない繁栄を実現しつつも，他方で過去の文明と同じように衰退や崩壊を招く恐れがあったことをも示唆している。人口が増大するということは，ただそれだけでは共存形式の発展や進化を意味しないのだ。

4.　危機発生のシステム分析は可能か

現代の社会理論は，社会の発展が必ずしも望ましい共存形式を生み出さない可能性について，自覚を強めているように思われる。例えば，フーコー（Foucault, Michel）の権力論や，ドゥルーズ（Deleuze, Gilles）やガタリ（Guattari, Félix）の欲望論は，そうした文脈から解釈できるであろう。権力や欲望は，社会的な問題を解決するのに望ましい仕方でつねに編成されているわけではない。マス・メディアによる世論のアジェンダ・セッティングがしばしば方向を見失うことからも明らかなように，現代の権力や欲望の編成は，社会が直面する危機の認知を遅らせるように働いている可能性があるからである。

ここで論じるべきは，社会が危機に直面する／危機を認知する，とはどのような事態を指すのか，である。先にトインビーの見解を借りつつ示したように，発展と衰退の分水嶺は，社会が直面する危機に対する社会の応答によって決まる。では，危機とは何であろうか。

危機という言葉は日常に溢れているが，必ずしも明確に定義されているとは言えない。キューバ危機のように特定の歴史的事件を指す場合にも用いられるし，財政危機や民主主義の危機のように，社会制度への信頼が目減りしている状況を指す場合にも用いられる。

だが共通しているのは，危機が，破局そのものではない，という点だ。例えばキューバ危機は，米ソの直接戦争を生む危険性があったために，そう呼ばれている。ここで危機は戦争そののもではなく，戦争の可能性が強く意識された緊張状態を意味する。また財政危機は，財政破綻そのものではなく，財政破綻の危険性が高いと意識されている状態である。ここからも明らかなように危機は，何らかの出来事がきっかけとなって，さらに悪い出来事が連鎖していくと予想される状態，現状が最悪のシナリオ（戦争や国家破産など）の方に向かう可能性があると予感される状態を指すのである。

重要なのは危機において，「最悪のシナリオ worst-case scenarios」が，あくまで潜在的な可能性として予示されているという点である（Sunstein, 2007）。平時において，そのような可能性はほとんど意識されない。だが，何かをきっかけにして，将来が急に不透明になり，戦争や破綻という最悪のシナリオが目前に出現する。それが現実化するかどうかは，社会が危機にどのように応答するのか，その成果にかかっている。だが，そうした応答のプロセスが開始されるのは，あくまで危機が意識されて以降である。

したがって重要なのは，こうした危機が現実化する可能性が，どの程度あるのかを判断することにあると言えるだろう。あまりに軽微な混乱を，重大な危機だと取り違えることは，ただの風邪を重篤な病気と取り違えることと同様，誤った解決を導く原因となる。逆も真なりだ。危機を意味する crisis は，もともとは医学用語であり，批評を意味する critic と語源は同じである。つまり危機とは，社会が分岐点にさしかかること，最良のケースから最悪のケースまでさまざまな方向に進みうる critical な状態にあることを意味するのである。近年，物理学では相転換に見られるように，ゆらぎや攪乱の影響が基準状態から離れ新しい状況を生み出す分岐現象に注目が集まっている（ニコリス他，1993）。そのアナロジーを用いれば，社会が危機に直面するとは，潜在的な分岐点にさしかかりつつあることだと言える。その分岐の結果がどのようになるのかは，蓋を開けてみなければ分からない。だが真に理論的な問題は，そうした危機の性質や程度がどのようなものかを見極めることにあり，それこそが社会的な実践においてもっとも求められる知見なのだと言えよう。

複雑性の科学やシステム論の知見が必要になるのは，こうしたタイプの問題であるように思われる。社会現象のような複雑性の高い対象について，ある出来事の出現を正確に予測することはほぼ不可能である。だが，最悪のシナリオ（出来事の連鎖）の潜在的な可能性や程度が，どの程度高い／低いか，といった問題についてであれば，科学的な対処がまったく不可能ではないように思われる。出来事の出現そのものは予測不可能だが，ある種の出来事が出現しやすい潜在的な構造やパターンについて，科学的に明らかに出来る可能性がある。先に挙げたマルサスは，人口の増加と食料生産性の逓減が，飢饉や内乱が生まれやすい環境条件を潜在的に作り出すと考えた。粗削りだが，これを最悪ケースを想定した危機分析の先駆と見なすことも可能であろう。ただし，それらの出来事（飢饉，内乱）がいつ，どこで発生するかまでは予測できない。危機を意識した社会の「応答」が始まるためである。

したがって，戦争や内乱，恐慌や国家破綻といった「最悪のシナリオ」が本当に発生するかどうかは，あくまで危機を認知した後での社会の対応にかかっている。だがそれ以前に問題は，社会が直面する危機がそもそもどの程度の大きさなのかを，今の段階では科学的に明らかにするアプローチがないという点にある。最悪ケースがどの程度の大きさで発生する可能性があるのか。現実の社会の背後で，将来に向けたさまざまなシナリオが潜在的にどのように準備されているのか。そうした目に見えない社会の分岐，とりわけ最悪なシナリオの可能性について社会的合意が形成することができれば，その解決に向けた取り組みもまた容易になるだろう。問題解決にはまず，当の問題が何であるのかが明らかにされなければならないのである。

これは視点を変えれば，社会秩序の脆弱性をどのように捉えるか，という問いでもある。社会における複雑性の増大は，必ずしもそれを処理する社会的能力の増大を意味するとは限らない。社会システムは，つねに複雑性を縮減するとは限らないのである。だからこそ，過去，多くの文明は衰退や崩壊を余儀なくされたのではなかったか。社会システムは，発生する危機をいつも正確に認知するわけではないし，自動的な解決を導くわけでもない。だからこそ，政治の重要性が，いつの時代にも強く意識されてきたのである。この場合，政治とは政府による立法や執行のみを意味するものではない。社会が直面する危機について，その解決のための集団的な取り組みを促すような行動，言論などの総体が，政治を形作る。そのために必要なのは，社会が直面する危機の性質や程度が，どのようなものであるかをまずは明らかにすることであろう。社会システム論が，単なる論ではなく社会システム学にまで高められることができるかは，社会の潜在的な次元で生じる危機の発生メカニズムを，科学的にどの程度明らかにできるか，という点にかかっているとも言える。そのような観点から，システム論の新たな研究プログラムを模索することが必要となるのではないだろうか。

参考文献

イングリッシュ，R.／ケニー，M., 川北稔訳（2008）『経済衰退の歴史学』ミネルヴァ書房.

柴山桂太（2009）「環境」，佐伯啓思他編『現代社会論のキーワード』ナカニシヤ出版.

ダイヤモンド，J., 楡井浩一訳（2005）『文明崩壊』草思社.

デュルケーム，E., 田原音和訳（2005）『社会分業論』青木書店.

トインビー，A., 長谷川松治訳（1975）『歴史の研究〈サマヴェル縮冊版〉』社会思想社.

ニコリス，N.／プリゴジン，I., 我孫子誠也他訳（1993）『複雑性の探究』みすず書房.

ベルタランフィ，R., 長野敬他訳（1973）『一般システム理論』みすず書房.

Diamond, J. D. (2010) "Intra-Island and Inter-Island comparisons", *Natural Experiments of History*, Harvard. U. P.

Sunstein, C. A. (2007) *Worst-Case Scenarios*, Harvard U. P.

Tainter, J. A. (1988) *The Collapse of Complex Societies*, Cambridge. U. P.

第5章

相互行為システムと創発効果

――ゲーム理論を手がかりに

武藤 正義

本章の目的は，これまで別々に議論されてきた行為論と相互行為論（ゲーム理論）を架橋することにある。昨今のゲーム理論の浸透により，相互行為から出発する議論が多くなったが，相互行為は理論的な出発点としては多様性がありすぎる。一方，行為は相互行為よりはるかにシンプルであり，社会科学におけるそれ以上分割できない最小の単位でもある。比喩的にいえば，相互行為は分子であり，行為は原子なのである。多様な相互行為を単純な行為によって再構成することは，社会科学の理論においてきわめて重要なことだろう。ただし多様な相互行為すべてを扱うことはできないから，典型的なものにしぼる。そこで本稿では，相互行為として囚人のジレンマやチキンゲームを含む２人２選択肢対称ゲームを，行為の自己効果・他者効果・創発効果という三項からなるシステムとして再構成する。ただし，行為は自己効果と他者効果によって定義され，そのような行為を二者がとることによって行為の創発効果が生ずる。このときどんな行為と創発効果の組が囚人のジレンマやチキンゲームを構成するのか。本稿ではこれを明らかにする。

1.　行為の定式化

1.1　行為とその効果

行為が社会的なものとして問題になるのは，その行為が行為者自身の状態を変化させるだけでなく，その行為の影響を受ける他者の状態をも変化させるからである（行為の外部性）。ただし本稿では個人すなわち行為者自身と他者の状態を，利害に限定して考える。行為によって個人が被る利害を「利得」あるいは行為の「効果」とよぶ。

行為 a によって行為者自身が得る利得を「自己効果」とよび x で表し，行為 a によって他者が得る利得を「他者効果」とよび y で表す（x, y は実数）。他者効果は行為の外部性を表す。自己効果と他者効果の組（x; y）を行為の「自他効果」とよぶ（「;」の左側が自己効果，右側が他者効果）。つまり行為 a は自他効果（x; y）を引き起こす。(x; y) は行為 a の関数であるので $v(a)=(x; y)$ とおく。ここで自己効果 x と他者効果 y は，お金のように比較可能であるとする。なお，この枠組みは，今田（1977）における自己条件づけと他者条件づけを参考とした。

ところで，行為とは一般に自他の利害に影響するような選択のことであり，厳密には「行為選択」とよばれる。したがって行為 a にはつねにそれをしない選択肢が伴う（もちろん他の選択肢もあるが簡単のためここでは触れない）。そこで行為 a をしない選択肢，すなわち「なにもしない」を行為 o あるいは「ゼロ行為」とよぶ。ここで $v(o)=(0; 0)$ である。

自己効果の観点から，$x>0$ なる行為を「享受的行為」，$x=0$ なる行為を「非享受的行為」，$x<0$ なる行為を「損失的行為」とよぶ。また，他者効果の観点から，$y>0$ なる行為を「向社会的行為」，$y=0$ なる行為を「非社会的行為」，$y<0$ なる行為を「反社会的行為」とよぶ。

向社会的行為は，現実社会においてしばしば賞賛の対象となり，反

表5-1　行為の名称と特性

行為名称	自己効果 x	他者効果 y	自己の利害	他者の利害	自他の利害
共益的行為	＋	＋	享受的	向社会的	調和的
利己的行為	＋	0	享受的	非社会的	無関連
自己中心的行為	＋	－	享受的	反社会的	相反的
利他的行為	0	＋	非享受的	向社会的	無関連
ゼロ行為	0	0	非享受的	非社会的	無関連
攻撃的行為	0	－	非享受的	反社会的	無関連
自己犠牲的行為	－	＋	損失的	向社会的	相反的
自虐的行為	－	0	損失的	非社会的	無関連
共倒れ的行為	－	－	損失的	反社会的	調和的

社会的行為は非難の対象となる。一方,「個人的行為」ともよべる非社会的行為は，他者の利害に影響しないので「他人に迷惑をかけなければ，なにをしてもいい」という J. S. ミルによる自由主義の原則からいえば，非難の対象とはならないとさしあたり考えられる。

さらに，自己効果と他者効果の関係（自他の利害関係）の観点から，$xy>0$ なる行為を「調和的行為」，$xy<0$ なる行為を「相反的行為」，$xy=0$ なる行為を「無関連行為」とよぶ。

行為の類型を x と y の符号の組によって，表5-1のように $3\times3=9$ 通りの行為を考えることができる（無関連行為以外の重要な4つの行為には網掛をした)。合わせて行為の呼称もきめておこう。たとえば，共益的行為は享受的-向社会的行為，自己中心的行為は享受的-反社会的行為，自己犠牲的行為は損失的-向社会的行為，共倒れ的行為は損失的-反社会的行為として定義される。共益的行為は，いわゆる win-win な行為である。

「享受的行為」には共益的，利己的，自己中心的行為がある。「非享受的行為」には利他的，ゼロ，攻撃的行為がある。「損失的行為」には自己犠牲的，自虐的，共倒れ的行為がある。

表5-2A

a	$x;\ y$
o	0; 0

表5-2B

a	3; -4
o	0; 0

「向社会的行為」には共益的，利他的，自己犠牲的行為がある。「非社会的行為」には利己的，ゼロ，自虐的行為がある。「反社会的行為」には自己中心的，攻撃的，共倒れ的行為がある。

「調和的行為」には共益的，共倒れ的行為がある。「相反的行為」には自己中心的，自己犠牲的行為がある。「無関連行為」には，利己的，利他的，ゼロ，攻撃的，自虐的行為がある。

最も単純な行為選択状況は，行為 a か行為 o を選択する場面だろう。この場面では $v(a)=(x;\ y)$ と $v(o)=(0,\ 0)$ において $v(\cdot)$ を省略して表5-2Aのように表現できる。たとえば行為 a が自己中心的行為であり，$v(a)=(3;\ -4)$ という自他効果をもつとしよう。このとき行為選択状況は，表5-2Bのようになる。

行為者が利己的であれば，行為 a を選択するだろう。しかし行為 a は他者に損害を与えるため，他者を気遣うようなある程度以上の利他性を行為者がもつならば，行為者は行為 o を選択するだろう。そこで次項では利他性を含む「社会的価値志向」を導入する。社会的価値志向は日常的には社会的動機とよばれる，行為選択原理である。

なお，利己的行為は上述した自由主義の原則からいえば，一見すると非難されることはないように思える。しかし $v(a)=(4;\ 0)$, $v(a')=(3;\ 2)$, $v(o)=(0;\ 0)$ すなわち行為選択肢集合が $A=\{a,\ a',\ o\}$ からなるような行為状況においては，共益的行為 a' ではなく利己的行為 a をとることは非難されるかもしれない。なぜなら a' による2という潜在的な利得を他者は得られなくなるからである。つまり，基準を行為 o のかわりに行為 a' にとれば，$v(a)=(4-3;\ 0-2)=v(1;\ -2)$ となり，$v(a')=(3-3;\ 2-2)=(0;\ 0)$ なる行為 a' からみれば行為 a は非難されうる自己中心的行為にみえるのである。このように行為の意味合いは，行為選択肢集合が作り出す行為選択状況によってニュアンスが変わってくる。しかしこのような分析における行為の基準として表

5-1のような分類は必要になっている。また，これが非社会的行為ではあるけれども，社会的行為として考慮しておくゆえんでもある。

なおまた，共倒れ的行為は一見すると現実にはなさそうに思えるが，たとえば $v(a)=(-1;\ -3)$ のように「肉を切らせて骨を断つ」というような行為は勝負事などではよくあるだろう。このような行為は「スパイト」(spite) とよばれ（中丸 1998），生物学などではよく知られている（$x<0$, $y<0$, $|y|>|x|$ すなわち $y<x<0$ のようなある種のスパイト行動は他者よりも相対的に利得が高くなるため，自然選択において有利になる）。

1.2　社会的価値志向と行為選択

行為選択原理としての社会的価値志向は，最も単純には p を利己性，q を利他性とすることで，$px+qy$ という重みづけの形式で表現することができる（p, q は実数，x, y は自己効果と他者効果）。すなわち社会的価値志向 $(p;\ q)$ は行為 a の自他効果 $v(a)=(x(a);\ y(a))$ との内積

$$z(a)=px(a)+qy(a)$$

を最大化するような行為 a を行為者に選択させることになる。$z(a)$ を「行為の評価」あるいは「行為の評価関数」とよぶ。たとえば $p=1$, $q=0$ は利己主義を，$p=0$, $q=1$ は利他主義を表す（他のさまざまな志向については表5-3を参照）。主義という用語を用いるのは社会的価値志向が多様な行為選択状況において固定的であるとするためである。

表5-2Bの例では，$v(a)=(3;\ -4)$ より $z(a)=3p-4q$, $v(o)=(0;\ 0)$ より $z(o)=0$ だから，$z(a)>z(o)$ すなわち $3p-4q>0 \Leftrightarrow q<0.75p$ なる社会的価値志向 $(p;\ q)$ をもつ行為者は a を選択し，$q>0.75p$ なる社会的価値志向をもつ行為者は o を選択する。たとえ

表5－3　社会的価値志向の名称と特性

社会的価値志向	利己性 p	利他性 q	自己の利害	他者の利害	自他の利害
共益主義	＋	＋	享受的	向社会的	調和的
利己主義	＋	0	享受的	非社会的	無関連
自己中心主義	＋	－	享受的	反社会的	相反的
利他主義	0	＋	非享受的	向社会的	無関連
無関心	0	0	非享受的	非社会的	無関連
攻撃主義	0	－	非享受的	反社会的	無関連
自己犠牲主義	－	＋	損失的	向社会的	相反的
自虐主義	－	0	損失的	非社会的	無関連
共倒れ主義	－	－	損失的	反社会的	調和的

注：自己中心主義は，「競争主義」ともよばれる。この主義は「他人を踏み台にする」ような主義ともいえるが，競争において「勝利を目指す」志向ともいえる。

ば，利己性を1とすると，利他性が0.75より大きい行為者は o を選択する（もちろん，利己性：利他性＝1：1という自己と他者に全く同じように重みづけをする行為者は o を選択する)。

社会的価値志向を用いた行為選択モデルをフォーマルにかけばつぎのようになるだろう。A は行為選択肢集合とし，選択される行為を a^* とおく。

$$z(a^*)=\max_{a\in A}\{px(a)+qy(a)\}$$

社会的価値志向については，利他性と利己性には還元されない，平等主義という要素もある（平等主義をも扱った研究としては武藤(2006，2007)，森（2006）などを参照)。

行為の評価関数 $z(a)=px(a)+qy(a)$ から，たとえば共益主義は共益的行為の評価が，共倒れ主義は共倒れ的行為の評価が一般に最も高くなる。ただしもちろん，どの行為選択肢が高くなるかは，与えられた行為選択肢集合 A に依存する。たとえば $(p;\ q)=(1;\ 1)$ なる共益主義的な行為者であっても，$v(a)=(2;\ 2)$ なる共益的行為 a よりも，$v(a')=(6;\ -1)$ なる自己中心的行為 a' を選択しうる。$z(a)=4$，$z(a')=5$ より $z(a)<z(a')$ だからである。

2.　相互行為の行為論的再構成

前節までは基本的に行為者が1人からなる行為を考えてきたが，本節からは行為者が2人からなる相互行為について考える。相互行為とは，複数の行為者の行為選択が互いに他者に対して影響を与えるような社会的状況である。ここでいう影響とは自分の行為が，他者の利得を左右するということである。なお本節以降，社会的価値志向については考えない（相互行為において社会的価値志向がどのような効果をもつかは武藤（2007）を参照）。

2.1　一般的な相互行為

前節において，行為 a の自他効果は $v(a)=(x;\ y)$ と記された。ここで「;」の左側が自己効果 x，右側が他者効果 y であった。この節以降では行為者は2人のため，新たな記号を導入する。行為者 $i(=1,\ 2)$ の利得を f_i とし，行為者1，2の利得の組を $f=(f_1,\ f_2)$ とする。また行為者 i の行為を a_i とし，行為者1，2の行為の組を $(a_1,\ a_2)$ とする。

両行為者の行為は，互いに相手の利得に影響する。これを数理的に表そう。行為者1の行為の自他効果を $v_1(a_1)=(x_1,\ y_1)$ とし，行為者2の行為の自他効果を $v_2(a_2)=(y_2,\ x_2)$ とする（「,」の左側が行為者1の利得，右側が行為者2の利得）。ここで x_i は行為者 i の自己効果，y_i は行為者 i の他者効果である。

行為者1，2が行為しあうとき，利得の組は，さしあたり

$$v_1(a_1)+v_2(a_2)=(x_1,\ y_1)+(y_2,\ x_2)=(x_1+y_2,\ y_1+x_2)$$

となると考えられる。しかし現実には両者の行為が組み合わされることで，なんらかの効果が創発される可能性がある。このとき利得は異なってくる。そこで行為の組（a_1, a_2）によって行為者 i に付加される効果を $\alpha_i=\alpha_i(a_1, a_2)$ と記し，行為の組による「創発効果」とよぶ。このとき創発効果を加えた，行為の組（a_1, a_2）がもたらす利得の組 $f(a_1, a_2)=(f_1(a_1, a_2), f_2(a_1, a_2))$ は，

$$
\begin{aligned}
f(a_1, a_2) &= v_1(a_1)+v_2(a_2)+(\alpha_1(a_1, a_2), \alpha_2(a_1, a_2)) \\
&= (x_1+y_2+\alpha_1, y_1+x_2+\alpha_2)
\end{aligned}
$$

である。$f_i(a_1, a_2)$ を i の「利得関数」という。創発効果の有無にかかわらず，どちらの行為者にとっても，他者の行為選択が自分の利得に影響するので，これはゲーム理論が扱うゲーム的状況に一致する。

ところで行為 a_i はそれをしないこと，すなわち行為 o を伴った。行為 o は「なにもしない」ということで，第１節と同様に，$v_i(o)=(0, 0)$ である。さらに，行為者 i には行為 a_i と o という２つの行為選択肢があるから，この相互行為には（a_1, a_2），（a_1, o），（o, a_2），（o, o）という４つの可能な行為の組があり，それぞれが異なる社会的な結果をもたらす。しかしここで o の意味から

$$
\alpha_i(o, o)=\alpha_i(a_1, o)=\alpha_i(o, a_2)=0
$$

としてよいだろう。そこで創発効果 $\alpha_i(a_1, a_2)$ の（a_1, a_2）を省略する。このとき，行為者１，２の利得の組 $f=(f_1, f_2)$ はつぎのようになる（$f(a_1, o)=v_1(a_1)+v_2(o)=v_1(a_1)$ など）。

$$
\begin{aligned}
&f(a_1, a_2)=(x_1+y_2+\alpha_1, y_1+x_2+\alpha_2) \qquad && f(a_1, o)=(x_1, y_1) \\
&f(o, a_2)=(y_2, x_2) && f(o, o)=(0, 0)
\end{aligned}
$$

表5-4　行為の諸効果が構成する2×2ゲーム

	a_2	o
a_1	$x_1+y_2+\alpha_1$, $y_1+x_2+\alpha_2$	x_1, y_1
o	y_2, x_2	0, 0

表5-5　行為の諸効果が構成する2×2対称ゲーム

	a	o
a	$x+y+\alpha$, $x+y+\alpha$	x, y
o	y, x	0, 0

これは表5-4のような利得表という形式を用いるとシンプルに表現できる。ほぼ自明なので証明はしないが，この形式によって，Rapaport and Guyer（1966）によれば78タイプある，非対称形を含む2人2選択肢ゲーム（2×2ゲーム）をカバーできる。

2.2　対称な相互行為

最も単純な相互行為として，上記の相互行為が対称な場合を考える。相互行為が対称とは，行為者1，2において行為の自己効果，他者効果，創発効果が等しいということである。そこで $a=a_1=a_2$，$x=x_1=x_2$，$y=y_1=y_2$，$\alpha=\alpha_1=\alpha_2$ とおく。このとき表5-4は表5-5のようになる。

この形式によって2人2選択肢対称ゲームすなわち「2×2対称ゲーム」をカバーできる（2×2対称ゲームについては石原・金井 2002：30，武藤 2007，Harris 1969などを参照）。すなわち行為 a の自己効果 x，他者効果 y，創発効果 α によって，任意の2×2対称ゲームを表現することができる。なぜなら，表5-6Aのように a，b，c，d によって一般的に与えた2×2対称ゲームの利得表を考え，利得の相対的な大きさ（利得構造）は変わらないので全てのセルにおいて各行為者の利得から d を引いて，表5-6Bのように文字をおけばよいからである。

表 5 - 6 A　2 × 2 対称ゲーム

(f_1, f_2)	a	o
a	a, a	b, c
o	c, b	d, d

⇒

表 5 - 6 B　行行為者の利得

(f_1)	a	o
a	$a-d=x+y+\alpha$	$b-d=x$
o	$c-d=y$	0

$a-d=x+y+\alpha$, $b-d=x$, $c-d=y$ から $a-d=b-d+c-d+\alpha$ より $\alpha=a+d-(b+c)$ である。よって，$x=b-d$, $y=c-d$, $\alpha=a+d-(b+c)$ として，逆に 2 × 2 対称ゲームから，一方の行為を基準化し，ゼロ行為とみなした場合の自己効果・他者効果・創発効果を求めることができる。なお創発効果は，対称な状況においては「行為の組」ではなく「行為」の創発効果とよべることになる。

以下では，創発効果の有無によって場合分けして議論する。創発効果がない状況を「非創発状況」($\alpha=0$)，創発効果がある状況を「創発状況」($\alpha\neq0$) とよぶ。

3.　非創発状況における相互行為

非創発状況すなわち $\alpha=0$ なる状況では，一見するとトリビアルなゲームしかないようにみえる。しかしじつは「囚人のジレンマ」(定義は後述) は基本的にこのタイプのゲームである。$x=-1$, $y=2$ としよう (a は自己犠牲的行為の一種)。このとき利得表は表 5 - 7 のようになる。

この利得表により，相手がどちらの行為をとったとしても，行為 o が行為 a より大きな利得をもたらすことがわかる。このような行為 o を「優越戦略」という (優越戦略とは相手がどんな戦略をとったとしても，自分がその戦略をとっていれば他のどの戦略よりもよい結果が得られるような戦略である)。ゲーム理論において戦略とは，行為の計画のことだが，本稿では両行為者が同時に行為選択する状況しか考えないので，戦略と行為を同一視する。

行為 o が優越戦略であることにより，行為の組 (o, o) が実現する

表5-7　囚人のジレンマ

	a	o
a	1, 1	−1, 2
o	2, −1	0, 0

が，どちらの行為者にとっても行為の組（a, a）のほうがよい。加えて（a, a）は「パレート効率」である（ある行為の組がパレート効率（パレート非効率）であるとは，他の行為者の利得を小さくせずにある行為者の利得を大きくするような行為の組が存在しない（存在する）ことをいう）。

囚人のジレンマとは2×2対称ゲームにおいて，優越戦略が存在して，その組がパレート非効率になる状況である。また，2×2対称ゲームにおいて，優越戦略が存在して，その組がパレート効率になる状況を「円満ゲーム」とよぼう。

なお，優越戦略は存在するとすれば1つであり，その組は明らかに「ナッシュ均衡」である（ある戦略の組がナッシュ均衡であるとは，他の行為者の戦略が変わらないものとして，任意の行為者が別の戦略をとったとしても利得が大きくならないことをいう）。

つぎに非創発状況を，表5-5において $\alpha=0$ とした表5-8の利得表を用いてすこし一般的に考えてみよう。対称ゲームでは行為者 $i(=1, 2)$ の利得関数を

$$g(a_i;\ a_{-i})=f_i(a_1,\ a_2)$$

と表現することができる（$-i$ は i にとって他者を表し，「;」の左側が i 自身の行為であり，右側が他者 $-i$ の行為である）。

この利得表においては，

$$g(a;\ a)-g(o;\ a)=x$$
$$g(a;\ o)-g(o;\ o)=x$$

が成立している。x は行為 a が行為者自身にもたらす結果だった。$g(a;\ a)-g(o;\ a)$ は相手が行為 a をとった場合に，自分が行為 a を

表5-8　非創発状況

	a	o
a	$x+y$, $x+y$	x, y
o	y, x	0, 0

とったときと行為 o をとったときの違いを表している。ここでは相手が行為 a をとっても o をとっても，自身の行為の効果は変わらない（$\alpha=0$ のため）。つまり，非創発状況では $x\neq 0$ であれば優越戦略が存在する。よって非創発状況では $x\neq 0$ であれば，優越戦略の組がパレート効率か否かにより，状況は囚人のジレンマか円満ゲームのどちらかである。$x=0$（a が非享受的行為）はすべての結果がナッシュ均衡になる特殊な状況なので考察から除外する。

表5-8において，優越戦略の組がパレート効率／非効率になる条件を考えてみよう。$x>0$（a が享受的行為）のとき優越戦略は行為 a となり行為の組（a, a）が実現する。$x<0$（a が損失的行為）のとき優越戦略は行為 o となり行為の組（o, o）が実現する。それぞれ場合に分けて考えよう。なお以下では，行為の自己効果と他者効果の和である $x+y$ を行為の「自他効果和」とよぶ。$x+y=0$ のときは「ゼロサムゲーム」である（ゼロサムゲームとは，自己利得と他者利得の和がゼロとなるゲームのことをいう）。

（$x>0$ すなわち a が享受的行為のとき）　$x+y<0$ すなわち $y<-x<0$ のとき，行為の組（a, a）はパレート非効率となるので，この状況は囚人のジレンマである。一方，$x+y\geqq 0$ では行為の組（a, a）はパレート効率であり（なぜなら $x+y\geqq 0$, $x+y>y$），この状況は円満ゲームである。

（$x<0$ すなわち a が損失的行為のとき）　$x+y>0$ すなわち $y>-x>0$ のとき，行為の組（o, o）はパレート非効率となるので，この状況は囚人のジレンマである。一方，$x+y\leqq 0$ では行為の組（o, o）はパレート効率であり（なぜなら $x<0$, $x+y\leqq 0$），この状況は円満ゲームである。

なお $x>0$ かつ $x+y<0$ では行為 o が「協力」を意味し，これはゴミのポイ捨てのように行為 a に伴う利益より被害のほうが大きいような状況を表現している。山岸（1989）によれば，これは「公共悪型」のジレンマ状況である。

また $x<0$ かつ $x+y>0$ では行為 a が「協力」を意味し，これはある種のボランティアのように行為 a に伴うコストより他者に与える利益のほうが大きいような状況を表現している。山岸（1989）によれば，これは「公共財型」のジレンマ状況である。

以上から，$x>0$ では $x+y<0$ のとき，$x<0$ では $x+y>0$ のとき，状況は囚人のジレンマとなる。よって，非創発状況では，$x(x+y)<0$ が囚人のジレンマの必要十分条件である。

一方，$x>0$ では $x+y\geqq 0$ のとき，$x<0$ では $x+y\leqq 0$ のとき，状況は円満ゲームである。よって $x\neq 0$ のもとで，$x(x+y)\geqq 0$ は円満ゲームの必要十分条件である。

以上より，x は行為の自己効果，$x+y$ は自他効果和であったのでつぎをうる。なお以下での行為とは行為 o と記さない限り，行為 a のこととする（2×2対称ゲームは，ある行為をするかしないかを表現するとも解釈できる）。

【定理1】 非創発状況において，囚人のジレンマの必要十分条件は，行為の自己効果と自他効果和が異符号であることである（$x(x+y)<0$）。

【定理2】 非創発状況において，円満ゲームの必要十分条件は，行為の自己効果と自他効果和が同符号，または自己効果を有すゼロサムゲームであることである（$x(x+y)\geqq 0$，$x\neq 0$）。

異符号は効果が「逆向き」のことを表す。同符号は「同じ向き」を表す。囚人のジレンマの条件を自己効果と他者効果に分解して書き直してみよう（⇔ は「同値」を表す）。

$$x(x+y)<0 \Leftrightarrow 0<x^2<-xy \Leftrightarrow xy<0,\ |x|^2<|xy|$$
$$\Leftrightarrow xy<0,\ |x||x|<|x||y|$$

よって $x(x+y)<0 \Leftrightarrow xy<0,\ |y|>|x|$ とかける。対偶は $x(x+y) \geqq 0 \Leftrightarrow xy \geqq 0$ or $|y|>|x|$ なので，つぎの 2 つの系を得る（効果の大きさとは絶対値のこと）。

系 1　非創発状況において，囚人のジレンマの必要十分条件は，行為の自己効果と他者効果が異符号であり（相反的行為），かつ他者効果の大きさが自己効果の大きさを上まわることである（$xy<0,\ |y|>|x|$）。

系 2　非創発状況において，円満ゲームの必要十分条件は，行為が自己効果を有し，自己効果と他者効果が同符号（調和的行為），または他者効果がゼロ（非社会的行為），または他者効果の大きさが自己効果の大きさ以下であることである（$x \neq 0$ において $xy \geqq 0$ or $|y| \leqq |x|$）。

チェックすべきことは行為の自己効果と他者効果の関係（符号と大きさ）である。囚人のジレンマでは自己効果と他者効果が逆向きであり，トレードオフの緊張関係にある。また，他者効果のほうが自己効果より大きいということは，他者依存性が強く，これも一種の緊張関係といえる。したがって囚人のジレンマを，自他の間での効果のトレードオフと他者依存という「二重の緊張関係」によって特徴づけられる状況として位置づけることができる。

第 1 節で導入した行為類型を用いると，$xy<0$ なる相反的行為すなわち $x>0,\ y<0$ なる自己中心的行為の組か，$x<0,\ y>0$ なる自己犠牲的行為の組のみが，非創発状況においては囚人のジレンマを引き起こす可能性がある。ただし，いずれも $|y|>|x|$ すなわち他者効果

表5-9　非創発状況における行為とゲームの利得構造の関係

行為名称	自己効果 x	他者効果 y	2×2対称ゲーム
共益的行為	+	+	円満ゲーム
利己的行為	+	0	円満ゲーム
自己中心的行為	+	−	$\|y\|>\|x\|$ のとき囚人のジレンマ（(a, a) が均衡） $\|y\|\leqq\|x\|$ のとき円満ゲーム
利他的行為	0	+	全結果がナッシュ均衡
ゼロ行為	0	0	全結果がナッシュ均衡
攻撃的行為	0	−	全結果がナッシュ均衡
自己犠牲的行為	−	+	$\|y\|>\|x\|$ のとき囚人のジレンマ（(o, o) が均衡） $\|y\|\leqq\|x\|$ のとき円満ゲーム
自虐的行為	−	0	円満ゲーム
共倒れ的行為	−	−	円満ゲーム

の大きさが自己効果の大きさを上まわるという条件がつく。だから $v(a)=(3;\ -2)$ のような自己中心的行為の組は，囚人のジレンマを構成しない（これは円満ゲームを構成する）。

自己効果を有す $x\neq0$ なる行為が構成する非創発状況での 2 × 2 対称ゲームは，囚人のジレンマか円満ゲームであるが，これを表にしておく（表5-9）。なお $x+y=0$ の場合，ゼロサムゲームであるが，これは一部の自己中心的行為の組または自己犠牲的行為の組が構成する。

なお，カントは行為の格率の普遍化可能性を問題にしたが，格率のかわりに行為そのものに普遍化可能性を適用してみると，行為の善悪のようなものが明らかになるだろう。ここでの善悪の基準は，平等なども考えられるが，パレート効率とする。また，普遍化可能性は対称ゲームとして解釈される。このとき他者に損失をもたらす単なる反社会的行為（$y<0$）というより，パレート非効率をもたらすある種の自己中心的行為 $a(x>0,\ y<0,\ |y|>|x|)$ が望ましくない行為として同定される。また，パレート効率をもたらすある種の自己犠牲的行為

$a(x<0,\ y>0,\ |y|>|x|)$ をとらないことがパレート非効率をもたらすゆえに，無作為である行為 o は望ましくない行為として同定される。

4.　創発状況における相互行為

創発効果がある場合，すなわち創発状況（$\alpha \neq 0$）を考えよう。まずは用語を導入しよう。行為 a の自己効果 x と創発効果 α の和 $x+\alpha$ を行為 a の「創発自己効果」とよぶ。また，創発自己効果 $x+\alpha$ と他者効果 y との和 $x+\alpha+y$ を行為 a の「全効果和」とよぶ（これは行為の自他効果和 $x+y$ と区別して用いる）。行為者 $i(=1,\ 2)$ の利得関数 $g(a_i;\ a_{-i})$ は，表5-5からつぎをみたす。

$$g(a;\ a)-g(o;\ a)=x+\alpha$$
$$g(a;\ o)-g(o;\ o)=x$$

以下の本稿では，行為 a と行為 o の利得が等しくなる $x=0$（非享受的行為）または $x+\alpha=0$（自己効果と創発効果が相殺）となるケースは境界的な特殊ケースゆえ，考察から除外する（$x\neq 0$，$x+\alpha\neq 0$）。

4.1　純粋ゲーム状況

創発効果 α の大きさが自己効果 x に比べて小さければ，$x+\alpha$ と x の符号は変わらないので，創発状況とはいえ，行為選択においては非創発状況と変わらない。そこで創発効果 α の大きさが自己効果 x に比べて大きく，「相手の出方によって自分の出方を変えるような状況」を考えよう。この状況を「純粋ゲーム状況」とよぶ。すなわち純粋ゲーム状況は優越戦略がない状況である。この状況の条件は g に関する上二式において，$x+\alpha$ と x が異符号ということだから $(x+\alpha)x<0$ である。ここで前節での計算 $x(x+y)<0 \Leftrightarrow xy<0,\ |y|>|x|$ におけ

表5-10　創発状況（2×2対称ゲーム）

	a	o
a	$x+\alpha+y,\ x+\alpha+y$	$x,\ y$
o	$y,\ x$	0, 0

表5-11　調整ゲーム

	a	o
a	1, 1	−1, −1
o	−1, −1	0, 0

表5-12　チキンゲーム

	a	o
a	2, 2	1, 3
o	3, 1	0, 0

るyをαで置き換えると，$x(x+\alpha)<0 \Leftrightarrow x\alpha<0,\ |\alpha|>|x|$と変形できる。すなわち純粋ゲーム状況は，行為の自己効果と創発効果が異符号でありかつ創発効果の大きさが自己効果の大きさを上まわる状況である。

創発効果αが正の場合と負の場合にわけて考察しよう。表5-5の利得表を表5-10として再掲しておく。

（$\alpha>0$ すなわち創発効果が正の場合）　たとえば$\alpha=3,\ x=-1,\ y=-1$とすれば，表5-10は対称な行為の組（$a,\ a$）と（$o,\ o$）がナッシュ均衡である「調整ゲーム」となる（表5-11）。

（$\alpha<0$ すなわち創発効果が負の場合）　たとえば$\alpha=-2,\ x=1,\ y=3$とすれば，表5-10は非対称な行為の組（$a,\ o$）と（$o,\ a$）がナッシュ均衡である「チキンゲーム」となる（表5-12）。

以上から，創発効果が正の状況は調整ゲームと親和的であり，創発効果が負の状況はチキンゲームと親和的であることがわかる。以下では一般的にこのことをみてみよう。

4.2　調整ゲームとチキンゲーム

2×2対称ゲームにおいて調整ゲームとは，対称な行為の組すなわ

ち (a, a) と (o, o) がナッシュ均衡となる状況のことである。また，チキンゲームとは，非対称な行為の組 (a, o) と (o, a) がナッシュ均衡となる状況のことである。行為者の利得関数は $g(a; a)-g(o; a)=x+\alpha$, $g(a; o)-g(o; o)=x$ をみたしていたから，$x+\alpha\neq 0$, $x\neq 0$ より両ゲームの数式上の定義はつぎのようになる。

- 調整ゲーム $\Leftrightarrow g(a; a)>g(o; a)$ かつ $g(a; o)<g(o; o)$
  $\Leftrightarrow x+\alpha>0$ かつ $x<0$
- チキンゲーム $\Leftrightarrow g(a; a)<g(o; a)$ かつ $g(a; o)>g(o; o)$
  $\Leftrightarrow x+\alpha<0$ かつ $x>0$

よって自己効果 x と創発自己効果 $x+\alpha$ という用語を用いると，つぎのようにいえる。

- 調整ゲームとは，行為の自己効果が負であるが，創発自己効果が正であるような状況である（$x<0$, $x+\alpha>0$）。
- チキンゲームとは，行為の自己効果が正であるが，創発自己効果が負であるような状況である（$x>0$, $x+\alpha<0$）。

また，二次不等式の解法を用いて，つぎのようにもかける。

調整ゲーム $\Leftrightarrow x<0,\ x+\alpha>0 \Leftrightarrow -\alpha<x<0 \Leftrightarrow \alpha>0,\ x(x+\alpha)<0$
チキンゲーム $\Leftrightarrow x>0,\ x+\alpha<0 \Leftrightarrow 0<x<-\alpha \Leftrightarrow \alpha<0,\ x(x+\alpha)<0$

よって，つぎの定理をうる。

【定理３】 調整ゲームの必要十分条件は，創発効果が正かつ純粋ゲーム状況であることである（$\alpha>0$, $x(x+\alpha)<0$）。

【定理4】チキンゲームの必要十分条件は，創発効果が負かつ純粋ゲーム状況であることである（$\alpha<0$, $x(x+\alpha)<0$）。

つまり，調整ゲームとは創発効果が正の純粋ゲーム状況のことであり，チキンゲームとは創発効果が負の純粋ゲーム状況のことである，と言い切ることができる。なお，純粋ゲーム状況とは $x(x+\alpha)<0 \Leftrightarrow x\alpha<0$ かつ $|\alpha|>|x|$，すなわち自己効果と創発効果が異符号でありかつ創発効果の大きさが自己効果の大きさを上まわる状況のことであった。そこで $\alpha>0$, $x<0$ と $\alpha<0$, $x>0$ に場合分けすればつぎのようにもいえる。

系3　調整ゲームの必要十分条件は，行為の自己効果が負，創発効果が正，かつ創発効果の大きさが自己効果の大きさを上まわるような状況である（$x<0$, $\alpha>0$, $|\alpha|>|x|$）。

系4　チキンゲームの必要十分条件は，行為の自己効果が正，創発効果が負，かつ創発効果の大きさが自己効果の大きさを上まわるような状況である（$x>0$, $\alpha<0$, $|\alpha|>|x|$）。

このように，調整ゲームとチキンゲームは自己効果と創発効果によって特徴づけられ，他者効果は関係しない。しかし本稿では立ち入らないが，他者効果は調整ゲームとチキンゲームにおけるさらに細かいゲームの分類において効いてくる。

4.3　囚人のジレンマと円満ゲーム

$x(x+\alpha)>0$ なる非純粋ゲーム状況では，行為 a または o が優越戦略となるため，創発状況においても囚人のジレンマになる可能性がある。その条件は明らかに $x>0$, $(x+\alpha)>0$, $(x+\alpha+y)<0$ または $x<0$, $(x+\alpha)<0$, $(x+\alpha+y)>0$ である。したがってつぎをうる。

【定理 5】 囚人のジレンマの必要十分条件は，行為の自己効果と創発自己効果が同符号であり，かつそれらと行為の全効果和が異符号であることである（$x(x+\alpha)>0$, $(x+\alpha)(x+\alpha+y)<0$）。

囚人のジレンマの条件を直感的なものにすべく変形しよう。

$$
\begin{aligned}
&\text{囚人のジレンマ} \Leftrightarrow x>0,\ (x+\alpha)>0,\ (x+\alpha+y)<0 \text{ または}\\
&\quad x<0,\ (x+\alpha)<0,\ (x+\alpha+y)>0\\
&\Leftrightarrow x>0,\ y<-(x+\alpha)<0 \text{ または } x<0,\ y>-(x+\alpha)>0\\
&\Leftrightarrow x>0,\ y<0,\ (x+\alpha)>0,\ -y>(x+\alpha)>0 \text{ または}\\
&\quad x<0,\ \ y>0,\ (x+\alpha)<0,\ y>-(x+\alpha)>0\\
&\Leftrightarrow xy<0,\ y(x+\alpha)<0,\ |y|>|x+\alpha|
\end{aligned}
$$

したがって，つぎの系をうる。

系 5　囚人のジレンマの必要十分条件は，行為の自己効果と他者効果が異符号であり（相反的行為），かつ創発自己効果と他者効果が異符号であり，かつ他者効果の大きさが創発自己効果の大きさを上まわることである（$xy<0$, $(x+\alpha)y<0$, $|y|>|x+\alpha|$）。

つまり相反的行為であり（$xy<0$），他者効果が創発自己効果を打ち消すほどに大きい場合に（$y(x+\alpha)<0$, $|y|>|x+\alpha|$），囚人のジレンマが成立する。したがって，創発効果があったとしても，他者効果の大きさが十分大きければ，囚人のジレンマになりうる。ここでも非創発状況のときと同様に，囚人のジレンマには，自他の間での行為の効果のトレードオフと他者依存という二重の緊張関係をみいだすことができる（ただし優越戦略の存在条件である $x(x+\alpha)>0$ という条件も付加されている）。

また，当然ながら定理 5 と系 5 は，定理 1 と系 1 の自然な拡張になっている。

さらに第2節の非創発状況における計算 $xy<0$, $|y|>|x| \Leftrightarrow x(x+y)<0$ において x を $x+\alpha$ におきかえると,

$$(x+\alpha)y<0,\ |y|>|x+\alpha| \Leftrightarrow (x+\alpha)(x+\alpha+y)<0$$

であるから, 囚人のジレンマの条件は $xy<0$, $(x+\alpha)(x+\alpha+y)<0$ となる。もともとの囚人のジレンマの条件は, $x(x+\alpha)>0$, $(x+\alpha)(x+\alpha+y)<0$ であったから, $(x+\alpha)(x+\alpha+y)<0$ という条件の下では, 優越戦略の条件である $x(x+\alpha)>0$ が, よりシンプルな条件である相反的行為の条件 $xy<0$ に置き換えられることがわかる。

ところで $x(x+\alpha)>0$ なる非純粋ゲーム状況では, 行為 a または o が優越戦略となるため, 優越戦略の組がパレート効率であるならば, 円満ゲームが成立する。その条件は $x>0$, $x+\alpha>0$, $x+\alpha+y \geqq 0$ または $x<0$, $x+\alpha<0$, $x+\alpha+y \leqq 0$ である。なぜなら, $x>0$ では $x+\alpha+y \geqq 0$, $x+\alpha+y>y$ がいえるため優越戦略の組 (a, a) はパレート効率, また $x<0$ では $x+\alpha+y \leqq 0$, $x<0$ がいえるため優越戦略の組 (o, o) はパレート効率だからである。したがってつぎをうる。

【定理6】 円満ゲームであることの必要十分条件は, 行為の自己効果, 創発自己効果, 全効果和の三者が同符号か前二者が同符号で全効果和がゼロであることである ($x(x+\alpha)>0$, $(x+\alpha)(x+\alpha+y) \geqq 0$)。

$x>0$, $y>0$, $\alpha>0$ または $x<0$, $y<0$, $\alpha<0$ ならば $x(x+\alpha)>0$ かつ $(x+\alpha)(x+\alpha+y)>0$ が成り立つので, つぎの円満ゲームへの十分条件がいえる。

系6　自己効果, 他者効果, 創発効果が同符号であれば, 円満ゲームである。

表 5 - 13　各効果の符号とゲームの利得構造の関係

	自己効果 x	創発自己効果 $x+\alpha$	全効果和 $x+\alpha+y$	他者効果 y	創発効果 α
チキンゲーム	＋	−			−
調整ゲーム	−	＋			＋
囚人のジレンマ	＋	＋	−	−	
	−	−	＋	＋	
円満ゲーム	＋	＋	＋ or 0		
	−	−	− or 0		

4.4　創発状況についてのまとめ

行為の自己効果 x，他者効果 y，創発効果 α を用いて，つぎのように対称な相互行為（2 × 2 対称ゲーム）を特徴づけることができる。ただし $x \neq 0$，$x+\alpha \neq 0$ とする。

- 調整ゲーム $\Leftrightarrow x(x+\alpha)<0,\ \alpha>0 \Leftrightarrow x<0,\ x+\alpha>0 \Leftrightarrow -\alpha<x<0$
  $\Leftrightarrow x<0,\ \alpha>0,\ |\alpha|>|x|$
- チキンゲーム $\Leftrightarrow x(x+\alpha)<0,\ \alpha<0 \Leftrightarrow x>0,\ x+\alpha<0 \Leftrightarrow 0<x<-\alpha$
  $\Leftrightarrow x>0,\ \alpha<0,\ |\alpha|>|x|$
- 囚人のジレンマ $\Leftrightarrow x(x+\alpha)>0,\ (x+\alpha)(x+\alpha+y)<0$
  $\Leftrightarrow xy<0,\ (x+\alpha)y<0,\ |y|>|x+\alpha|$
- 円満ゲーム $\Leftrightarrow x(x+\alpha)>0,\ (x+\alpha)(x+\alpha+y) \geqq 0$

表 5 - 13 は各ゲームの成立条件を，行為の諸効果の符号によってまとめたものである。自己効果，創発自己効果，全効果和の各符号の組はゲームの利得構造の必要十分条件を与える（図 5 - 1 も参考のこと）。

さらに行為の自己効果・創発効果・他者効果の 3 要素がどのような役割を担いながらゲームの利得構造を構成するかを表 5 - 14 に示す。

自己効果 x と創発効果 α の関係（$x(x+\alpha)$ の符号）によって，優

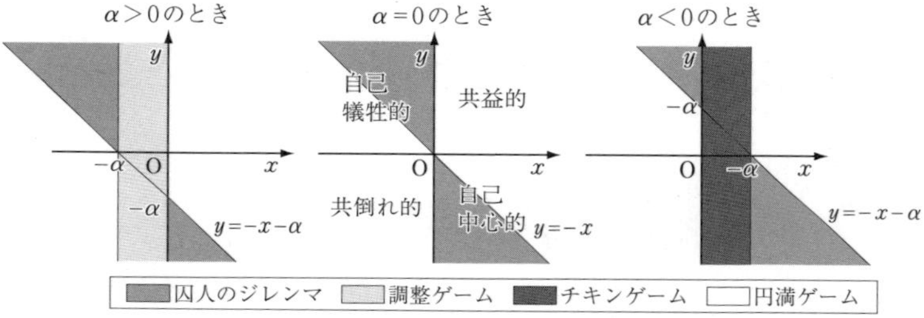

図5－1　創発効果とゲームの利得構造の関係

表5－14　行為の基本的な効果とゲームの利得構造の関係

自己効果 x	創発効果 α	他者効果 y	ゲーム	
$x>0$	$\alpha>-\lvert x\rvert$ $(x+\alpha>0)$	$y>-\lvert x+\alpha\rvert$	⇒ 円満ゲーム	優越戦略あり
		$y<-\lvert x+\alpha\rvert$	⇒ 囚人のジレンマ	
	$\alpha<-\lvert x\rvert$ $(x+\alpha<0)$	任　意	⇒ チキンゲーム	優越戦略なし
$x<0$	$\alpha>\lvert x\rvert$ $(x+\alpha>0)$	任　意	⇒ 調整ゲーム	優越戦略なし
	$\alpha<\lvert x\rvert$ $(x+\alpha<0)$	$y>\lvert x+\alpha\rvert$	⇒ 囚人のジレンマ	優越戦略あり
		$y<\lvert x+\alpha\rvert$	⇒ 円満ゲーム	

越戦略の有無というゲームの大枠が定まる。このとき，調整ゲームとチキンゲームが自己効果 x と創発特性 α によって定まるのに対し，囚人のジレンマと円満ゲームの分岐は，他者効果 y によって定まる。

5.　行為の組とゲームの利得構造

第1節では行為の自己効果と他者効果の符号によって共益的・自己中心的・自己犠牲的・共倒れ的という行為を定義した。本節ではこれらの行為とその創発効果がいかなるゲームを構成するかを考えよう。

共益的行為（$x>0$, $y>0$）の組は，創発特性 $\alpha=0$ のときは円満

表 5 - 15　自他の利害が関連する 4 つの基本的な行為とゲームの関係

自己効果 x	行為（他者効果 y）	創発効果 α	ゲームの利得構造
享受的行為（$x>0$）	共益的行為（$y>0$）	$\alpha>-\lvert x\rvert$	⇒ 円満ゲーム
		$\alpha<-\lvert x\rvert$	⇒ チキンゲーム
	自己中心的行為（$y<0$）	$\alpha>\lvert y\rvert-\lvert x\rvert$	⇒ 円満ゲーム
		$-\lvert x\rvert<\alpha<\lvert y\rvert-\lvert x\rvert$	⇒ 囚人のジレンマ
		$\alpha<-\lvert x\rvert$	⇒ チキンゲーム
損失的行為（$x<0$）	自己犠牲的行為（$y>0$）	$\alpha>\lvert x\rvert$	⇒ 調整ゲーム
		$\lvert x\rvert-\lvert y\rvert<\alpha<\lvert x\rvert$	⇒ 囚人のジレンマ
		$\alpha<\lvert x\rvert-\lvert y\rvert$	⇒ 円満ゲーム
	共倒れ的行為（$y<0$）	$\alpha>\lvert x\rvert$	⇒ 調整ゲーム
		$\alpha<\lvert x\rvert$	⇒ 円満ゲーム

ゲームを構成したが，$\alpha\neq0$ のときはどうなるだろうか。たとえば α が十分小さければ（負に大きい），$x+\alpha<0$ が成立し，$x>0$ とからチキンゲームになることがわかる。この条件は，$\alpha<-x$ であるが $x>0$ より $\alpha<-\lvert x\rvert$ とかける。また，同様にして $\alpha>-\lvert x\rvert$ のときは円満ゲームとなることが示せる。

つぎに自己中心的行為（$x>0$，$y<0$）の組が囚人のジレンマになる条件を，表 5 - 14 を参考にして求めてみる。

$$\alpha>-\lvert x\rvert,\ y<-\lvert x+\alpha\rvert \Leftrightarrow \alpha>-x,\ y<-\lvert x+\alpha\rvert$$
$$\Leftrightarrow x+\alpha>0,\ y<-x-\alpha \Leftrightarrow -x<\alpha<-x-y$$

よって $-\lvert x\rvert<\alpha<\lvert y\rvert-\lvert x\rvert$ をうる。このようにして表 5 - 15 をうる。

表 5 - 15 からつぎのことがいえる。以下，厳密には行為の組というべきだが，同じ行為なので「組」は省略する。また「α が小さい」は絶対値ではなく「α が負の方向に大きい」こともありうる。α の比較対象はもちろん自己効果 x と他者効果 y である。

- 共益的行為は，創発効果 α が大きいと円満ゲームを，α が小さいとチキンゲームを構成する。
- 自己中心的行為は，創発効果 α が大きいと円満ゲームを，α が中程度だと囚人のジレンマを，α が小さいとチキンゲームを構成する。
- 自己犠牲的行為は，創発効果 α が大きいと調整ゲームを，α が中程度だと囚人のジレンマを，α が小さいと円満ゲームを構成する。
- 共倒れ的行為は，創発効果 α が大きいと調整ゲームを，α が小さいと円満ゲームを構成する。

以上の4つの行為はすべて円満ゲームを構成しうることがわかる。ただし円満ゲームを構成するのは，享受的行為（共益的行為・自己中心的行為）では創発効果 α が大きい場合であり，損失的行為（共倒れ的行為・自己犠牲的行為）では創発効果 α が小さい場合である。

享受的行為（共益的行為・自己中心的行為）は，創発効果 α が負のほうに大きいと，チキンゲームを構成する。また，損失的行為（共倒れ的行為・自己犠牲的行為）は，創発効果 α が正のほうに大きいと調整ゲームを構成する。ただしいずれにおいても，創発効果の大きさが自己効果を打ち消すほどに大きい場合である。

同じ享受的行為でも，自己中心的行為は囚人のジレンマを構成しうるが，共益的行為は囚人のジレンマを構成しない。同様に同じ損失的行為でも，自己犠牲的行為は囚人のジレンマを構成しうるが，共倒れ的行為は囚人のジレンマを構成しない。つまり行為の自己効果と他者効果が異符号である相反的行為は囚人のジレンマを構成しうるが，それらが同符号である調和的行為は囚人のジレンマを構成しない。ただしいずれにおいても，相反的行為が囚人のジレンマを構成しうるのは，創発効果が $-x$ と $-x-y$ の間にある場合である。

以上を行為とゲームの成立可能性の関係として表5-16にまとめた。

ここで重要なことは，自己効果 x と他者効果 y が異符号であれば，どんな x と y の組み合わせについても，ある創発効果 α が生ずれば，

表 5 - 16　4 つの基本的な行為とゲームの可能性

<table>
<tr><th>行為（x; y）</th><th>チキンゲーム
可能性</th><th>調整ゲーム
可能性</th><th>囚人のジレンマ
可能性</th><th>自己
利害</th><th>自他
関係</th></tr>
<tr><td>共益的行為（+; +）</td><td rowspan="2">$\alpha<-|x|$
のとき</td><td rowspan="2">×</td><td>×</td><td rowspan="2">享受的</td><td>調和的</td></tr>
<tr><td>自己中心的行為（+; −）</td><td rowspan="2">α が $-x$ と $-x-y$ の間のとき</td><td rowspan="2">相反的</td></tr>
<tr><td>自己犠牲的行為（−; +）</td><td rowspan="2">×</td><td rowspan="2">$\alpha>|x|$
のとき</td><td rowspan="2">損失的</td></tr>
<tr><td>共倒れ的行為（−; −）</td><td>×</td><td>調和的</td></tr>
</table>

注：×は可能性なしを表す。円満ゲームの可能性はどの行為にもあるので省略した。

表 5 - 17 A　円満ゲーム

($\alpha=0$)	a	o
a	−1, −1	−3, 2
o	2, −3	0, 0

⇒

表 5 - 17 B　囚人のジレンマ

($\alpha=2$)	a	o
a	1, 1	−3, 2
o	2, −3	0, 0

その行為の組は囚人のジレンマになりうる，ということである。したがって，どんな相反的行為の組も，中途半端な創発効果を介して囚人のジレンマを引き起こしうる。

敷衍しよう。$xy<0$ なる相反的行為は創発効果がなく $|x|>|y|$ であれば円満ゲームを構成した。しかし以上のことから，このような円満ゲームも創発効果が生じることによって囚人のジレンマに陥る可能性がある。たとえば $x=-3$, $y=2$ の場合，$\alpha=0$ では円満ゲームだが（表 5 - 17 A），$\alpha=2$ では囚人のジレンマとなる（表 5 - 17 B）。

囚人のジレンマを与える α の範囲は $-x-y<\alpha<-x$ か $-x<\alpha<-x-y$ であり，いずれにしても範囲の大きさは他者効果の大きさ $|y|$ に一致する。したがって，**他者効果の大きさが大きいほど，囚人のジレンマになりやすい**のである。このように他者効果 y は，自己効果 x との関係ではその符号において，また創発効果 α との関係においてはその大きさにおいて，囚人のジレンマを引きおこす条件に深くかかわっているのである。

なお，創発効果によってゲームの利得構造が異なってくることは，現実の行為選択において問題になるだろう。というのは一般に，創発効果は，行為の相互作用の結果であるがゆえに，行為の自己効果と他者効果に比べて予想がつきにくいからである。

6．結　論

自己効果・他者効果・創発効果とゲームの利得構造の関係はつぎのようにまとめられる。

- 自己効果 x は，正のときチキンゲーム，負のとき調整ゲームを引き起こしうる。
- 他者効果 y は，自己効果とは異符号のとき，その大きさが大きいほど，囚人のジレンマを引き起こしやすい。
- ただし囚人のジレンマが生ずるのは，創発効果 α の大きさがあまり大きくない場合である。また，創発効果は負のときチキンゲーム，正のとき調整ゲームを引き起こしうる（ただし創発効果が自己効果と異符号であり，その大きさが自己効果を上回るときである）。

さらにまとめておこう。

行為が創発効果をもたない場合，相互行為は，他者効果が自己効果と逆向きでより大きいとき，囚人のジレンマとなり，そうでないとき円満ゲームとなる。

行為が創発効果をもつ場合，相互行為は，負の自己効果以上に，正の創発効果が大きいとき，調整ゲームとなる。また，正の自己効果以上に，負の創発効果が大きいとき，チキンゲームとなる。これ以外のときは，円満ゲームか，囚人のジレンマである。

ゲームの利得構造がいかにして与えられるかということは，経験的な社会科学にとって非常に重要なことである。なぜならそれが与えられさえすれば，すくなくとも理論的には，あとは数学的にゲーム理論によって解析されるからである。したがって，ゲーム理論を用いる社会科学にとっての主たる問題は，利得はいかにしてきまるか，ということになる。

本稿はこのような問題に具体的かつ普遍的な射程をもつ水準において取り組んだ研究として位置づけることができる。すなわち，自己中心的行為や自己犠牲的行為といった行為類型は，囚人のジレンマのもつやや抽象的なゲームの利得構造よりは具体的であり，それらはより私たちの経験に近い形で利得構造を与える。また具体的であるとともにこれらの行為類型はもちろん普遍的なものである。そして囚人のジレンマのようなじつはすこし複雑なゲームの利得構造を，より直感的な，単純な行為類型と創発特性に分解することは分析の常套であり，また単純なもののほうが扱いやすいし，射程も広いのである。

本稿では行為を自己効果と他者効果によって定義した。また，相互行為をそのような行為の組と創発特性によって定義した。システム論的にいえば，行為システムの要素は，自己効果と他者効果であり，相互行為システムの要素は複数の行為およびそれらによる創発特性である。特に，2者がある行為をするか否かという最単純な相互行為システムである2×2対称ゲームでは，創発効果は1つの行為の組によって生ずるので,「行為の創発特性」といえた。したがって，ここで行為システムを分解してしまえば，最単純な相互行為システムは，行為の自己効果・他者効果・創発効果の3項を要素として構成された。これら3項の関係によって，囚人のジレンマやチキンゲームといった相互行為システムの性質が決定される。本稿ではこの決定がいかなるものかを明らかにした。

今後の課題を2つあげておく。第1に，自己効果・他者効果・創発効果という分析ツールによって，78種類ある非対称ゲームを含む，一般の2×2ゲームを再構成することで，相互行為について新しい知見が得られるかもしれない（単純な分析ツールによって複雑なものをうまく捉えることができるかもしれない)。第2に，創発効果は現実には行為してはじめてわかるものであることが多いだろうから，情報不完備ゲームとして扱うことが課題となるだろう。

参考文献

Harris, R. J. (1969) "A Geometric Classification System for 2×2 Interval-Symmetric Games" *Behavioral Science* 14: 138-146.

今田高俊（1977）「ダイアド関係の安定条件」『社会学評論』第27巻4号：22-41.

石原英樹・金井雅之（2002）『進化的意志決定』朝倉書店.

森久美子（2006）『社会的交換における協力生起過程――囚人のジレンマを用いた実験研究による検討』風間書房.

武藤正義（2006）「多様な社会的動機の基礎理論：利他性と平等性の視点から」『理論と方法』第21巻1号：63-76.

武藤正義（2007）「他者配慮の意図せざる結果：多様な相互配慮による2×2対称ゲームの利得構造シフト」『理論と方法』第22巻1号：71-86.

中丸麻由子（1998）「近所付き合いは社会的相互作用の進化にどのように影響するのか」『理論と方法』第12巻2号149-162.

Rapaport, Anatol and Melvin Guyer (1966) "A Taxonomy of 2×2 games." *General Systems* 11: 203-214.

山岸俊男（1989）「社会的ジレンマ研究の主要な理論的アプローチ」『心理学評論』第32巻3号：262-294.

終 章

社会システム学の未来に向けて

存在と認識の階層性と相互性；そのための理論枠

——新しい「社会システム学」の構想[(1)]のために

黒石　晋・鈴木 正仁

1. 「システムを見る」「システムとして見る」とはどういうことか

1.1　論の立脚点

平素われわれは，さしたる疑問もなく何かを「観察する」「研究する」などという。それが自明なことであるかのように。だがわれわれは「学」をおこなうために，実際「何を」「どのように」見たらいいのだろうか。あるいは，それと気づかず，「何を」「どのように」見ているのか。この疑問は，対象として，そして対象を見る姿勢として，「何を出発点とし，何に立脚して考えたらよいのか」，という問題提起だといってよい。

いま，ひとつの問いを提起しよう：対象を細かく分けていけば，そして対象を見る「視点」を細かく精緻にしていけば「これこそ確実」，といえるような究極の単位（そしてそこから考察を開始すべき絶対的な立脚点）にたどり着くのだろうか？　と。古代ギリシアの自然哲学者たちはそのような存在・そのような認識を信じ，それを「アトム」と呼んで探求しつづけた。この姿勢が「アトミズム」と呼ばれるものである。

また，別の問いを提起しよう：世界をすべて包括する，最大にして確実な「存在」や「認識」があるのだろうか？　と。そのような「存在」や「認識」は，一神教の宗教がいう「神」の信念に集約されるといってよいだろう。ユダヤ教，キリスト教，イスラム教といった一神教の文化は，そのような存在や認識を信じ追い求めてきた。

さらには，こういった存在や認識の「大と小」の間の関係も考察されてきた。たとえばアリストテレスは，世界に存する秩序の階層性を積極的に認め，materia prima（素・材）から結晶，岩石，惑星，動物，人間，と複雑性が増大するものと考え，これらは「エンテレヒー」を介して〈自然の階梯 scala naturae〉に従うとした。また G. W. ライプニッツは，アリストテレスの思考を近代思潮の中で再統合し，モナド論によって階層性を理念型として整理した。こうして彼は最小のモナド（狭義のモナド）から最大のモナド（monas monadum；つまり神）に至る調和的な秩序を構想した。(2)

ライプニッツは階層に「最大」と「最小」を想定した。だが現代的知見による事実としては，どんなに細かく見ても，それを構成するいっそう細かい要素が存在する。あるいは，そのような見方をすることができる。(3)逆に，とてつもなく大きな存在を考えたとしても，それより更に大きな世界が存在する。あるいはそのような見方をすることができる。とすると，われわれはいったい何に立脚しどこから考察を始めたらよいのだろうか？

結局のところ，何か確かな準拠単位に立脚して論を始めたつもりでも，その基準はつねに相対的で脆弱なものである。せいぜいがそれに気付いていない，あるいはうすうす気づいていても無視ないし捨象しているだけなのである。

つまり存在にしろ認識にしろ，どうやっても「究極の単位」あるいは「確実な出発点」に立脚することはできない。(4)ならばむしろ，「究極のミクロの視点，究極のマクロの視点が存在しないこと」，いいかえれば「存在や認識が上下にむけて無限に深い階層性をなしていること」を積極的に受け入れようではないか。そして無限の階層を前提とした上で，せめてもの立脚点として，それら階層の「境界」付近に

「相対的な視点」を定めること，およびそのために必要かつ適切な〈認識スケール〉を措定することを。またこれ以外に「ものを見る」ための立脚点・出発点はないのだと覚悟することを。[5]

このことを自主的に受け入れ，自覚的にこの立場に立つこと（その足元は危ういものだけれども）。そして上下に存在や認識が開いている，という視点をとりながらさまざまな研究をなすこと。この研究姿勢とそれによる研究知見を，筆者らは〈システム学 systemics〉と名づけたいと思う。[6]

このことは自然な帰結として，究極の微小単位を追求しそこに立脚しようとする「アトム学」の姿勢を相対化することとなる。また，すべてを知りすべてをひとつの手で制御する「神の目」をも否定することになる。実はこのことこそが，対象に「システムを見る」ということであり，対象を「システムとして見る」ということなのである。

1.2　システムとサブシステム，メタシステム

なぜこの視点・姿勢が「対象にシステムを見る」こと，「対象をシステムとして見る」こと，になるのか。次には，この点について見ておこう。

存在や認識の「無限の階層性」を前提とすると，上述したように，論理の立脚点・準拠点はつねに「相対的」な「中間層」とならざるをえず，それに対し必ず「上位の存在・認識」と「下位の存在・認識」を措定しうることになる。いま，仮の相対的立脚層を考えてこれを〈システム〉と置こう。このとき当該システムの内部（下位・低次）にあって，もとのシステムの要素でありながらそれ自体がシステムであるようなシステムを考えることができる。これを「もとのシステム」に対して〈サブシステム〉という。一方，当該システムの外部（上位・高次）にあって，当該システムを要素とし，かつそれ自体がシステムであるようなシステムを考えることができる。このようなシステムを，「もとのシステム」に対して〈メタシステム〉という。

また，もともと「サブシステム—システム」と見なした関係でも，視点を変えてサブシステムの側に立脚し，これを〈システム〉とみなすなら，もとのシステム（上位・高次のシステム）は〈メタシステム〉となり[7]，逆もまた成り立つ。これは，「システム」それ自体が観察者の視点の如何によって相互に入れ替わる相対的関係にあることを示している。そしてこのような「入れ子構造」は人間の思考を超えて，無限に深い。

1.3　ミクロとメソ，マクロとメソ

「システムを見る」ということは，こうしてつねに，「あるシステムを仮の中心に置いて，より大きく見ることも可能，より小さく見ることも可能」という認識スケール，いわば「中くらいなスケール」に視点を定めてモノゴトを見ようとする認識姿勢を意味する。

旧来の〈システム科学〉や〈システム論〉では，〈ミクロ視点 microscopic〉と〈マクロ視点 macroscopic〉という「二つのスケール尺度」が区別された。これに対し，今回新たに提案する〈システム学〉では，上記の要請にしたがってまず「第三のスケール尺度」，すなわち〈メソ視点 mesoscopic〉という中間の・しかし死活的に大切な・スケールを提案したいのである[8][9]。

この「中くらいなスケール」をカバーする視点を，フランスのシステム理論家ジョエル＝ド＝ロスネー（Joël de Rosnay）は“マクロスコープ macroscope”という比喩で表現していた[10]。彼は，「小さなものを近くから部分的に見る」ミクロスコープ（顕微鏡）と「大きなものを遠くから全体的に見る」テレスコープ（望遠鏡），という科学の2つの「眼」を指摘し，このふたつの「眼」の科学への貢献を大きく評価しつつも，なおこれらに対して「中くらいのものを中くらいのものとして見る」，中間的な「眼」をもつことの重要性を強調し，この第三の「眼」を比喩的に「マクロスコープ」と呼んだのである。だが，本章の論旨からみると，ド＝ロスネーは〈macroscope〉などといわ

ず〈mesoscope〉というべきであった。「大きなものを遠くから見る」テレスコープ（望遠鏡）こそが，「マクロスコープ」と呼ぶにふさわしいからである。

2. システムおよび「システム学」の構成論理

ここまでの考察では，「階層」という構造実体に即して「システム学」の認識姿勢を論じてきた。しかし，階層はあらかじめ「存在する」ものではなく事後に「生成する」ものでもある。そこでこれからのちはまず，この「階層」という上下の軸に沿って，システムの生成・作動する論理や法則を論じよう。そのことはすなわち「システム学」を構成する論理や法則に即して検討してゆくことにもなる。

2.1 ポラニーの原理

ハンガリー系ユダヤ人の科学哲学者マイケル・ポラニー（Michael Polanyi[11]; 1891-1976）は，研究対象たる存在や認識には階層があることを積極的に認め，そこでは“階層ごとに違う法則”が働くことを強調する。たとえば「言葉を話す」という例では，下位のレベルから上位のレベルへ向かって，1）声の発生，2）単語の形成，3）文の形成，4）文体の形成，5）文学作品の創造という5つのレベルがあり，これらのレベルは各々，1）音声学，2）語彙論，3）文法，4）文体論，5）文芸批判というそれぞれ自身の法則に基づいている。そして文法を知っても優れた文体を生むことはできないように，まして優れた文学作品を生むことなどできないように，下位の原理から上位の存在を導くことはできない，とポラニーはいうのである。ものごとには階層があり，特定の階層には特定の法則が作用する，と。まさにこの認識こそ「システム認識の基本原理」にほかならない。よって筆者のひとり黒石は旧著で敬意を表してこの命題を〈ポラニーの原理 Polanyi's Principle〉と呼び，「システム論の基本的視点」と付言した。[12]

この〈ポラニーの原理〉のあらわす内実について，彼のいう「象り」（下位原理）と「周辺制御の原理」（上位原理）の2つ[13]に焦点を当てて検討しておこう。ここでは上記の階層事例のうち，2）単語の形成（下位）と3）文の形成（上位）との関係をとりあげてみる。

【象り shaping】：下位原理

まず，相対的に下位の原理はみずからの原理にしたがって振舞い，自身のスケールに固有のパタンを形成する。音声が単語を形成する際には，音声を「組み合わせる法則」（語彙論）に従って単語というパタンを形成する[14]。このパタンの形成のことを，ポラニーは〈象り shaping〉と呼ぶ。

【周辺制御の原理 the principle of marginal control】：上位原理

一方，相対的に上位の原理（文法）は，下位原理（語彙論）によって決定されぬままになっている周辺的な部分，つまり出来た単語の「並び」を制御して，相対的に上位の存在（文章）をつくりだす。このとき文章形成の法則（上位）は，単語形成の法則（下位）を大きく侵害することはない。逆に単語形成の法則（語彙論）にとって，できた単語がどのように並べられるか（文法）などどうでもよいこと，周辺的なことである[15]。——この知見を，ポラニーは〈周辺制御の原理 the principle of marginal control〉と表現した[16]。

2.2 〈自己組織化 self-organization〉の意義：下位論理による「象り」

黒石の私見によれば，M. ポラニーのいう「カタドリ shaping」とは，これまでのシステム論で「パタン形成 pattern formation」と呼ばれてきたもので，この「パタン形成」をシステムの中で具現化するダイナミズムこそが，今日〈自己組織化〉と呼ばれている現象にほかならない。逆に〈自己組織化〉はこの意味においてこそ，取り上げるべき意義があるのだと言ってよい。

2.3　自己組織化における「スケール転換」

ところで，自己組織化においては，ミクロ・スケールで偶然に発生したパタン（＝ゆらぎ）が，まるでエントロピー増大則に反するかのように組織化され，メソ・スケールのパタンへと引き伸ばされていく。これこそ，存在の次元におけるミクロ→マクロへの「スケール転換」であり，これをもたらすメカニズムが，〈自己組織化〉なのだというわけである。このとき，われわれはまた，認識のスケールをもミクロ→マクロへ転換していることを意識しなければならない。

2.4　ピエール＝キュリーの原理

上記したように，自己組織化においては「ミクロのパタンがマクロのパタンへと引き伸ばされていく」（スケール転換）。このとき，決して忘れるべきでない重要なポイントが，〈ピエール＝キュリーの原理〉である。この原理は3つの命題の形にまとめられ，それらは以下のようなものである[17]：

①「ある一定の原因がある結果をひき起こすときに，原因における対称的要素は，生じた結果の中に再びみいだされなければならない。」

②「ある結果が非対称を現わすときは，この結果をひき起こした原因においてこの非対称がみいだされなければならない。」

③「この二つの命題の逆は，少くとも，実際には，真実ではない。すなわち，生じた結果が原因よりヨリ多く対称的であることがありうる。」

この原理（特に第1・第2の命題）が〈自己組織化〉パラダイムにとってなぜそれほど重要かというと，結果において「方向性」「異方性」――つまり広く「構造」と呼ばれるもの――をもたらす原因は「方向性」でしかない，と言っているからである。逆に無方向性の（ランダムな）存在からは，いつまでも無方向性の結果しか生まれないのである。

ならば，世界に生成・存在する，マクロの「方向性」「構造」の原初の起源は何か。——その「原初の方向性」を与えるものこそがミクロの〈ゆらぎ〉であり，そのミクロの「方向性」をマクロ・スケールに向け引き延ばしていくダイナミズムこそが〈自己組織化〉なのである。たしかに「ゆらぎ」は物質・エネルギーの点からいえば「無限小」と言ってよい微小な現象である。しかしそれは構造生成の点から，まぎれもなく「キュリーの原理」にもとづく原因としての「方向性」を与える，決定的に重要な要因として，その意義は決して些細なものではない。[18]

2.5 論理発動の順序：先行論理と後続論理

見てきたように，存在や認識は階層をなす。そして上位論理は決して下位論理に還元されない。各階層を支配する論理は，それぞれが独自の，そして相対的な論理である。[19]

ところで，これら諸階層の各論理を“進化的発動順序”という点から整理するならば，M. ポラニーが指摘したように，上位論理は下位論理による「象り」，つまり〈自己組織化〉を待って初めて発動される。逆に，下位論理は上位論理が発動したのちにもミクロのスケールで事象を支配し続ける。すなわち一般に下位のミクロ論理が〈先行論理〉であり，上位のマクロ論理は〈後続論理〉である。[20]だからこそ，〈自己組織化〉における「ミクロ→マクロ」の秩序の引き延ばし機構とその順序が大きな意味をもってくるのである。

2.6 論理発動の強さと広さ：先狭強と後広弱

いま見たように，下位の論理は先行論理であり，上位の論理は後続論理である。そして上位の論理は，それが発動する際，ポラニーのいうように下位の論理によっていまだ決定されていない周辺的な部分（下位の論理によって「どうでもよい」と放置されている部分）を制御する。上位論理は下位論理を破ることができないのである。すなわちミクロの先行論理は相対的に〈強い論理〉であり，マクロの後続論理は相対的に〈弱い論理〉である。

また，いうまでもないが，下位のミクロ論理が到達しうるスケールは相対的に狭く，上位のマクロ論理が到達しうるスケールは相対的に広い。

たとえば宇宙の秩序において，核力や電磁力は狭い範囲で強く働く先行論理（下位論理＝サブ）であり，重力は広い範囲で弱く働く後続論理（上位論理＝メタ）である[21]。これらの特性に応じて，宇宙はさまざまな「階層性」を形成していくのである。

また生命の秩序において，物理／化学の論理は狭い範囲で強く働く，積極的な先行論理であり，生命の論理（集合体に対する「選択」の論理）は広い範囲で弱く働く，消極的な後続論理である[22]。

このように，一般に下位論理は〈ミクロの強い先行論理〉であり，上位論理は〈マクロの弱い後続論理〉である。重要なのは，このふたつの論理を混同せず峻別することなのだ[23]。

2.7　論理の階層についての総括

狭い範囲で強く働く先行論理と，広い範囲で弱く働く後続論理。この相対的な二つの論理関係が，各階層のそれぞれの「境界」で対峙する。しかもこの両者は，「ポラニーの原理」（システムの基本原理）に従って，サイズやスケールに応じて対立しつつ両立する。だからこそ，世界には階層が形成され，階層が存在するのだ。

これら複数個の論理を明示的に承認し，サイズやスケールに応じてこれらを対立させつつ両立させること，そしてそれら論理の間にゆるやかな〈境界〉を見ること。これが〈システム学〉的な姿勢にほかならない。逆に〈システム学〉は〈境界〉に立脚する思考だから，上下双方の論理を対立・両立させることを考える学問になるのである。狭い範囲を措定し一つの論理に特化した思索をすることは，システム学的思考に反する行為である。また，広大な世界をひとつのロジックで捉えようとすることは，システム学的思考に反する思考である。

3. 「境界」をめぐる下位論理と上位論理，その隔絶と創発

3.1 〈境界〉とはなにか

これまでのところでは，特に断ることなく〈境界 boundary〉の語を単なる「記述概念」として用いてきた。しかし今や，この語を〈システム学〉の最重要な「分析概念」の一つとして提起しなければならない。

本論考において〈境界〉とは，まず「内部」と「外部」との境界である[24]。「内部」とは「内部論理」「内部観察」の双方を指し，「外部」とは「外部論理」「外部観察」の双方を指す。

厄介なのは，この意味での〈境界〉が「もともと存在する」のではなく，自己組織化メカニズムによって「生成する」，ということである。われわれは「出発点」として「境界」に立脚する，という方針をとったのだが，実はそのような「境界」は事前に存在しない。したがって実際には，我々は境界に立脚するのではなく，境界が生成しそうなスケールに仮の視点（mesoscope）をとり，境界が生成しそうな箇所[25]を眺めることから出発しなければならないのである。

3.2 論理と論理の「前線」としての境界

佐伯啓思は，システムの〈境界〉の問題をとりあげて，それは所与ではなく，「形成される」と考えねばならないと説く。このシステムの「境界」生成の問題を佐伯は「周回問題」と呼び，生成の動因として「自己言及性」が重要だという[26]。この指摘はまったく妥当なもので，境界によって画された「システム」を前提視していた素朴なパーソンズ理論は強く批判されねばならない。

ただし私見によれば，この意味での〈境界〉の生成は，単に内部的

「自己言及」によってなされるのではなく，「下位論理と上位論理」もしくは「下位論理同士」がメソのレベル（中位）で相互に衝突する〈前線 front line〉として現出するものである。佐伯の指摘する「自己言及性」はむろん重要だが，これだけでは下位論理・内部論理のみの指摘にすぎない。

たとえば「自己組織性」パラダイムにおいても，自己回帰的フィードバックがゆらぎ（ミクロ秩序）を増幅することで「マクロ秩序」をもたらすと述べていた。これは立派に「自己言及」の論理である。しかしながら，この内部論理（サブ）のみで外的制約（メタ）が働かないとしたら，この自己増幅はどこまでも拡大し発散してしまいかねないことになる。いわゆる「発散の困難」である。

システムの実際においては，まずもってそうならない[27]。一定の自己組織化機構（ミクロからマクロへ向かう）は，ある固有のスケール（メソ）に至って上位論理（マクロからミクロへ向かう）と衝突し，あるいは他の同レベルの自己組織化機構（メソ）と衝突し，ここにおいて両者が押し合うことで「前線」を形成し相互に発散を収拾するのである[28]。この，せめぎあいの「前線」こそが〈境界〉にほかならない。したがって〈境界〉とは，確たる静的な実体ではなく，力と力がせめぎあう動的な過程なのである。

3.3　内部視点と外部視点：「境界」のうちそと，その〈隔絶〉と〈創発〉

ところで，階層の「境界」付近では，存在面でも認識面でも不思議なことが起こる。それはシステム論者によって〈創発 emergence〉と呼ばれてきた事態[29]である。

まず階層の「境界」を境として「内部観察・内部視点」と「外部観察・外部視点」とが区別される。そしてこの「内部」と「外部」との間には，存在論的・認識論的「隔絶」が存在する[30]。それらは別々の論理が支配する世界だからで，境界とは両者の不連続面だからだ。このとき「境界」を超えて認識のスケールを「転換」すると，存在論的構造はそのままに，新たな認識（新たな論理）が発現することになる。このように「内部観察から外部観察への転換」の際に，この「隔絶を超える」こと。そしてそれによって「外部」の側に新しい性質（存在）・新しい意味（認識）が付け加わること。――これこそが「創発 emergence」の認識論的意味であり，その存在論的仕組みである[31]。

3.4　自己組織化と選択

ここまでの論点を，システム的秩序の典型ともいうべき「生命秩序」を例にとって検証しておこう。

生命秩序（広義）には，それを境界として理解するなら，「物理／化学論理」（内部論理）と「生命論理」（外部論理；狭義）とが存在し，この両者が「内部論理・外部論理」の関係によって隔絶しつつ接している。ここに「隔絶しつつ接している」とは，「論理的には隔絶しているが，存在としては接しあっている」ということである。

生命は確かに「物理／化学論理」から成り立っており，生命秩序の中に「物理／化学論理」に反するものは存在しない。その意味で「生命論理は物理／化学論理である」という命題は正しい。ただし，このとき同時に，次の自明なる事実をも決して軽んじてはならない：「生命論理」は必ず「物理／化学論理」であるが，「物理／化学的論理」は必ずしも「生命論理」ではない，と。つまり端的に「物理／化学論理 ⊃ 生命論理」という関係にあること。これは，生命論理が物理／化学論理の「真部分集合」であること，もっといえば，生命論理とは物理／化学論理のなかから特定の論理だけを入念に「選択した」ものであることを意味している。そしてこの「選択」の基準はもとの「物理／化学論理」にはない，上位の論理なのだ。物理／化学的には何が起こってもよいからである。つまり敢えていうならば，この「選択」の論理こそが，「生命に固有の論理」なのだと言ってよい[32]。

「物理／化学的には何が起こってもよいが，生命においては特別のことだけが起こる」。この「特別のこと」を選択し，それ以外のことを排除する力が，生命の力なのである。なお，この「選択」がダーウィニズムのいう〈選択〉であることはいうまでもない[33]。

この「選択」は，物理／化学の論理と比べて格段に大きなスケールで作用する，格段に弱い消極的な力である。そしてそれは，物理／化学論理の「周辺部分を制御する」論理にすぎない。だがそれは，生命秩序にとって決して些細な力ではない。それどころか，選択こそが生命のシステムをもたらしているのである[34]。

3.5　小括：システム学とは何か

ミクロの下位論理（サブシステム）とマクロの上位論理（メタシステム）とが「メソ mesoscopic」というスケール（システム）において遭遇する。そして上下双方の論理の遭遇とその後の対立・両立を意識的な研究主題とすることがシステム学の新しさである。したがって〈システム学 systemics〉をおこなうためには，少なくとも「上下２つ」の（場合によって「上中下３つ」の）視点と論理を寛容しなければならない[35]。

4.　システムの水平的相互作用
——複雑系と生命の論理[36]——

「システムを見る」とは，基本的に階層性の軸に沿って「要素—システム—環境」，「サブシステム—システム—メタシステム」，という具合に上下関係を見る，ということである。しかしたった今，「場合によっては上中下３つの」視点を持たなければならない，と付言した。それは，述べてきたような上下の論理の衝突，すなわち「階層性」に着目したシステムの論理はそれだけで完結するのではないからである。中，すなわちメソのレベルにおいて，下位の論理同士ないし複数のシステムがヨコ方向に相互作用する局面と，そこに働く論理をも考えておく必要がある。しかも生命の論理は，とりわけこのメソ・レベルの水平的相互作用にも多くを依存している。したがって本項で論じるのは，論理の界面としての〈境界〉において，「下位論理と上位論理の衝突・せめぎあい」という垂直方向の軸に加え，同時に「同位論理同士の衝突・せめぎあい」という水平方向の軸に働いているもう一つのシステムの論理についてである。このヨコの論理をここでは「階層性」に対して「相互性」と呼ぶことにする。

4.1　相転移：「ランダム／静止相」「秩序相」「カオス相」

多くの要素が関与する大規模システムにおいては，それら諸要素間の相互作用の有無・多寡・程度に応じて，メソ・レベルでのシステムの大域的様態（＝相；フェーズ）が不連続的に異なる様相を呈することが明らかにされてきた。具体的には〈ランダム相〉から〈秩序相〉を経て〈カオス相〉へと至る，〈相転移 phase transition〉と呼ばれる現象である。あるいはこれを，要素間相互作用の強度（≒非線形性の度合い）が強まることによる，「線形システム」から「非線形システム」への移行と言ってもよい。またさらには，そのことによるシステムの「自己組織化」と，その様態の分岐・発展と言ってもよいだろう。ここに，個々の相を個別に述べると，次のようになる。

まず，ある大規模システムを構成する多数の要素の間に，まったく相互作用が存在しないとき（個々の要素が勝手に振舞うとき），そのシステムは〈ランダム相〉（ミクロ・ランダム相／マクロ・静止相）の様態を示す。この例としては，シャーレに注がれた鯨蝋などの薄い流体を下から均等に熱するとき，最初のうちはミクロ分子のランダム運動だけで熱を放出できるので，大域的な対流は生じず，マクロには静止しているように見える現象がある。そこでは，ミクロのレベルではランダムな運動があるものの，マクロのレベルでは何らのパタン・秩序を形成することもなく「静止」の平衡状態をなすわけだ。こうした系は「線形システム」と呼ばれ，システムへの入力と出力が単調に比例関係を示す。加熱はそのまま放熱に転化する。またこのとき系をばらばらにして個々の系の振舞いを調べることが可能であり，また逆にそれらを組み合わせて全体の振舞いを構成し，元の状態に戻すこともできる（→モジュラー的・積み木的性格）。部分の加熱・放熱を加算すれば全体の加熱・放熱を合算でき，部分の振舞いを単純に寄せ集めれば全体の振舞いを構成できる。その意味で，統計的・工学的取り扱いに便利である。

ところが，要素間に相互作用が生じ，その強度が限界（臨界条件）を超え元の平衡状態（「ランダム／静止相」）が不安定化すると，状況は一変する。あるきっかけ（臨界ゆらぎ）を核としてそれら構成要素が協同的に振舞って斉一的な構造的秩序を自発的に形成し（→自己組織化！），新しいマクロな定常状態に落ち着くのである。典型的には，過度に熱せられた流体がランダムなミクロ運動では熱を放出しきれなくなり，マクロな対流を引き起こすケースがこれである。加熱されたまたま上昇した個所は周囲を巻きこんで大きな上昇流となり，たまたま放熱し下降した個所は周囲を巻きこんで大きな下降流となって，全体としてマクロな対流を構成する。このような上下の「分岐」を経て，システムの大域的様態が「ランダム相」から「秩序相」へと転移するわけである（自己組織化）。その際，どの「ゆらぎ」が組織化のきっかけとなるかは偶然による。つまりそこには「初期値鋭敏性」が介在し，系は先の「モジュラー的性格」を失って，マクロの振舞いがミクロに還元できない「非線形システム」の世界に突入する。そこでは選ばれた分岐パタンに関する新しい「情報」が一つ生み出され，それは系内に反映維持されて系の「歴史」（当該事象に固有の情報）となって行くのである。なお通常この対流は複数個発生し，ヨコ方向に衝突しながら六角形のパタン（ベナール・セル）へと整序する。そしてこの秩序パタンはしばらく定常的に維持される（秩序相）。

さて，諸要素間の相互作用の度合いをさらに強めてゆくと，ついには秩序相の定常的な秩序パタンすら崩れて，系の挙動に一定の形態や規則的繰り返しが存在せず，一定の定常秩序に収束しない不規則な

「カオス相」に転移する。いわば流体が“煮立った状態”である。ここでは，ヨコ方向で押し合い定常化していた対流のセルが崩れ，メソのレベルとミクロのレベルとが入り乱れてくることが特徴で，いわばメソ・レベルで秩序が生成した次の瞬間に，ミクロの作動がその秩序を壊しつつ成長し，刻々と別の秩序を作っていく。このとき系内には「分岐（自己組織化）」と「初期値鋭敏性」が至る所に存在していて，ミクロなゆらぎすなわち系の挙動の小さなズレが至る所で大きくなって行き，ついには系全体をまるで別の挙動に変えてしまう（「バタフライ効果」！）。つまり「非線形システム」の世界では，分岐と初期値鋭敏性の遍在によりゆらぎを介して系の振舞いが「自由」に刻々と変化し，その都度新しい「情報」が付加されて，系自体はさらに歴史性を帯びた存在となる。カオスは，自ら多様な情報を自由に作り出す系なのだと言ってもよい。だがその挙動は大きく見ると“ある範囲（アトラクタ）”内に収まることが多く，そこではミクロの混沌とマクロの秩序とが奇妙に同居することになる（カオスの「ロバストな」性質）。一言でカオスと言っても，このような秩序を有するカオスがあり，また秩序を破壊するようなカオスもあることは，重要なことである。

こうした「相転移」は，物理系だけでなく大規模な複雑系では一般的な現象であり，生物や社会などの生命体もその例外ではない。そして，この点で相転移と生命の論理は密接に関わりあってくる。次にこれを見てみよう。

4.2　生命秩序の進化：自己組織化と選択

まず最初に確認しておくべきは，「自己組織性」と呼ばれる諸相の中で今日，「秩序相」に属する単発性のもの（非線形性は低程度）と「カオス相」に属する多発性のもの（非線形性が中～強程度）とが区分されていることである。そしてカオスの中にもダイナミックな秩序を有するものとそうでないものとがある。

こうした自己組織理論を生物的進化論に接合したのが，サンタ＝フェ研究所の理論生物学者スチュアート・カウフマンである。彼は生命秩序の進化の源泉として，「自己組織化」と「選択」を対峙させ，この両者が邂逅する場として（「秩序相」と「カオス相」の境の）〈カオスの縁 edge of chaos〉を位置づける。この考えについてやや詳しく見てみよう。

カウフマンは，従来の生物進化が「変異」と「選択」のセットで考えられてきたのを改める。つまり，生命系の起源は，「変異」の語感から想起される「ランダム相」の（系の挙動に反映されない）完全なランダム性の中にではなく，むしろ「カオス相」の自己組織化を生むゆらぎの中にこそある。「新しい情報の創発」という意味での変異は，後者の中にしかないからである。そして，こうした「自己組織化」に「選択」の作用が結びつくとき，生命秩序が，つまりは〈複雑適応系 complex adaptive system〉が成立しその進化が始まるのである。

そもそも生命が成立し進化して行くためには，一方で秩序（形態）の維持が，他方で新情報（新形態）の創発が同時に必要である（生命系の〈進化能 evolvability〉）。ところが，「秩序相」は形態の維持には適するが新情報の創造に欠け，逆に「カオス相」は情報の創造力には富むが秩序維持には向かないというディレンマが存在する。言い換えれば，動的秩序たる〈生命〉は「秩序相」にとどまって〈不変の形態〉をもってはならず，進化のため柔軟にカオスの創造力を活用しながら，しかも〈カオスの混沌〉自体からは逃れる必要がある（カウフマンのいう〈アンチカオス〉！）。こうした条件を充たし〈進化能〉が最大になる領域こそが，「秩序相」と「カオス相」の中間付近のきわどい領域である〈カオスの縁〉だというのである。カウフマンは言う：「生命系は，カオスの縁に近い定型の体制として存在する。そして，このような際どい状態を実現し維持しているのが自然選択なのである」と。

この「自己組織化」と「選択」の二つの論理を，論理の界面という意味での〈境界〉として階層性の軸に沿って見れば，もちろん，先に述べた上位論理による下位論理への「周辺制御」という，システムの論理が働いているのは言うまでもない。しかしそれに加えて，以上のような「同位論理同士の衝突」という相互性の軸に沿った，生命秩序の進化に関わるもう一つのシステムの論理（「相転移」と「カオスの縁」）が存在することを，われわれは確認しておこう。

5.　社会システム学と「意味」

さてここから先は，上述した「システム学」の知見を「社会現象」に限定して考えてみよう。ここからは〈社会システム学 *Socio-*systemics〉の構想の段となる。

5.1　社会学における2つの基本視座・基本視角：競技場と劇場

社会学における社会認識への基本的な視座・視角は，筆者らの私見によれば，大きく二種類がある。〈競技場視角〉と〈劇場視角〉である。

〈競技場視角〉とは，社会に集い行為するひとびとを競技場の競技者に見立てる視角で，そこでひとは特定の「ルール」に従いつつ“勝敗”や“順位（順序）”を争い，それを基準としてそれに相応しい行為をとると見なされる。行為者は自身の内部に持つ評価基準に従って行為する。つまり行為の評価者は自分自身である。こうして社会はそのような行為者の集まりとして理解される（その典型はゲーム理論である）。

これに対して〈劇場視角〉では，ひとは特定の「シナリオ」に従いつつ“美醜”や“感動（興不興）”を問い，それを基準としてそれに相応しい行為をとる演技者と捉えられる。社会には行為者の他に観衆がいて，行為者は行為の「意味」を対外的に伝達しあい，また解釈しあう。すなわち行為の評価者は自分もその一員である観衆である。そして社会は両者の相互作用によって形成される。

「競技場視角」の方は社会理論家にとってすでに馴染みであろう。「劇場視角」の方は多くの理論家にまだ馴染みが薄いかもしれないが，社会学では「上演論的視角」として根強く支持されてきた視点である[37]ことは強調しておきたい。たとえば劇場視角の典型と目される社会学者アーヴィング・ゴッフマン（Erving Goffman）は，『日常生活における自己呈示』のなかでいう。

> ……この報告で採用された視角は，劇場のパフォーマンスという視角である。導出された諸原理は演出論上の諸原理である。私は通常の作業状況内にある人が自己自身と他者に対する自己の挙動をどのように呈示するか，つまり他人が自己について抱く印象を彼がどのように方向づけ，統制するか，またエゴが他人の前で自分のパフォーマンスを続けている間に，しても良いことは何か，して悪いことは何か，を考察しようと思う[38]。

ともあれ，劇場的な社会観が社会学で広く浸透していることは，社会システム学を構想する上で重要な意味をもつことになる。

5.2　競技場と劇場：下位論理と上位論理

競技場と劇場という，この両視角は，社会学者の間では互いに相容れない視角と考えられてきたようである。少なくとも，両者を整合させようとした研究を，筆者らは寡聞にして知らない。だが上下の論理を必要とし寛容する「社会システム学」の視点からは，

〈競技場視角〉＝「ミクロの先行論理」
〈劇場視角〉　＝「マクロの後続論理」

と位置づけるべきものとなるのである[39]。

この主張の真意を少々詳しく述べよう。〈競技場視角〉における主体は，そのつど個別の〈行為〉をプレイする，“そのつどの主体”（短期の主体）であるにすぎない。しかし〈劇場視角〉における主体は，“全人格をなげうって生を演ずる人生の主体”（長期の主体）なのであ

り，そこでの行為は「外から見て美しい」行為でなければならない。そしてこの両者は，事実として同一人物の中に葛藤をはらみつつ共存する。共存するからこそ，理論はその両者を取り込むことを要するのである。以下，そのことの必要性・重要性をふたつの事例の中に見ることにしよう。

5.3 「生」をどうとらえるか：生活と人生

明星大学の山下善明は，“life” という西洋語に，日本語では「生活」と「人生」と訳される二側面があることに哲学的注意を促している。[(40)] ここでいう「生活」とは，ヒトの「日々の実践」に眼をむけたミクロ視点であり，また「人生」とは，ヒトの「生きざま」のマクロ局面に眼をむけたマクロ視点だといえよう。

ヒトの〈行為〉をみる際にも，認識のスケールを小さく「生活」のレベルで捉えるか，あるいはスケールを大きく取って「人生」のレベルで捉えるかでその含意は大きく変わってくる。個々の行為の「因果」や「目的」も，その想定スケールを越える視座で見ると，因果や目的への合理的判断の有効性はたちまち希薄になるのだ。たとえば「大学合格」という小さな「生活の視野」のもとで「いま何をすべきか」と問い，「受験勉強に専念する」と「当面の判断」を下すことは，小さな時間的スケールの範囲内でそれなりに合理的である。しかし認識のスケールを大きくし，たとえば「自分の人生は何のためにあるか」という大きな「人生の視野」で問い，そのために「いま何をすべきか」と考えるなら，その行為に上記したような合理的な説明はできなくなるのである。そこには，良きヒトとしての美意識と強い信念がなければならない。そこで，この種の「大きなこと」に興味をもつ者にとっては，「因果／目的」の類とは別の「上位論理」が必要になるわけだ。[(41)]

なるほど日々の生活を抜きにしてヒトの人生はない。しかしヒトは生活のみで生きるのでもない。〈社会システム学〉はこの双方を視野に入れるのである。この点でいえば，まさに「日々の処世術」と「人生の美」の両立こそが〈社会システム学〉の問題なのである。要は，広い意味での〈経済学 economics〉と〈美学 esthetics〉との対立であり，またその両立[42]ということになろう。

5.4 「死」や「敗北」をどうとらえるか

ひとはその生涯において，〈死〉や〈敗北〉を避けることはできない。けれども競技場視角はこの重大事を避けている。競技場視角において「敗北」はもっとも低い評価を与えるべき結果であるし，主体の「死」は競技以前の「競技の不可能」を意味する「不戦敗」というべき事態である。つまり競技場視角では自らの死や敗北を相対化しえない。そうなるのは，それが「生」を前提としなければ成立しない〈内部視点〉，〈内部論理〉だからである。一方，劇場視角では，主体を大きく全人格的に捉えるがゆえに，自らの〈死〉や〈敗北〉をも大きなシナリオの中で相対化しうる。それは〈外部論理〉であるからだ。

ここで日本テニス界の黎明期というべき1920年，ウィンブルドンで活躍した名選手・清水善造の逸話を想起しよう。

> ……〔チャレンジ・ラウンドの〕決勝戦に進出した清水は伝説を生み出す／当時世界ランク１位の米国チルデンとの死闘。観客が息を凝らして見詰める中，チルデンが足を滑らせ，コートに倒れた。逆のコートはがら空き。しかし清水が打ったのはチルデンの側へのゆっくりとしたボール。チルデンは激しくたたき返し，得点する／この１球がゲームの流れを変え，清水は敗退するが，この話は1933（昭和８）年，文部省検定教科書に「スポーツマンの精神」として美談に仕立てられる。倒れた相手に厳しいボールを打ち込むことを潔しとしない武士道精神を発揮したと／作家の上前淳一郎さんがノンフィクション『やわらかなボール』（文藝春秋）の中でこのボールの秘密を明らかにしている。清水は驚異の粘りで相手のボールをコーナー深く打ち返したが，球はいつも緩く，決め手に欠けていた。逆を取ろうとした迷いもあり，結果として「やわらかなボール」になったこと

を／生前，清水はこのエピソードについて問われると，静かに笑うだけで肯定も否定もしなかったという。[43]

清水の行為には真偽の不明なところもあり，また今日の時点では評価も分かれるところであろう。むしろ筆者は，当時の日本社会（観衆）が彼の行為を「美談」として受け入れたという後日談の方を重視したい。そしてそこでは，「敗北」に込められた「意味」を高く評価しているのである。

ともあれこの逸話は，ウィンブルドンという純然たる競技場にあってすら，ひとの行為が“競技場的”に看做されるのみでないことを訴えかけている。そこには美的観念を共有する観衆の視線[44]が“外から”注がれているからで，また清水自身も人生の「美」を見ようとする観衆の視線で自らの行為を見つめていたのかもしれぬからだ。

「死」や「敗北」は人間にとって避けられない重大なテーマであるが，ミクロ理論に立脚する現代の多くの社会科学は「死」に有効な接近をなしえていない。だがこうしてマクロの劇場視角に立つならば，「死」に意味を見出すことができるのである。

6．「意味」の相互作用

──法廷・権力の視角（和解・妥協や取引の意味）──

以上は，社会現象を扱う際の「社会システム学」の論理を，とりわけ「意味」の階層性の軸に沿って「競技場視角」と「劇場視角」の重層構造ととらえ，ミクロの先行論理とマクロの後続論理との邂逅として整理してみたものである。だが「社会システム学」の論理はこれに止まらない。先に述べたもうひとつの論理，すなわちメソ・レベルでの相互性の軸に沿った「同位論理・下位論理同士の衝突」に関わる，もう一つの「システムの論理」が存在するのである。それが，本節で主として述べる「法廷視角」（および「権力」）という第三の視角でありその論理である。

まず，前節に述べた「競技場」と「劇場」について，その存立の前提となったのは「競技者×競技者」と「ルール」という組合せ，および「演技者＋観衆」と「シナリオ」という組合せであった。それぞれの「相互主体」のあり方，および彼らを律する「意味」のあり方については，次のように言うことができよう。すなわち，「競技者」にしろ「演技者」にしろ，彼らと他者との相互関係のなかには葛藤・軋轢や衝突が存在し，だからこそ，その解決のために全体をカバーする「ルール」や「シナリオ」が介在して，彼らは全員がそれぞれ「ルール」や「シナリオ」に従って競技しあるいは演技するのである，と。

では，これらルールやシナリオが複数個存在し[45]（あるいは解釈の相違が存在し），それらが相競合しあう場合はどうなるのだろうか。メソ・レベルのヨコの相互性の軸に沿った，こうした疑問に答えておかなければならない。

6.1　社会秩序の発生と進化

ここでもやはり，多数のメンバーが関与する「大規模な社会システム」の在りよう，とりわけミクロからメソに至る次元での構成単位間の意味的相互作用が問題となる。そして，それらの意味的相互作用の有無・多寡・程度に従って，先に見た「相転移」にも似た大域的様態の変化を見ることができる。

そもそも社会学の歴史には，社会の成立に関して「社会唯名論」と「社会実在論」という二つの異なる理論的立場が存在し，それぞれが別個に理論化をおこなってきた経緯がある。前者は社会の成立について「社会とは諸個人の行為が単純に積み重なることで出来上がる」と考える立場で，しばしば「全体は部分の和である」と表現された。後者の方は，逆に「社会とは諸個人の行為を超えた独自の存在である」と考える立場で，「全体は部分の総和以上のものである」と表現された[46]。そして両者はただ対立するものとみなされてきたのである。だがわれわれは今や，上記のそれぞれを，先のモジュラー的（加算的）な「線形システム」と非モジュラー的（非加算的）な「非線形システム」の区分に対応させてみることができる。そしてこれら二つの対立的立場を連結させて見るとき，これらは「連続して」はいないものの「相互に転移しうる」ふたつの「相」ということになる。すなわち，「社会唯名論」に対し「社会実在論」の立場では，社会に個人の集計には還元できない“$+\alpha$”，つまり「創発性」を認めるが，それらは先の大規模な系において見られた相互作用の増大に伴なうところの「ゆらぎを核として生じる自己組織性」，要素に還元可能な「線形システム」から還元不能な「非線形システム」への〈移行 phase transition〉とほぼ重なるのである。すなわちこれらは，ただ対立するだけの関係ではない。

6.2　法廷視角と権力：正当的秩序

面白いことに，社会学において創発性を認めない「社会唯名論」においても，上記の「移行」に相応する論理が存在する。とりわけ，社会唯名論者（方法論的個人主義者）の代表格で「意味」学派の始祖でもある M. ウェーバーの，「正当的秩序」の成立に関する議論がそれである。[47]

行為主体を律する規則（ルール）や筋書き（シナリオ）はそもそもどのようにして成立するのか。われわれは，まずこうしたもっとも始原的な地点から問いを始めよう。これに関してウェーバーの思索を参照するとき，「意味」と「正当的秩序」ならびに「利害制約性」という社会の成立を左右する三つの概念が浮かび上がってくる。[48] そして，とりわけ相互性のヨコ軸で考えれば「正当的秩序」の概念が決定的に重要であり，これを巡って展開されるのが「法廷視角」と「権力」の議論なのである。

すなわち，彼は「人と人の有意味的な相互作用」に社会の原型を見るが，こうした相互作用を持続させるものとして「関係に込められ定式化された意味内容（格率)」をあげる。この意味内容は関係のルーティン化の中でやがて自立した「規則」となり，それも当初は守っても守らなくてもよいゆるやかな「事実的な規則（習慣・慣習)」だったものが，やがて人間集合の力を背景にして，必ず守らなければならない厳しい「規範的な規則（因習・法)」へと転化する。これこそ「秩序」の発生とその「正当化」の過程であり，この正当化を支えるものは，メンバーが共有する規則（ないし権力）への「正当性の信仰」，および規則を犯した者の集団的な排除である。後者については当初の“村八分”的なものから，やがて司法機関によるものへと組織化されて行く（≒権力の形成)。こうした「正当的秩序」と「権力」の成立過程に，われわれは先の「ランダム相」から「秩序相」への相転移を（そして社会の「自己組織化」を）重ねてみることが可能ではないか。その際，こうした相転移にも似たプロセスをひき起こすものこそ，人間がもちうる「正当性信念」と「権力」である，とも。すなわち，われわれ人間は社会ないし集団に規則の網を被せ，さらにそこに規則を支えるリーダーとフォロワーの人間力学を築くことによって，自らの規則を「正当な」ものと成し，権力を移譲して「社会」の自己維持と自立の体制を完成させるのである。

そして，正当な規則と権力を軸にして，さらなる相転移のプロセス，つまり「秩序相」から「カオス相」への転移に相当するものを考えることもできよう。つまり一部の人間にとって，ひとたび成立した秩序を破壊する方がさらなる利益や権力が得られる，という状況の出現である。しかもこの状況のもとでそのつど「初期値鋭敏性」(→あるいはこれは，傑出した「カリスマ」の出現・存在に相当するのかもしれない！）が作用すれば，ミクロの利得（ないし価値）が容易にマクロの利得（ないし価値）へと膨張し，ミクロの破壊が容易にマクロの破壊へと転化することになる。いわば「秩序相」から「カオス相」への転移である（相互主体の単位を個人にとれば，「協力」状況から「囚人のジレンマ」状況への転移ということになり，社会を単位にとれば，いわば「紛争ないし戦争」状態への移行ということになろう[49]。

このように，意味的な相互主体間に成立する恒常性，つまり複数存在しうる諸論理の間の葛藤や軋轢からそれへの解決（いわばそうした「相転移」）をめぐって，あるいは紛争の状況のもとでそのつどの解決を示す際に有効となるのが「法廷視角」である。すなわち，下位要素同士ないし同位システム同士がメソ・レベルで争う相克や闘争を和解・妥協に誘導したり，あるいは調停・仲裁ないし裁定して，どの主体が正当であるのかを決めるものが広い意味での「法廷」であり，先の例に倣って言えば，そこでは係争者同士（原告・被告）がそれぞれの正当性を主張しあい，それに対して裁定者（裁判官）が，正当と認められたルール（法）やシナリオ（慣例）に則ってそのつど判断（判決）を下す。そして，その判断ないし解釈がそのつど確認され「正当的秩序」としての実効性を再度保障することとなる。もちろんその際，それまで正当とされたルールの妥当性が判断されることもあれば，解釈が覆ることもある。メソの秩序とミクロの行為が入り乱れて，秩序をつねに再構築していくのがカオス的常態なのだから。あるいはそもそも，紛争に関する国際法のように，実効ある正当性を必ずしも確保していないルールもあれば，この「法廷」そのものを転覆し新たなルールと「法廷」の形成へといたる「カリスマ」の出現という事態も考えられるのだが。

いずれにしても，相互性の軸に沿って「社会唯名論」・「社会実在論」・「闘争理論」という理論社会学の伝統的社会観を並べてみれば[50]，そこに，「静止相」から「秩序相」を経て「カオス相」にいたる，「相転移」にも似た社会の大域的様態の変化を見ることが可能である。そしてこうした転移を惹き起すものは人間と人間集団がもつ「欲望」や「権力」や個人の「カリスマ」なのである。

かくて，先の意味の階層性の軸に沿った，「競技場視角」と「劇場視角」というミクロ・マクロの対立・両立軸を中心とし，こうした意味の相互性の軸に沿った，「法廷視角」というメソの水平的相互論理[51]

を加えることによって，われわれの社会システム学は十全たるものになる。

7. おわりに

――〈社会システム学〉は旧来の「社会システム科学」とどう違うか――

旧来の〈システム科学／社会システム科学〉，あるいは「システム論」「システム工学」等々…では，主として，ミクロ要素の集合体がマクロのスケールで自己組織化し，新奇性が創発される点までを主題化した（「自己組織化～創発」)。むろん，この視角は極めて有用であり，現在でもコンピュータによる複雑系シミュレーションで新たな知見が加えられている[52]。工学的「システム工学」はこのレベルに特化したシステム科学だといえるだろう。

しかしながら，今回提案する〈システム学／社会システム学〉において，「自己組織化～創発」は全主題の半分を占める前半にすぎない。まず「自己組織化～創発」の視角によってミクロ→メソという理論の前半にして下位のレベルの〈形成〉を扱い，これに加えて理論の後半でマクロ→メソという〈周辺制御〉を論ずるのである（M. ポラニー)。あるいはこの後半において，中位におけるシステム相互の対立・両立（メソ⇔メソ)，下位要素相互の対立・両立についても目を向けなければならない。この後半の意義を特に強調するのが，今回提案する〈システム学〉の新しさである。すなわちシステム学は，この前半・後半の両者があいまって完成するのであって，どちらが欠けてもシステム学にはならないと主張する。システム学は上位／下位の論理的「境界」(中位）に立脚する，中位の学だからだ。

そして〈社会システム学〉にあっては，とりわけこの後半部分を論ずる上で，これまでのような物理学・経済学等の科学的考察のみならず，偶然による選択が関与する生命史的観点，さらには哲学の叡智や歴史の教訓，そして文学の美意識，…等々が欠かせない。序章において今田高俊が強調しているように[53]，社会システム学が「文理融合の学」であり，とりわけ「哲・史・文」を中心とする「人文学 humanities」との融合を目指すと主張されるのは，こうした「学の本質」に由来するのである。社会や生命にしばしばみられる，妥協や取引といった脱・科学的な解決。そしてさらにはヒトがもつシナリオの美醜や生と死の意味。それは大きく見て哲学・史学・文学を典型とする「人文学」の関心の対象である。「自然科学」や「社会科学」といった〈科学〉に対して，「人文学」の〈学〉が上位に存在する。〈社会システム学〉はそれを体系的に取り込むのである。

［付記］ なお，本章の鈴木担当分（第４節・６節）については，日本経済研究奨励財団の助成による。

注

(1) われわれのグループは，第81・82回日本社会学会大会（2008年東北大学，2009年立教大学）の理論部門セッションで，「社会システム学」の新しい試みを共同提案した。この「社会システム学」とは何か。それはまた従来の「社会システム科学」「社会システム論」…等々とはどこがどう異なるのか。本論文は，この共同プロジェクトの一員である筆者らが，上記の諸点について所見を述べたものである。

(2) ここでのアリストテレスとライプニッツの理解に関しては，2009年３月３日に立命館大学で行われたマインツァー教授（ミュンヘン工科大学）の講演から教えを受けた。記して感謝したい（K）。

(3) 「フラクタル」と呼ばれる幾何学的な構造の発見と解明は，近代科学にこのことを痛感させた。

(4) 物質の究極要素「アトム」を探求する試みは，今日，周知のように「アトム(原子)」や「素粒子」を超えて「クオーク」にまでたどりついている。しかしこれとても究極要素ではないらしく，さらに微小な「ひも」などが提案され探求されている。

(5) 確かな「アトム」を信じそれに立脚しようとする「アトミズム」も，実際には「アトム」というメソ・スケールで，さらにミクロの世界から「アトム」として形成された「境界」を「あたかも存在するごとくに」見ているにすぎない。この点，「個人主義」にしても同様である。

(6) 「社会システム学」とは，この「システム学」の姿勢を「社会学で」「自覚的に」行うことである。そしてその実践例こそ，この「シリーズ・社会システム学」（ミネルヴァ書房）にほかならない。

(7) このような視点の転換を，筆者旧著では「認識スケールの転換」と呼ぶ〔黒石晋『システム社会学』，1991年，14-15頁〕。認識スケールを転換すると立脚点とともにシステムの特性（システムの「見え方」）が変化するので，この点を見落とさぬよう自覚しておかなければならない。無自覚的にスケール転換を行うことは「創発性」を見誤ることになる。

(8) 〈メソ〉というスケールは，システム学において「ミクロに由来する秩序」と「マクロに由来する秩序」とが遭遇するスケールでもある。たとえば，「複雑適応系」の主唱者 S. カウフマンは，生命秩序において「自己組織化」の論理と「選択」の論理とが「カオスの縁」で遭遇するという。Stuart A. Kauffman, *The Origins of Order; Self-Organization and Selection in Evolution.* Oxford Univ. Press, 1993. ここでは自己組織化（ミクロ）と選択（マクロ）というふたつの秩序原理が，「カオスの縁」という〈メソ〉のレベルで遭遇するのである。

(9) われわれの考えでは，自然・社会の諸「科学」（ミクロ認識）と「人文学」（マクロ認識）とが何処かのスケールで遭遇する。それが〈社会システム学〉のとるべきメソ・スケールなのである。

(10) Joël de Rosnay, *Le macroscope.* 邦訳はロスネー（明畠高司訳）『グローバル思考革命』共立出版，1984年。

(11) M. ポラニー（佐藤敬三訳）『暗黙知の次元』紀伊国屋書店，1980年。同（高橋勇夫訳）『暗黙知の次元』ちくま学芸文庫，2003年。ハンガリー語では，Polányi Mihályで発音は「ポラーニィ・ミハーィ」に近い。ただしハンガリー語のアクセント（強勢）はつねに語頭にあるので，「ポラニー」と表記した。

(12) 黒石　晋『システム社会学』ハーベスト社，1991年，9頁。下位の原理から上位の存在を導くことができないのはなぜか。それは，上位・下位の間に論理的隔絶があるからであり，それこそがシステムの「境界」と呼ばれるものである。そしてそれは，下位の先行論理からの論理的必然によっては導かれないもの，すなわち「偶然」に由来する。この偶然を取り込んで成立する上位秩序を，われわれは「創発性」と呼ぶ。

(13) M. ポラニー『暗黙知の次元』，第2章（「創発」の章）。

(14) たとえば英語で s と r の音が単語を形成する場合，語頭で “sr-” の形をとることは禁じられ，この場合必ず “str-” と t を挟んだ形がパタン形成される。これが英語における単語のパタン形成の法則なのである。なお，英語で語頭に “sl-” の形をとることはごく普通にあり，またロシア語で語頭に “sr-” の形をとることもごく普通にある。

⒂ むろん上位文法の要請により，単語は語尾変化する程度の「周辺的な」制御を受ける。しかし語尾変化の場合でも下位の単語形成の法則は維持され，とんでもない変化は起こりえないのである。

⒃ M. ポラニー『暗黙知の次元』ちくま学芸文庫版，73頁以下。

⒄ ウージェニィ・コットン（杉捷夫訳）『キュリー家の人々』岩波新書，1964年，203頁。この知見は，細君のマリー（かの「キュリー夫人」その人）から「物理現象の研究を支配するごく少数の大原理のひとつ」と絶賛されている。なお，この第3の命題で「結果がヨリ多く対称的である」というのは，「ヨリ対称性が高くなる」こと，つまり「秩序の減少＝エントロピー増大」を意味することになる。自己組織化にとって重要なのは，したがって，第1・第2の命題である。

⒅ ゆらぎは，ミクロレベルでの「偶然性」と解釈される。偶然性に構造生成のカギを与えることから，自己組織化パラダイムは「神の決定論」から決別することになる。すなわち，世界の秩序は神の秩序ではなく，システムが偶然をとりこんで自らを決めてゆく自己組織化の秩序なのであり，このとき「自己」とは「神」の反意語なのである。この点，今田・鈴木・黒石編『複雑系を考える』ミネルヴァ書房，2001年，前半シンポジウムにおける黒石の発言〔同書，66頁〕を参照。

⒆ 繰り返しになるが，ひとつの絶対論理がすべての階層を統括しているのではない。もしひとつの絶対論理がすべてを統括しているのなら，そもそも世界は階層などなさないはずで，下から上までメリハリのない“まったりとした”世界になってしまうだろう。

⒇ このことは，この命題の「逆命題」が不成立であることからも立証される。つまり「要素（下位）が存在しシステム（上位）が不在である」ことはありうるが，「システム（上位）が存在し要素（下位）が不在である」ことはありえない。これは，下位論理が先行論理であり上位論理が後続論理であることを示している。

(21) 重力そのものの起源は，宇宙の始まりとともに古いと考えられている。しかしこと宇宙の「秩序形成」に関しては，重力が他の諸力に先んじた「先行論理」になることはなかった。初期の宇宙はとてつもなく小さかったので，広く弱く働く重力が宇宙秩序を生む主要論理にはなりえなかったからである。

(22) ここで生物的「選択」の機序を「消極的」と表現したのは，それ自身が生命という形態を積極的に生むことはないからである。生命の形態を生み出す機序は，あくまでも物理 - 化学的「自己組織化」である。

(23) したがって前者を説明する諸概念は「下位論理／強い論理／狭い論理／内部

視点／先行論理」というセットになり，後者のそれは「上位論理／弱い論理／広い論理／外部視点／後続論理」というセットになる。なお私見によれば，「経済（下位）」と「経営（上位）」も相互にこの関係にある。「市場機構（下位）」と「資本主義（上位）」と言ってもいいだろう。黒石　晋『欲望するシステム』，ミネルヴァ書房，2009年，247頁を参照。

(24)　境界は，したがって必然的に「メソ・スケール」での認識を要求する。また「メソ・スケール」で認識しない限り，それを認識することはできない。

(25)　そのような仮の「スケールと箇所」を，英語ではごく普通に “there”（「そこ」）と表現する。“There is a cat under the chair.” という時の “there”（独語の “da”）である。

(26)　佐伯啓思「自己組織性とポスト・モダン」吉田民人・鈴木正仁編著『自己組織性とはなにか』ミネルヴァ書房（1995年），第1章所収。「周回問題」というと難しい語だが，「システムが周囲をぐるっと閉じる問題」と解すればよい。

(27)　自己回帰的自己増幅機構は，ゆらぎを核として発動すると，そのポジティブフィードバックゆえ，後になればなるほど（周辺にいくほど）急激に資源を収奪する。このため，いずれ特定の大きさで資源を枯渇して自己閉鎖する傾向をもつ。その時点で上位論理に従うか，そうなる前に他の自己増幅機構と衝突するか，ということである。

(28)　ドゥルーズ＝ガタリは「リゾーム」の形成機序として ①離接，②接続，③連接，という3つの局面を区別している。筆者の理解によれば，①離接は「下位の生成論理」，②接続は「同位の競合・共存論理」，③連接は「上位の選択論理」をそれぞれ代弁している。ドゥルーズ＝ガタリ（市倉宏祐訳）『アンチ・オイディプス』河出書房新社，1986年。

(29)　M. ポラニー『暗黙知の次元』「創発」の章（第二章）を参照。

(30)　この「隔絶」は，しかし物質やエネルギーの出入りを拒絶する「壁」ではない。むしろそれらを積極的に推進し利用するケースが少なくない。「開放系」の事例である。

(31)　たとえばこの問題の典型に「起源問題」がある。宇宙の起源，物質の起源，生命の起源，人間の起源，…。この問題は，「起源以前」（内部）がどのように組み合わされて「起源以後」（外部）を生み出すか，を問う問題であるが，この両者は，実は対等の論理によって連続しているのではない。むしろ両者のあいだには典型的な〈境界〉が横たわっていて，論理的に〈隔絶〉しているのである。この隔絶を現実が「飛躍」「跳躍」したにすぎない。これを論理の境界を無視して強引に解釈すると，下位論理（事前論理）からは「偶然」，上位論理（事後論理）からは「無限後退」という結論になるのが普通である。

(32)　文章は単語からなる。しかし単語を集めても文章にはならない。文章には単語を「選択し」「組み合わせる」という上位の論理が別に存在する（ポラニーの原理）。この「単語の論理」が「物理／化学論理」に相当し，「文章の論理」が「生命の論理」に相当する。

(33) 「注７」ですでに触れているが，サンタ＝フェ研究所のスチュアート・カウフマンは，生命の根拠を「自己組織化と選択」の遭遇に置いている。ここでの論旨に引き寄せていえば，「物理／化学論理＝自己組織化」，「生命論理＝選択」ということであり，カウフマンはこの両者があいまって生命の秩序が成立することを明示的に指摘しているのだ。なおここでは「自己組織化」が内的原理であり，「選択」が外的原理である。

(34) 上位論理は一般に「弱い後続論理」であり通常は周辺を制御するが，それは下位の強力な先行論理の前になすすべなく引き下がることを意味しない。むしろ先行論理を全否定することもあり，それができるのだ。〈選択―淘汰〉がそれである。

(35) かつての〈構造―機能分析〉では，実は構造分析（生成原理）が下位論理であり，機能分析（選択原理）が上位論理であった。構造―機能主義における「構造生成原理」による説明は「狭い範囲で強く働く先行論理」であり，「機能充足」による選択的説明は「広い範囲で弱く働く後続論理」である。また理論社会学者・吉田民人は，社会を理論的に説明するための基本的留意点として「法則と規則」という概念対を提起し，その峻別を説いている。吉田にとって法則とは因果的に規定されている連関関係であり，規則とは情報プログラムによって（非・因果的に）規定されている連関関係を指す。吉田民人「システム・情報・自己組織性――知の情報論的展開」，吉田・鈴木編『自己組織性とはなにか――21世紀の学問論にむけて』ミネルヴァ書房，1995年，29頁以下。本稿の観点からすれば，吉田のいう「法則」とは「狭い範囲で強く働く先行論理」であり，「規則」は「広い範囲で弱く働く後続論理」である。同様の論理対はほかにも広く見出される。「経済と経営」，「競技と演技」，「ルールと試合展開」，…などはその例である。

(36) 本節における「大規模システムの相転移」や S. カウフマンによる「カオスの縁」の理解について，詳しくは黒石晋「閉鎖系の平衡から開放系の過程へ，そしてリゾームへ」（今田・鈴木・黒石編『複雑系を考える』ミネルヴァ書房，2001年，217-242頁）を参照のこと。

(37) 本稿で「劇場視角」と「上演論的視角」とは同義語として扱う。なお吉見俊哉『都市のドラマトゥルギー』（弘文堂1987年，河出文庫2008年）では，この上演論的視角に属する系譜の一端を紹介している。河出文庫版23-24頁。

(38) E. ゴッフマン（石黒毅訳）『行為と演技：日常生活における自己呈示』誠信書房1974年，序言iii。下線は引用者。

(39)　より詳しく言えば，競技場視角では「ルール／順位・勝敗／内部（主観）視点／ミクロ（下位）論理／そのつどの主体」というセットが分析用具になるのに対し，劇場視角では「シナリオ／美醜・興不興／外部（客観）視点／マクロ（上位）論理／全人格的主体」というセットが分析用具になる。

(40)　山下善明「生活と人生——一つの存在論的差異として」統合学術国際研究所編『複雑系，諸学の統合を求めて』（統合学研究叢書・第 2 巻）晃洋書房，2005年。

(41)　「人文学」というのは，けだしこの「上位の論理」を扱っているのである。

(42)　ここで誤解を恐れず単刀直入にいえば，生活（経済）への視野は科学的であり，人生（美学）へのそれは人文学的である。

(43)　『長崎新聞』2004年 6 月29日付コラムからの引用。一部表記を変更した。なお引用文中の上前淳一郎『やわらかなボール』文藝春秋，1982年，は清水善造の唯一ともいえる人物伝である。

(44)　むろんまたおそらく，別の美のシナリオをもつ他民族・他文化であれば，同じ行為に対してまったく別の解釈・評価を下すだろう。日本にとって，特にアメリカと中国のそれには細心の注意を払わねばなるまい。

(45)　ひとびとが集合して構成した（“自己組織化した”）国家と国家，あるいは国民世論と国民世論とが，国際社会（メソ）のレベルで相互に自己主張し対立する構図は，まさにこの図式に当てはまる。それと気付かず，国ごとに別のルールやシナリオが存在し，かつ上位のルールやシナリオが未成熟だからである。

(46)　前者はマックス・ウェーバーによって，また後者はエミール・デュルケームによって代表される。

(47)　「社会実在論」は社会秩序の「存在」に関して語ることはできるが，社会秩序の「生成」について語ることはできない。それは論理的に所与だからである。逆に「社会唯名論」は社会秩序の「生成」に関して語ることはできるが，社会秩序の「存在」について語ることはできない。社会を定義するうえでその存在を否定するのが唯名論だからである。いわば唯名論は先行論理，実在論は後続論理で，この意味では社会秩序の「創発」を境界として両者の間に隔絶と両立とがある，ということができる。こうみれば，ウェーバーの「唯名論」の立場から社会秩序の「生成」を論じるのは，至極もっともなことである（この反対の論は不可能）。

(48)　「意味」は人間の相互作用の基盤として存在し，またこの「意味」の成立の機序として，「秩序化」と「利害制約性」が対照的な性質をもつものとして働くが，議論が煩雑になるので，後者についてここでは取り上げない。

(49)　これに関連して，独裁制や多元的社会の概念が問題となるが，煩雑になるのでここでは触れない。

(50) 社会学理論にはもう一つの対立的な立場の歴史があり，それが「合意理論」対「闘争理論」の対立である。社会の成立・維持をめぐって，前者は共通価値による合意を重視し，後者は権力をめぐる闘争と支配を重視する立場である。ここでは「カオス相」の領域に，「闘争理論」の内容を擬することにする。

(51) ここで提起した「法廷視角」を念頭に置き，社会の紛争解決法を逆に「ランダム相」「秩序相」「カオス相」の各相の様態に応じて解釈するなら，さしずめ次のように区分されるだろう：

①ランダム相：原始的な無法社会，「決闘」による解決。個別の決闘結果は教訓とならず，決闘を繰り返しても爾後の解決に何らの影響もない。すなわち固有の法的歴史のない社会（ahistorical）。

②秩序相：一度定めたルールを金科玉条として墨守する社会。例外的行為はすべて摘み取られ，社会はひとつの強固な秩序に収斂する。修道院や厳格な共同体。「悪法も法は法」。

③カオス相：立法，判例の蓄積，解釈の変更，再立法を繰り返す社会。個別の判決結果が爾後の法的歴史を変え，その歴史的経緯が結果の重大な相違をもたらす社会（historical）。

(52) コンピュータによるシミュレーション手法は，確かに社会理論へ多大な貢献をなしている。しかし佐藤嘉倫はなお「現状のシミュレーション技法は『役割』という社会学の鍵概念を取り込みえていない」と社会学上決定的な不満を表明している（『第81回日本社会学会報告要旨集』(2008)，80頁を参照)。筆者の考えでは，「役割 role」ないし「役割期待 role-expectation」という社会学の鍵概念は，実は〈劇場視座〉の方に属する，マクロの上位論理である。役割とは「キャスティング」のことだからだ。そう考えれば下位のシミュレーション手法が役割を論じられないのは当然のことで，これを理論に反映するには別の上位の仕組みを構想しなければならない。

(53) 本書序章，また今田高俊「社会システム学とは何か」『第81回日本社会学会報告要旨集』(2008)，156頁を参照。

あとがき

本書は，全８巻からなる『シリーズ　社会システム学』の別巻である。内容的には，いわばシリーズ全体を貫く執筆者たちの「マニフェスト」を謳い上げたものである。「社会システム学」という文理融合の新たな学的試みを立ち上げるにあたって，われわれは2008年３月に二度にわたって文系と理系の研究者による座談会をもち，この新しい試みの意図や構想や意義を確かめ合った。その記録に手を加えて一つにまとめたものが第Ⅰ部であり，さらに同時におこなったセミナーの参加者による論文を収録したのが第Ⅱ部である。こうした作業によって，われわれの意図や試みは十分に彫琢されたか否かは，読者の判断に委ねたい。

あれから２年の歳月が経ち，かつて桜の花がほころび始めた東工大の大岡山キャンパスに三々五々集まって，夜遅くまで議論を戦わせた日々は既に遠い。何よりも執筆者の一人，木村洋二が昨年病の床に伏し，夏の盛りにそのまま帰らぬ人となったのは痛恨の極みである。座談会のあと，みなで行った飲み屋に響いた彼の哄笑が懐かしく思い出される。文理の融合という試みのうち，とりわけ人文学との融合という重要な作業を彼に託していただけに，われわれの蒙った痛手は大きかった。が，幸いにして木村の後継者・渡辺太の協力を得て，シリーズ第７巻『殺戮するシステム』は，二人の共著として刊行する運びとなった。木村が鋭意構築した「ソシオン理論」と「笑いの理論」を，そして座談会での彼の発言を，こうした形で出版できることはわれわれの喜びである。

なお，本シリーズの執筆者ではないが，座談会の中で折に触れ言及される吉田民人先生も昨秋，京大時代の愛弟子・木村洋二の後を追うように逝去された。われわれ執筆者の多くは，社会システム論研究で，日本を代表する先生の影響を深く受けていただけに，そのショックは大きい。ここにあわせてお二人のご冥福をお祈りしたい。

本書をまとめるにあたって，それぞれ出席者が異なる，2回にわたる座談会を一つにまとめる困難をどうクリアするか，および，不規則発言も含む，原文の会話体のもつ生き生きとした面白さをどこまで残すか，作業を主に担当した黒石晋を中心として，われわれの悩みは尽きなかった。が，ともあれこうした形で何とか出版にまで漕ぎつけることができた。いまは，不肖の子を送り出す親の気分である。世に受け入れられることを祈るのみである。

最後に，座談会にも参加され，その後遅々として進まないわれわれの作業を辛抱強く見守ってくれた，ミネルヴァ書房編集部の浅井久仁人・涌井格の両氏に深く感謝したい。まさに本書は，お二人の「エディターシップ」のたま物だと言えよう。

2010年初夏

責任編集者の一人，鈴木正仁　記

[付記]

本書の最終調整段階で，福島第一原子力発電所事故を含む未曾有の東日本大震災が起きた。これらに言及する時間的余裕はないが，科学技術と人間の関係，文理の適切な融合など，本書の基本的な考え方は一層その重要性を増しつつあることを再確認したい。

執筆者紹介（執筆順）

今田 高俊（いまだ・たかとし，東京工業大学大学院社会理工学研究科）序章，第１章，第２章

鈴木 正仁（すずき・まさひと，滋賀大学経済学部）第１章，第２章，終章，あとがき

黒石　 晋（くろいし・すすむ，滋賀大学経済学部）第１章，第２章，終章

中井　 豊（なかい・ゆたか，芝浦工業大学システム理工学部）第２章

中丸麻由子（なかまる・まゆこ，東京工業大学大学院社会理工学研究科）第２章

木嶋 恭一（きじま・きょういち，東京工業大学大学院社会理工学研究科）第２章

永田えり子（ながた・えりこ，滋賀大学経済学部）第２章

木村 洋二（きむら・ようじ，元・関西大学社会学部）第２章

遠藤　 薫（えんどう・かおる，学習院大学法学部）第３章

柴山 桂太（しばやま・けいた，滋賀大学経済学部）第４章

武藤 正義（むとう・まさよし，芝浦工業大学システム理工学部）第５章

シリーズ 社会システム学 別巻
社会システム学をめざして

2011年9月20日　初版第1刷発行　　検印廃止

定価はカバーに
表示しています

編　者　今田高俊
　　　　鈴木正仁
　　　　黒石晋
発行者　杉田啓三
印刷者　坂本喜杏

発行所　株式会社ミネルヴァ書房
607-8494 京都市山科区日ノ岡堤谷町1
電話代表(075)581-5191番
振替口座 01020-0-8076番

　冨山房インターナショナル・兼文堂

ISBN 978-4-623-05928-7

Printed in Japan

シリーズ　社会システム学

今田高俊・鈴木正仁・黒石　晋 責任編集

第1巻	生成するシステム	今田高俊 著
第2巻	欲望するシステム	黒石　晋 著
第3巻	熱狂するシステム	中井　豊 著
第4巻	進化するシステム	中丸麻由子 著
第5巻	共生するシステム	木嶋恭一 著
第6巻	納得するシステム	永田えり子 著
第7巻	殺戮するシステム	木村洋二 渡辺　太 著
第8巻	崩壊するシステム	鈴木正仁 著
別　巻	社会システム学をめざして	今田高俊・鈴木正仁・黒石　晋 編

ミネルヴァ書房

http://www.minervashobo.co.jp/